D1753948

EUL VERLAG

FINANZIERUNG, KAPITALMARKT UND BANKEN

Herausgegeben von Prof. Dr. Hermann Locarek-Junge, Dresden, Prof. Dr. Klaus Röder, Regensburg, und Prof. Dr. Mark Wahrenburg, Frankfurt

Band 91
Hauke Christian Öynhausen
Nutzung Kollektiver Intelligenz am Kapitalmarkt – Entwicklung eines alternativen Informations- und Entscheidungsmodells für das Asset Management
Lohmar – Köln 2015 ♦ 392 S. ♦ € 66,- (D) ♦ ISBN 978-3-8441-0433-2

Band 92
Marion Hippchen
Anleihefinanzierung im Mittelstand – Eine empirische Analyse zu Mittelstands- und Fananleihen
Lohmar – Köln 2016 ♦ 436 S. ♦ € 80,- (D) ♦ ISBN 978-3-8441-0487-5

Band 93
Eva Maria Kreibohm
The Performance of Socially Responsible Investment Funds in Europe – An Empirical Analysis
Lohmar – Köln 2016 ♦ 316 S. ♦ € 68,- (D) ♦ ISBN 978-3-8441-0482-0

Band 94
Svenja Mangold
Die Realoptionsmethode als Steuerungsinstrument eskalierenden Commitments – Eine empirische Untersuchung
Lohmar – Köln 2017 ♦ 268 S. ♦ € 62,- (D) ♦ ISBN 978-3-8441-0513-1

Band 95
Johannes Volkheimer
Erfolg und Einflussfaktoren chinesischer Unternehmensübernahmen in Europa – Eine empirische Untersuchung
Lohmar – Köln 2017 ♦ 520 S. ♦ € 88,- (D) ♦ ISBN 978-3-8441-0534-6

Band 96
Philipp Bartholomä
Strategische Fremdwährungsverschuldung
Lohmar – Köln 2018 ♦ 244 S. ♦ € 60,- (D) ♦ ISBN 978-3-8441-0538-4

JOSEF EUL VERLAG

Reihe: Finanzierung, Kapitalmarkt und Banken · Band 96

Herausgegeben von Prof. Dr. Hermann Locarek-Junge, Dresden, Prof. Dr. Klaus Röder, Regensburg, und Prof. Dr. Mark Wahrenburg, Frankfurt

Dr. Philipp Bartholomä

Strategische Fremdwährungsverschuldung

Mit einem Geleitwort von Prof. Dr. Ulrich Pape, ESCP Europe Wirtschaftshochschule Berlin

EUL VERLAG

Bibliografische Information der Deutschen Nationalbibliothek

Die Deutsche Nationalbibliothek verzeichnet diese Publikation in der Deutschen Nationalbibliografie; detaillierte bibliografische Daten sind im Internet über <http://dnb.d-nb.de> abrufbar.

Dissertation, ESCP Europe Wirtschaftshochschule Berlin, 2017

ISBN 978-3-8441-0538-4
1. Auflage Januar 2018

© JOSEF EUL VERLAG GmbH, Lohmar – Köln, 2018
Alle Rechte vorbehalten

JOSEF EUL VERLAG GmbH
Brandsberg 6
53797 Lohmar
Tel.: 0 22 05 / 90 10 6-80
Fax: 0 22 05 / 90 10 6-88
https://www.eul-verlag.de
info@eul-verlag.de

Bei der Herstellung unserer Bücher möchten wir die Umwelt schonen. Dieses Buch ist daher auf säurefreiem, 100% chlorfrei gebleichtem, alterungsbeständigem Papier nach DIN 6738 gedruckt.

Geleitwort

Die aus Wechselkursschwankungen resultierende Exponiertheit ist für international tätige Unternehmen eine zentrale Herausforderung, der das unternehmerische Finanz- und Risikomanagement auch durch die Verschuldung in Fremdwährung begegnet. Für die Nutzung von Fremdwährungsverschuldung als Hedging-Instrument existieren unterschiedliche Motive. Unternehmen nutzen Fremdwährungsverschuldung als Ersatz für kurzfristige Devisentermingeschäfte, um ihre transaktionale Exponiertheit abzusichern. Oder sie reduzieren mit der Fremdwährungsverschuldung die aus der bilanzorientierten Vermögensumrechnung resultierende translationale Exponiertheit. Schließlich kann durch Fremdwährungsverschuldung die aus den zukünftigen Zahlungsströmen in unterschiedlichen Währungen resultierende strategische Exponiertheit begrenzt werden. Entsprechend findet sich in Theorie und Empirie eine Vielzahl heterogener Erklärungen für die Nutzung von Fremdwährungsverschuldung durch internationale Unternehmen.

Vor diesem Hintergrund untersucht die Arbeit von Philipp Bartholomä die Nutzung von Fremdwährungsverschuldung als Hedging-Instrument durch deutsche multinationale Nicht-Finanzunternehmen sowie die hinter dieser Nutzung stehenden Motive, um einen Beitrag zur theoretischen Fundierung des finanzwirtschaftlichen Risikomanagements zu leisten. Die Untersuchung nutzt einen sequentiell aufgebauten Mixed-Methods-Ansatz, wobei zunächst der quantitative Untersuchungsteil durchgeführt wird. Durch die Verwendung unterschiedlicher, theoretisch fundierter Variablen erreicht die vorliegende Arbeit sowohl eine hohe Messbreite als auch eine hohe Messtiefe und geht damit über bisherige quantitativ-empirische Untersuchungen deutlich hinaus. Die mit Hilfe uni- sowie multivariater Regressionsanalysen gewonnenen Erkenntnisse werden im qualitativen Untersuchungsteil erweitert und vertieft, indem Interviews mit einschlägigen Experten durchgeführt und ausgewertet werden. Abschließend verdeutlicht die Untersuchung, dass die zur Absicherung der wechselkursbedingten Exponiertheit verfügbaren Instrumente nicht isoliert, sondern nur im Rahmen eines integrierten Hedging-Programms eingesetzt werden können.

Die Veröffentlichung von Philipp Bartholomä ist für die Finanzierungstheorie von ebenso hohem Interesse wie für das Finanzmanagement international tätiger Unternehmen. Angesichts ihrer klaren Struktur, der argumentativen Stringenz sowie der überzeugend abgeleiteten Untersuchungsergebnisse leistet die Arbeit einen entscheidenden Beitrag zum finanzwirtschaftlichen

Risikomanagement. Ich wünsche der Arbeit daher eine positive Aufnahme und eine weite Verbreitung.

Berlin, im Dezember 2017   Prof. Dr. Ulrich Pape

Danksagung

Mein Dank gilt zuvorderst Prof. Dr. Ulrich Pape (ESCP Europe Berlin) für die Betreuung dieser Arbeit. Besonders dankbar bin ich für die Aufgeschlossenheit bei der Themenwahl und die zeitlichen Freiräume zum Ende der Bearbeitungszeit hin wie auch für die rundum angenehme Atmosphäre am Lehrstuhl. Ein weiterer Dank gilt Prof. Dr. Hans Hirth (TU Berlin) für die Übernahme der Zweitkorrektur.

Neben den Betreuern kamen wichtige inhaltliche Anmerkungen von den Teilnehmern der Accounting- und Finance-Kolloquien an der ESCP Europe in Berlin, in erster Linie in Person von Prof. Dr. Houdou Basse Mama und Prof. Dr. Martin Schmidt (beide ESCP Europe Berlin).

Den Mitgliedern der Dissertation Support Group (Dr. Frederic Altfeld, Dr. Aaron Baur, Dr. Martin Bierey [HU Berlin] und Christian Klippert) sowie Patrick Bürgin danke ich ebenfalls für inhaltliche Anmerkungen, aber auch für heitere Stunden während der Promotionszeit.

Dankbar bin ich auch all denjenigen, die mir Kontakte für Experteninterviews vermittelt haben sowie den hieraufhin befragten Experten für die mir gewährten Einblicke in ihr berufliches Fachwissen.

Lukas Haueter und Tristan Kennedy danke ich für die Unterstützung bei der Recherche.

Für das Korrekturlesen bin ich Dr. Dr. Matthias Damm, Anna-Maria Drescher und meiner Frau Susanne zu Dank verpflichtet.

Meine Eltern Sonja und Horst haben durch ihre finanzielle und ideelle Unterstützung über meine gesamte universitäre Laufbahn hinweg einen besonderen Anteil am Gelingen der Arbeit gehabt. Ihnen und meinem Bruder Julian danke ich auch für die moralische Unterstützung.

Gewidmet ist diese Arbeit meinen Kindern Greta, Richard und Tilda, die während der Promotionszeit ein ums andere Mal auf mich verzichten mussten.

Berlin, im Dezember 2017　　　　　　　　　　　　　　　　　Philipp Bartholomä

Inhaltsverzeichnis

1 Einleitung 1

   1.1 Problemstellung 1

   1.2 Zielsetzung 4

   1.3 Aufbau 6

2 Hedging und Unternehmenswert 9

   2.1 Internationale Paritätsbedingungen und Exponiertheit 13

   2.2 Hedging und Kapitalisierungszinssatz 15

   2.3 Hedging und Zahlungsströme 19

      2.3.1 Finanzielle Notlage 21

      2.3.2 Konvexer Unternehmenssteuertarif 25

      2.3.3 Asset-Substitution-Problem 27

      2.3.4 Underinvestment-Problem 29

      2.3.5 Koordinationsproblem 32

      2.3.6 Overinvestment-Problem 35

      2.3.7 Overhedging-Problem 37

   2.4 Zwischenfazit 39

3 Exponiertheiten und Hedging-Instrumente 43

   3.1 Exponiertheiten 44

      3.1.1 Ökonomische Exponiertheit 44

3.1.2 Translationale Exponiertheit 51

3.2 Hedging-Instrumente 56

    3.2.1 Finanzwirtschaftliche Hedging-Instrumente 59

        3.2.1.1 Devisentermingeschäfte 59

        3.2.1.2 Fremdwährungsverschuldung 62

        3.2.1.3 Effektivität und Effizienz finanzwirtschaftlicher Hedging-Instrumente 68

    3.2.2 Leistungswirtschaftliche Hedging-Instrumente 72

        3.2.2.1 Leistungswirtschaftliches Matching 72

        3.2.2.2 Geographische Diversifikation 73

        3.2.2.3 Realoptionen 75

        3.2.2.4 Effektivität und Effizienz leistungswirtschaftlicher Hedging-Instrumente 77

3.3 Kritische Einordnung der Hedging-Instrumente 78

4 Empirische Literatur 81

    4.1 Nutzungsweise von Fremdwährungsverschuldung 81

    4.2 Nutzungsweise von Fremdwährungsverschuldung als Hedge 91

5 Messung der Exponiertheiten 103

    5.1 Auslandsumsätze und -vermögenswerte 103

    5.2 Auslandstochterunternehmen 106

        5.2.1 Existenz ausländischer Tochterunternehmen 106

        5.2.2 Expansion ausländischer Tochterunternehmen 110

5.2.3	Konzentration und Dispersion ausländischer Tochterunternehmen	112
5.3	Kritische Einordnung der Exponiertheitsmaße	123
6	**Empirische Untersuchung**	**127**
6.1	Forschungsdesign der Mixed Methods	127
6.2	Quantitative Untersuchung	129
6.2.1	Hypothesen, Methode und Stichprobe	129
6.2.2	Ergebnisse	144
6.2.2.1	Univariate Ergebnisse	144
6.2.2.2	Multivariate Ergebnisse	147
6.2.2.3	Robustheitsüberprüfungen	153
6.3	Qualitative Untersuchung	163
6.3.1	Fragestellungen, Methode und Stichprobe	163
6.3.2	Ergebnisse	167
6.3.2.1	Nutzungsweise von Fremdwährungsverschuldung	168
6.3.2.2	Nutzungsweise von Fremdwährungsverschuldung als Hedge	170
6.3.2.3	Konzeptionelles Rahmenmodell	172
6.4	Diskussion	180
6.5	Limitationen	182
7	**Schlussbetrachtung**	**185**

Anhang A: Variablenbeschreibung 189

Anhang B: Interviewleitfaden 191

Literaturverzeichnis 195

Für eine verbesserte Darstellung sind ausgewählte Abbildungen und Tabellen unter folgendem Link zum Download bereitgestellt:

https://www.eul-verlag.de/pdf-wz/9783844105384_Abbildungen_Tabellen.zip

Abbildungsverzeichnis

Abbildung 1:	Systematisierung der finanzwirtschaftlichen Risiken	9
Abbildung 2:	Wechselkursrisiko und Exponiertheit gegenüber dem Wechselkursrisiko	10
Abbildung 3:	Wahrscheinlichkeitsverteilung des Unternehmenswerts mit und ohne Hedging	11
Abbildung 4:	Internationale Paritätsbedingungen	14
Abbildung 5:	Hedging in finanzieller Notlage	25
Abbildung 6:	Hedging unter konvexem Unternehmenssteuertarif	26
Abbildung 7:	Investitionsentscheidung unter Eigenkapitalfinanzierung	30
Abbildung 8:	Investitionsentscheidung unter Eigen- und Fremdkapitalfinanzierung	31
Abbildung 9:	Optimales Hedging-Programm bei unelastischem Investitionsprogramm	33
Abbildung 10:	Optimales Hedging-Programm bei elastischem Investitionsprogramm	34
Abbildung 11:	Suboptimales Hedging-Programm bei elastischem Investitionsprogramm	36
Abbildung 12:	Einfluss konvex-variabler Managerentlohnung auf das Hedging-Programm	39
Abbildung 13:	Systematisierung der Exponiertheiten gegenüber Wechselkursrisiken	43
Abbildung 14:	Transaktionale Exponiertheit	45
Abbildung 15:	Margen-Effekt der strategischen Exponiertheit	47
Abbildung 16:	Bestandteile der strategischen Exponiertheit	48
Abbildung 17:	Indirekte strategische Exponiertheit	50
Abbildung 18:	Modifizierte Stichtagskursmethode	55

Abbildung 19:	Inkongruenzen als Quelle der Exponiertheiten	57
Abbildung 20:	Systematisierung der Hedging-Instrumente	58
Abbildung 21:	Systematisierung der Devisentermingeschäfte	60
Abbildung 22:	Funktionsweise eines Devisenswaps	61
Abbildung 23:	Handelsvolumina und gehandelte Laufzeiten von Devisenforwards und -swaps	62
Abbildung 24:	Funktionsweise eines Money Market Hedges	63
Abbildung 25:	Natürliche und synthetische Heimat- und Fremdwährungsverschuldung	66
Abbildung 26:	Funktionsweise eines Währungsswaps	67
Abbildung 27:	(In-)Effektivität finanzwirtschaftlicher Hedging-Instrumente	70
Abbildung 28:	Devisenmarktumschlag nach Währungen	90
Abbildung 29:	Systematisierung in nationale, internationale und multinationale Unternehmen	106
Abbildung 30:	(Potenzielle) Doppelrolle ausländischer Tochterunternehmen	108
Abbildung 31:	Transaktionale Exponiertheit in Abhängigkeit der Internationalität	118
Abbildung 32:	Strategische Exponiertheit in Abhängigkeit der Internationalität	119
Abbildung 33:	Ökonomische Exponiertheit in Abhängigkeit der Internationalität	120
Abbildung 34:	Konzeptionelles Rahmenmodell für ein am Marktwert orientiertes Hedging-Programm	173

Tabellenverzeichnis

Tabelle 1:	Unternehmenscharakteristika 1	144
Tabelle 2:	Unternehmenscharakteristika 2	146
Tabelle 3:	Korrelationsmatrix	147
Tabelle 4:	Basisregressionsmodelle	149
Tabelle 5:	Robustheitsüberprüfungen 1	156
Tabelle 6:	Robustheitsüberprüfungen 2	157
Tabelle 7:	Robustheitsüberprüfungen 3	158
Tabelle 8:	Robustheitsüberprüfungen 4	160
Tabelle 9:	Robustheitsüberprüfungen 5	162

Abkürzungsverzeichnis

AG	Aktiengesellschaft
AUD	Australischer Dollar
bzw.	beziehungsweise
CAPM	Capital Asset Pricing Model
CHF	Schweizer Franken
d.h.	das heißt
DAX	Deutscher Aktienindex
et al.	et alii (und andere)
etc.	et cetera (und die übrigen)
EU	Europäische Union
EUR	Euro
f.	folgende Seite
ff.	folgende Seiten
FX	Foreign Exchange
GBP	Pfund Sterling
GmbH	Gesellschaft mit beschränkter Haftung
GuV	Gewinn- und Verlustrechnung
GZP	Gedeckte Zinsparität
HGB	Handelsgesetzbuch
HHI	Hirschman-Herfindahl-Konzentrationsindex
i.e.S.	im engeren Sinne
i.w.S.	im weiteren Sinne
IAS	International Accounting Standard(s)
IFRS	International Financial Reporting Standard(s)
JPY	Japanischer Yen
KG	Kommanditgesellschaft
LIBOR	London Interbank Offered Rate
MDAX	DAX der Mid-Cap-Unternehmen
Mio.	Million
MKQ	Methode der kleinsten Quadrate
MNU	Multinationale(s) Unternehmen

OTC	Over the Counter
p.a.	per annum (jährlich)
S.	Seite(n)
SDAX	DAX der Small-Cap-Unternehmen
SIC	Standard Industrial Classification
TecDAX	DAX der Technologieunternehmen
Tsd.	Tausend
u.	und
u.a.	unter anderem
USD	US-Dollar
UZP	Ungedeckte Zinsparität
Vgl.	Vergleiche
z.B.	zum Beispiel

1 Einleitung

1.1 Problemstellung

Zu den finanzwirtschaftlichen Risiken i.e.S. zählen Liquiditätsrisiken, Kreditrisiken und Finanzpreisrisiken.[1] Für Nicht-Finanzunternehmen sind insbesondere Finanzpreisrisiken bedeutsam. In die Kategorie der Finanzpreisrisiken fallen in erster Linie Rohstoffpreisrisiken, Zinsänderungsrisiken und die fortan im Fokus liegenden Wechselkursrisiken.[2] Einer Umfrage unter 334 Finanzmanagern zufolge stellen Wechselkursrisiken für Nicht-Finanzunternehmen die bedeutsamsten Risiken dar.[3]

Das Wechselkursrisiko ist zu unterscheiden von der Exponiertheit, die den Einfluss des Wechselkursrisikos auf ein bestimmtes Unternehmen beschreibt.[4] Grundlegend bestehen für Unternehmen drei Kategorien an Exponiertheit gegenüber Wechselkursrisiken, die sich über die jeweils betrachteten Finanzpositionen abgrenzen lassen:[5] transaktionale, strategische und translationale Exponiertheit. Indes ergibt sich aus der Kombination der transaktionalen und der strategischen Exponiertheit die ökonomische Exponiertheit.[6] Die erste Komponente der ökonomischen Exponiertheit, die transaktionale Exponiertheit, ist preislich fixiert, in der Regel kurzfristig und befristet.[7] Hingegen ist die zweite Komponente der ökonomischen Exponiertheit, die strategische Exponiertheit, preislich (noch) nicht fixiert, in der Regel langfristig und unbefristet.[8] Die theoretische Literatur empfiehlt Unternehmen, der Eindämmung ökonomischer Exponiertheit Priorität einzuräumen gegenüber der Eindämmung translationaler Exponiertheit: Im Gegensatz zur ökonomischen Exponiertheit berührt die translationale Exponiertheit die Zahlungsströme – und damit den Marktwert – eines Unternehmens nicht direkt.[9]

---

[1] Vgl. Spremann et al. (2001), S. 227; Ohler & Unser (2013), S. 14 f. und Wolke (2015), S. 7.
[2] Vgl. Lhabitant & Tinguely (2001), S. 346; Breuer et al. (2012), S. 430 u. 487 und Ohler & Unser (2013), S. 14.
[3] Vgl. Servaes et al. (2009), S. 66 ff.
[4] Vgl. Fatemi & Luft (2002), S. 31; Capel (1997), S. 89 und Goldberg & Drogt (2008), S. 49. Vgl. hierzu grundlegend Adler & Dumas (1984), S. 42.
[5] Vgl. Breuer (2015), S. 113.
[6] Vgl. Cornell & Shapiro (1983), S. 18; Johnson & Soenen (1994), S. 52 und Bartram et al. (2005), S. 396.
[7] Vgl. Srinivasulu (1981), S. 15; Pringle (1991), S. 76 und Grant & Soenen (2004), S. 53.
[8] Vgl. Srinivasulu (1981), S. 15; Pringle (1991), S. 76 und Grant & Soenen (2004), S. 53.
[9] Vgl. Shapiro (2010), S. 364; Butler (2012), S. 294 und Eun et al. (2014), S. 258.

Um die Exponiertheit(en) gegenüber Wechselkursrisiken einzudämmen, können Unternehmen Hedging betreiben. Die hierfür bereitstehenden Instrumente umfassen nicht nur die in der Literatur primär thematisierten Devisentermingeschäfte, sondern auch Fremdwährungsverschuldung und leistungswirtschaftliches Hedging. Während Devisentermingeschäfte bisweilen als synthetische Hedges bezeichnet werden, handelt es sich bei Fremdwährungsverschuldung und leistungswirtschaftlichen Hedges um natürliche Hedging-Instrumente.[10]

Der Theorie nach sind (unbedingte) Devisentermingeschäfte die passendsten Instrumente zur Eindämmung transaktionaler Exponiertheit. Hier trifft ein im Betrag fixierter und befristeter Hedge auf eine im Betrag fixierte und befristete Exponiertheit. Leistungswirtschaftliche Hedges sind das passendste Instrument zur Eindämmung strategischer Exponiertheit. Hier trifft ein im Betrag nicht fixierter und unbefristeter Hedge auf eine im Betrag nicht fixierte und unbefristete Exponiertheit. Die empirische Literatur belegt, dass Nicht-Finanzunternehmen Devisentermingeschäfte und leistungswirtschaftliche Hedges derart komplementär einsetzten, um ihrer ökonomischen Exponiertheit zu begegnen.[11]

Fremdwährungsverschuldung als Hedge kann der Eindämmung jeder der drei Kategorien an Exponiertheit gegenüber Wechselkursrisiken dienen: In Fremdwährung denominiertes Fremdkapital kann sowohl translationale Exponiertheit als auch ökonomische Exponiertheit eindämmen. In letzterem Fall kann Fremdwährungsverschuldung die (kurzfristige) transaktionale oder die (langfristige) strategische Exponiertheit mindern. Die empirische Literatur ist sich allerdings uneins, in welcher Weise Nicht-Finanzunternehmen Fremdwährungsverschuldung als Hedge nutzen.

Der erste Strang der Sekundärdaten heranziehenden empirischen Literatur zu der Frage nach der Kategorie an Exponiertheit gegenüber Wechselkursrisiken, der Nicht-Finanzunternehmen mittels in Fremdwährung denominiertem Fremdkapital begegnen, zieht den Schluss, dass Fremdwährungsverschuldung ein Substitut für Hedging mittels Devisentermingeschäften darstellt.[12] Da Devisentermingeschäfte in erster Linie der Eindämmung transaktionaler Exponiertheit dienen, dient Fremdwährungsverschuldung demnach ebenfalls der Eindämmung transaktionaler Exponiertheit. Diese Ergebnisse und deren Interpretationen beruhen auf Maßzahlen für

---

[10] Vgl. Döhring (2008), S. 5.
[11] Vgl. Huffman & Makar (2004), S. 110 ff.
[12] Vgl. z.B. Géczy et al. (1997), S. 1337 ff. oder Elliott et al. (2003), S. 132 ff.

1 Einleitung

die ausländischen Umsätze der Nicht-Finanzunternehmen, die die Exponiertheit der Nicht-Finanzunternehmen gegenüber Wechselkursrisiken approximieren sollen. Der zweite Strang der Sekundärdaten heranziehenden empirischen Untersuchungen zu dieser Fragestellung nutzt zusätzlich Maßzahlen, die auf ausländischen Vermögenswerten beruhen. Dieses Vorgehen soll eine Unterscheidung zwischen transaktionaler und translationaler Exponiertheit ermöglichen.[13] Hierauf basierende Ergebnisse werden dahingehend interpretiert, dass Fremdwährungsverschuldung der Eindämmung translationaler Exponiertheit dient und demnach Hedging mittels Devisentermingeschäften komplementiert. Dementgegen kommen Umfragen zu dem Ergebnis, dass Nicht-Finanzunternehmen Fremdwährungsverschuldung (auch) als Hedge zur Eindämmung strategischer Exponiertheit nutzen.[14]

Eine mögliche Ursache für die Heterogenität der empirischen Ergebnisse sind Messprobleme in Bezug auf die Exponiertheit(en) und Hedging-Instrumente. Insbesondere ist eine alternative Interpretation der auf Maßzahlen zu ausländischen Vermögenswerten basierenden Ergebnisse zu beachten. Dieser Interpretation zufolge approximieren ausländische Vermögenswerte langfristig in Fremdwährung zufließende Zahlungsströme, denen Nicht-Finanzunternehmen mittels Fremdwährungsverschuldung langfristige, in Fremdwährung abfließende Zahlungsströme entgegenstellen.[15] Der Unterschied ist darin zu sehen, dass Nicht-Finanzunternehmen Fremdwährungsverschuldung im zweiten Fall nicht als Hedge im am Buchwert orientierten Sinne einsetzten, d.h. zur Eindämmung ihrer translationalen Exponiertheit, sondern im am Marktwert orientierten Sinne, d.h. zur Eindämmung ihrer (langfristigen) ökonomischen bzw. strategischen Exponiertheit. Insofern erscheint fraglich, ob Nicht-Finanzunternehmen Fremdwährungsverschuldung als Hedge tatsächlich nutzen, um damit ihrer transaktionalen oder translationalen Exponiertheit zu begegnen; stattdessen könnten Nicht-Finanzunternehmen Fremdwährungsverschuldung als Hedge einsetzen, um ihre strategische Exponiertheit zu reduzieren.

Die vorhandenen empirischen Untersuchungen der internationalen Finanzwirtschaft analysieren in erster Linie die Faktoren hinter der generellen Nutzung und/oder dem Nutzungsgrad bzw. -ausmaß an Devisentermingeschäften anhand quantitativer Methoden.[16] In geringerem Maße

---

[13] Vgl. z.B. Clark & Judge (2009), S. 617 ff. oder Aabo et al. (2015), S. 599 ff.
[14] Vgl. Aabo (2006), S. 637 f.
[15] Vgl. Aabo et al. (2015), S. 609.
[16] Vgl. Kedia & Mozumdar (2003), S. 522 und Bartram et al. (2010), S. 168. Die einseitige Fokussierung auf Devisentermingeschäfte führt dazu, dass einige Forscher/-innen die generelle Nutzung von Devisentermingeschäften mit Hedging gleichsetzen, obgleich ein Hedging-Programm mehr Instrumente als nur Devisentermingeschäfte umfassen kann; vgl. Beatty (1999), S. 354; Clark & Judge (2008), S. 446 und Clark & Judge

finden sich empirische Untersuchungen, die Fremdwährungsverschuldung als Hedge oder leistungswirtschaftliche Hedging-Instrumente betrachten. In noch geringerem Maße finden sich empirische Untersuchungen, die der Frage nach der Integration, Interaktion und Interdependenz der beiden letztgenannten potenziellen Hedging-Instrumente nachgehen.[17] Dieser Mangel an empirischen Untersuchungen in Bezug auf natürliche Hedges ist insofern erstaunlich, als dass natürliche Hedging-Instrumente überaus bedeutsam erscheinen für die Eindämmung ökonomischer Exponiertheit.[18] Die vorliegende Dissertation untersucht ebendiese Frage nach dem integrierten, interagierten und interdependenten Einsatz natürlicher Hedging-Instrumente mit einem Fokus auf Fremdwährungsverschuldung.[19]

1.2 Zielsetzung

Die vorliegende Untersuchung geht vier Forschungsfragen nach. Die erste Forschungsfrage lautet: Nutzen deutsche multinationale Nicht-Finanzunternehmen Fremdwährungsverschuldung als Hedging-Instrument? Die zweite Forschungsfrage lautet: Nutzen deutsche multinationale Nicht-Finanzunternehmen Fremdwährungsverschuldung als Hedging-Instrument zur Eindämmung ihrer (langfristigen) ökonomischen Exponiertheit? Die dritte Forschungsfrage lautet: Nutzen deutsche multinationale Nicht-Finanzunternehmen Fremdwährungsverschuldung als Substitut für leistungswirtschaftliche Hedging-Instrumente? Die vierte Forschungsfrage lautet: Inwiefern nutzen deutsche multinationale Nicht-Banken Fremdwährungsverschuldung als Hedging-Instrument?

Die Beantwortung der Forschungsfragen erfolgt im Rahmen eines Mixed-Methods-Forschungsdesigns. Mixed Methods kombinieren qualitative und quantitative Forschungsmethoden innerhalb eines Forschungsprojekts.[20] In inhaltlicher Hinsicht handelt es sich im vorliegenden Fall um ein quantitatives Forschungsdesign (multivariate Regressionsanalysen) mit quali-

---

(2009), S. 608.
[17] Vgl. Kedia & Mozumdar (2003), S. 522; Clark & Judge (2009), S. 607 und Bartram et al. (2010), S. 168.
[18] Vgl. hierzu die empirischen Befunde in Choi & Jiang (2009), S. 1978 ff.; Bartram et al. (2010), S. 161 ff. und Hutson & Laing (2014), S. 104 ff. Zum Beispiel berichten *Berkman et al. (1997)* für neuseeländische Unternehmen: „Over 70% responded that they use foreign debt financing as a financial hedge; 65% indicated the use of foreign operations as natural hedges (Berkman et al., 1997, S. 71)."
[19] Die Bedeutsamkeit der Frage nach der relationalen Nutzung unterschiedlicher Hedging-Instrumente heben auch *Allayannis et al. (2001)* hervor: „To the extent that the decision to use financial hedging is related to (and affected by) the operational strategies that a firm employs, it is important to examine how each strategy contributes to the overall goal of mitigating risk […] (Allayannis et al., 2001, S. 391)."
[20] Vgl. Johnson et al. (2007), S. 123; Tashakkori & Creswell (2007), S. 4 und Wrona & Fandel (2010), S. 2.

1 Einleitung

tativer Beimischung (Experteninterviews). In prozessualer Hinsicht handelt es sich um ein sequentielles Forschungsdesign, in dem die qualitative Untersuchung der quantitativen Untersuchung folgt. Die zusätzliche Nutzung einer qualitativen Methode ist in der Triangulation, Explikation, Elaboration und Illustration der in Bezug auf die Forschungsfragen 1, 2 und 3 durch den Einsatz einer quantitativen Methode erlangten Erkenntnisse begründet. In Bezug auf die Forschungsfrage 4, die dem integrierten, interagierten und interdependenten Einsatz bereitstehender Hedging-Instrumente nachgeht, ist die Nutzung einer qualitativen Methode in der Expansion der bereits ermittelten Erkenntnisse begründet.

Für die Beantwortung der ersten drei Forschungsfragen liegt der Fokus auf der quantitativen empirischen Teiluntersuchung. Hierbei erfolgt zunächst die Kombination eines approximativen Maßes für kurzfristige ökonomische und insbesondere transaktionale Exponiertheit, das auf ausländischen Umsätzen beruht, mit einem approximativen Maß für translationale Exponiertheit, das auf ausländischen Vermögenswerten beruht. Über die gängige Vorgehensweise der vorhandenen empirischen Literatur hinausgehend, kommt hierzu noch ein approximatives Maß für langfristige ökonomische und insbesondere strategische Exponiertheit, namentlich die geographische Konzentration der Tochterunternehmen. Die parallele Berücksichtigung dieser drei approximativen Internationalisierungsmaße ermöglicht es, alle drei Kategorien an Exponiertheit gegenüber Wechselkursrisiken abzubilden, denen Unternehmen mittels Fremdwährungsverschuldung als Hedge begegnen können. Darüber hinaus findet mit der geographischen Dispersion der Tochterunternehmen ein zusätzliches approximatives Maß Berücksichtigung. Die Dispersion misst leistungswirtschaftliches Hedging, das primär der Eindämmung strategischer Exponiertheit dient. Der Einbezug der Dispersion ermöglicht die Untersuchung der Interaktion zwischen Fremdwährungsverschuldung als Hedge und leistungswirtschaftlichen Hedging-Instrumenten.[21]

Die Ergebnisse der quantitativen empirischen Untersuchung basieren auf einer kleinen, aber rigorosen Stichprobe deutscher multinationaler Nicht-Finanzunternehmen. Die Stichprobe besteht aus 39 multinationalen Nicht-Finanzunternehmen, die ihren Hauptsitz in Deutschland haben und dort an der Börse (Frankfurt) notieren. Die Ergebnisse der qualitativen empirischen

---

[21] Die Berechnung der Maßzahlen für die transaktionale und translationale Exponiertheit erfolgt nach *Aabo & Ploeen (2014)*; vgl. Aabo & Ploeen (2014), S. 118. Die Interpretation der Maßzahlen für die transaktionale und translationale Exponiertheit erfolgt nach *Aabo et al. (2015)*; vgl. Aabo et al. (2015), S. 608. Die Berechnung und Interpretation der Maßzahlen für die strategische Exponiertheit und leistungswirtschaftliches Hedging erfolgt nach *Pantzalis et al. (2001)*; vgl. Pantzalis et al. (2001), S. 795 u. 797.

Untersuchung basieren auf acht Experteninterviews mit Finanzmanagern deutscher multinationaler Nicht-Banken. Die fokalen deutschen Unternehmen sind in hohem Maße international involviert, nicht nur durch Export- und Importtransaktionen, sondern auch durch ein aus Tochterunternehmen in Fremdmärkten bzw. -währungsräumen bestehendes transnationales Netzwerk. Daher sind die in den Stichproben befindlichen Unternehmen mit einer komplexen, mehrdimensionalen Exponiertheit konfrontiert, kontrollieren aber potenziell alle Hedging-Instrumente zur Eindämmung ihrer Exponiertheiten gegenüber Wechselkursrisiken.

1.3 Aufbau

Die vorliegende Arbeit ist in sieben Kapitel gegliedert. Im folgenden Kapitel 2 wird zunächst der Frage nachgegangen, ob Unternehmen überhaupt gegenüber Wechselkursrisiken exponiert sind (Kapitel 2.1). Hierbei stellt sich heraus, dass für Unternehmen grundsätzlich eine Exponiertheit gegenüber unerwarteten Wechselkursänderungen besteht, da sich die internationalen Paritätsbedingungen nicht unmittelbar einstellen. Hieraus folgt, dass die notwendige Bedingung für Hedging erfüllt ist. Für den gegebenen Fall, dass eine Exponiertheit gegenüber Wechselkursrisiken besteht, ist allerdings zu fragen, ob Unternehmen dieser Exponiertheit begegnen sollten oder ob die Eigenkapitalgeber Hedging effizienter betreiben können als Unternehmen (Kapitel 2.2). Hierbei stellt sich heraus, dass für Hedging administrative, informationale und transaktionale Kosten anfallen, die für Eigenkapitalgeber in der Regel höher liegen als für Unternehmen. Demnach sollte Hedging grundsätzlich auf Unternehmensebene erfolgen. Voraussetzung hierfür ist aber, dass Hedging den Unternehmenswert steigern kann. Indes haben Unternehmen zwei Möglichkeiten ihren Wert durch Hedging zu steigern: Kapitel 2.2 diskutiert die Prämissen für eine Unternehmenswertsteigerung durch eine Minderung des Kapitalisierungszinssatzes; Kapitel 2.3 diskutiert die Prämissen für eine Unternehmenswertsteigerung durch eine Mehrung der erwarteten Netto-Zahlungsströme.

Nachdem in Kapitel 2 Gründe dargestellt wurden, die für ein Hedging auf Unternehmensebene sprechen, behandelt Kapitel 3 die drei Hauptkategorien an Exponiertheit gegenüber Wechselkursrisiken (Kapitel 3.1) sowie die zu deren Eindämmung in Frage kommenden Hedging-Instrumente (Kapitel 3.2). Bei den Kategorien an Exponiertheit handelt es sich um transaktionale, strategische und translationale Exponiertheit, wobei transaktionale und strategische Exponiertheit Komponenten der ökonomischen Exponiertheit sind. Bei den Hedging-Instrumenten werden Devisentermingeschäfte, Fremdwährungsverschuldung und leistungswirtschaftliche Hedges besprochen. Die anschließende kritische Einordnung der Hedging-Instrumente erfolgt in Erweiterung der üblichen Darstellungsweise der theoretischen Literatur nicht nur nutzenseitig, sondern berücksichtigt auch deren Kosten (Kapitel 3.3). Im Ergebnis zeigt sich, dass leistungswirtschaftliche Hedges zwar nutzenseitig betrachtet die passendsten Instrumente sind, um strategischer Exponiertheit zu begegnen, die Kosten hierfür jedoch dermaßen hoch sein können, dass Unternehmen auf finanzwirtschaftliche Hedges abstellen (müssen), um ihre strategische Exponiertheit zu reduzieren. Bei gleichen Kosten aber höherem Nutzen ist Fremdwährungsverschuldung gegenüber einem Devisentermingeschäft der geeignetere finanzwirtschaftliche Hedge zur Eindämmung strategischer Exponiertheit.

Im Anschluss an Kapitel 3 werden in Kapitel 4 die vorhandenen empirischen Ergebnisse entlang der potenziellen über- und untergeordneten Nutzungsweise von Fremdwährungsverschuldung diskutiert. In Bezug auf die übergeordnete Nutzungsweise von Fremdwährungsverschuldung kommt Hedging, Finanzierung oder Spekulation als Motiv in Betracht (Kapitel 4.1). In Bezug auf die untergeordnete Nutzungsweise von Fremdwährungsverschuldung als Hedge kommt die Eindämmung transaktionaler, strategischer oder translationaler Exponiertheit als Motiv in Betracht (Kapitel 4.2). Bei letzterer Betrachtung zeigt sich, dass ein Strang der auf Sekundärdaten beruhenden empirischen Literatur zu dem Ergebnis kommt, dass Fremdwährungsverschuldung der Eindämmung transaktionaler Exponiertheit dient, während ein anderer Strang der auf Sekundärdaten beruhenden empirischen Literatur Fremdwährungsverschuldung als Hedge für translationale Exponiertheit interpretiert. Die Schlussfolgerungen beider Literatur-Stränge kontrastieren jedoch Umfrageergebnisse, denen zufolge Fremdwährungsverschuldung (auch) ein Hedge für strategische Exponiertheit ist.

Die Heterogenität der Ergebnisse der vorhandenen empirischen Literatur zu der Frage nach der untergeordneten Nutzungsweise von Fremdwährungsverschuldung motiviert die kritische Diskussion der in der empirischen Literatur zum Einsatz kommenden approximativen Maße und deren Interpretation in Kapitel 5. Hierbei lässt sich einerseits nach Internationalisierungsmaßen unterscheiden, die auf Auslandsumsätzen und -vermögenswerten basieren (Kapitel 5.1), andererseits nach Internationalisierungsmaßen, die auf Auslandstochterunternehmen basieren (Kapitel 5.2). Im Zuge dessen stellt sich heraus, dass die auf Sekundärdaten beruhenden empirischen Untersuchungen Fehlinterpretationen unterliegen können, da diese nicht alle Kategorien an Exponiertheit und auch an Hedging-Instrumenten abbilden und die abgebildeten Kategorien nicht akkurat approximativ messen.

Die Problematisierung der in der empirischen Literatur zum Einsatz kommenden approximativen Maße mündet in Kapitel 6 in die empirische Untersuchung, die sich in einen quantitativen und in einen qualitativen Teil gliedert. Die beiden Teiluntersuchungen hält der Bezugsrahmen eines sequentiellen Mixed-Methods-Forschungsdesigns zusammen, in dem die qualitative der quantitativen Forschungsmethode folgt. Eingangs thematisiert Kapitel 6.1 die ontologischen, epistemologischen und methodologischen Grundlagen der Mixed Methods. Die quantitativ empirische Untersuchung nutzt Regressionsanalysen, um der Frage nach der Nutzungsweise von Fremdwährungsverschuldung (als Hedge) nachzugehen (Kapitel 6.2). Die qualitative empirische Untersuchung nutzt Experteninterviews, um Kontextinformationen zwecks Interpretation der Ergebnisse der quantitativen Hauptuntersuchung zu erlangen und um letztere zu validieren (Kapitel 6.3). Die für Mixed-Methods-Forschungsdesigns charakteristische integrierte Diskussion der ermittelten empirischen Erkenntnisse erfolgt in Kapitel 6.4, bevor Kapitel 6.5 Limitationen behandelt und Kapitel 7 die Forschungsarbeit beschließt.

2 Hedging und Unternehmenswert

Zu den finanzwirtschaftlichen Risiken i.e.S. zählen Liquiditätsrisiken, Kreditrisiken und Marktrisiken; letztere bezeichnet man auch als Finanzpreisrisiken (siehe Abbildung 1).[22] Liquiditäts- und Kreditrisiken sind insbesondere für Finanzunternehmen bedeutsam.[23] Hingegen sind Finanzpreisrisiken insbesondere für Nicht-Finanzunternehmen von Bedeutung. In die Kategorie der Finanzpreisrisiken fallen in erster Linie Rohstoffpreisrisiken, Zinsänderungsrisiken und die fortan im Fokus liegenden Wechselkursrisiken.[24]

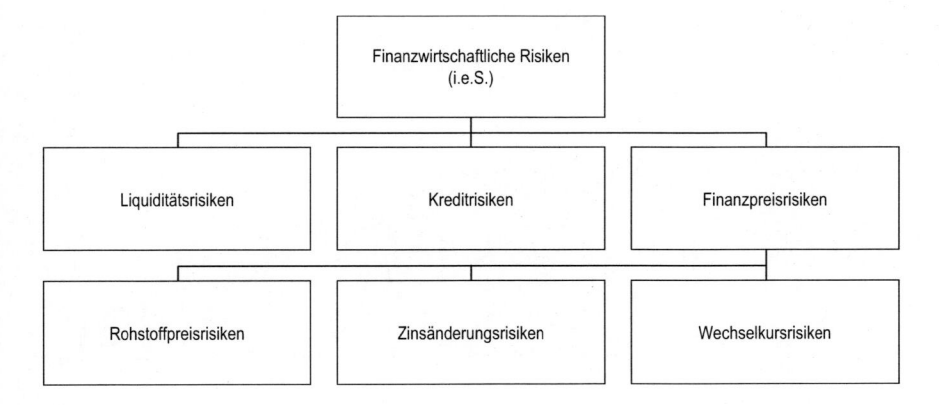

Abbildung 1: Systematisierung der finanzwirtschaftlichen Risiken
(Quelle: Eigene Darstellung in Anlehnung an Wolke, 2015, S. 9)

Bestünde keine Unsicherheit in Bezug auf die Höhe, den Zeitpunkt und den Zeitraum einer Wechselkursänderung, bestünde auch kein Wechselkursrisiko; der zukünftige Wechselkurs ist in diesem Fall als deterministisch anzusehen. Im Umkehrschluss lässt sich ein Wechselkursrisiko als Unsicherheit bezüglich Höhe, Zeitpunkt und Zeitraum einer Wechselkursänderung definieren. Mit einem Wechselkursrisiko gehen einerseits Verlustgefahren und anderseits Gewinnchancen einher. Verlustgefahren in dem Sinne, dass der sich tatsächlich einstellende Wert

---

[22] Vgl. Spremann et al. (2001), S. 227; Ohler & Unser (2013), S. 14 f. und Wolke (2015), S. 7.
[23] Vgl. Breuer et al. (2012), S. 487 f.
[24] Vgl. Lhabitant & Tinguely (2001), S. 346; Breuer et al. (2012), S. 430 u. 487 und Ohler & Unser (2013), S. 14. Laut einer Umfrage unter 334 Finanzmanagern (primär aus Industrieländern) stellen Wechselkursrisiken für Nicht-Finanzunternehmen die bedeutsamsten Risiken dar; vgl. Servaes et al. (2009), S. 66 ff.

negativ vom erwarteten Wert abweicht. Gewinnchancen in dem Sinne, dass der sich tatsächlich einstellende Wert positiv vom erwarteten Wert abweicht.[25]

Die Unsicherheit in Bezug auf die Wechselkursentwicklung bzw. das Wechselkursrisiko (Verlust- oder Gewinnwahrscheinlichkeit) ist zu unterscheiden von der Exponiertheit (Verlust- oder Gewinnausmaß), die den Einfluss nicht-antizipierter Wechselkursänderungen auf ein bestimmtes Unternehmen beschreibt (siehe Abbildung 2). Die Exponiertheit ist die Sensitivität des in Heimatwährung ausgedrückten Unternehmenswerts gegenüber nicht-antizipierten Wechselkursänderungen.[26] Demnach kann ein Wechselkursrisiko bestehen, ohne dass Unternehmen demgegenüber exponiert sind.[27] Im Gegensatz zur allgemeinen Unsicherheit in Bezug auf bestimmte Wechselkursentwicklungen ist die Exponiertheit unternehmensspezifisch.[28]

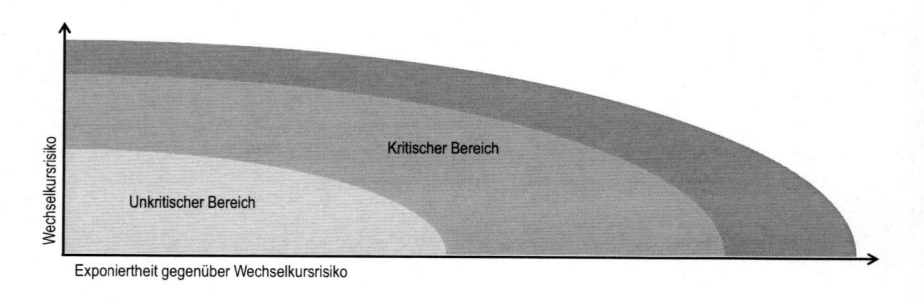

Abbildung 2: Wechselkursrisiko und Exponiertheit gegenüber dem Wechselkursrisiko
(Quelle: Eigene Darstellung in Anlehnung an Clarke & Varma, 1999, S. 416)

Risiko ist generell durch die Variabilität der Umweltzustände gekennzeichnet. Die zur Risikobemessung benötigte Wahrscheinlichkeitsverteilung der möglichen Umweltzustände lässt sich auf zweierlei Weise aufstellen: entweder über objektive Wahrscheinlichkeiten, d.h. auf Basis empirischer Häufigkeitsverteilungen, oder über subjektive Wahrscheinlichkeiten, d.h. auf Basis subjektiver Erfahrungen.[29] Die Quantifizierung eines Risikos erfolgt über die Ermittlung der

---

[25] Vgl. Adler & Dumas (1984), S. 42; Oxelheim & Wihlborg (1991), S. 295 und Oehler & Unser (2013), S. 10 ff. Vgl. hierzu auch Damodaran (2008), S. 6.
[26] Vgl. Fatemi & Luft (2002), S. 31; Capel (1997), S. 89 und Goldberg & Drogt (2008), S. 49. Vgl. hierzu grundlegend Adler & Dumas (1984), S. 42. Sichere, d.h. antizipierbare, Wechselkursänderungen spiegeln sich bereits in den Marktwerten der Unternehmen; vgl. Glaum (1990), S. 66 und Eiteman et al. (2013), S. 351. Vgl. hierzu auch Srinivasulu (1983), S. 40.
[27] Vgl. Eun et al. (2014), S. 227. Vgl. hierzu auch Holton (2004), S. 22; Bogle (2008), S. 31 und Damodaran (2008), S. 5 f.
[28] Vgl. Oxelheim & Wihlborg (1991), S. 299. Vgl. hierzu auch Smith (1995), S. 21 ff.
[29] Vgl. Perridon et al. (2012), S. 110 und Pape (2015), S. 408. Vgl. hierzu auch Courtney et al. (1997), S. 68 ff.

Streuungsmaße einer Wahrscheinlichkeitsverteilung um den erwarteten Wert, in der Regel über die Standardabweichung, die Varianz oder die Volatilität (als zeitnormierte Standardabweichung).[30]

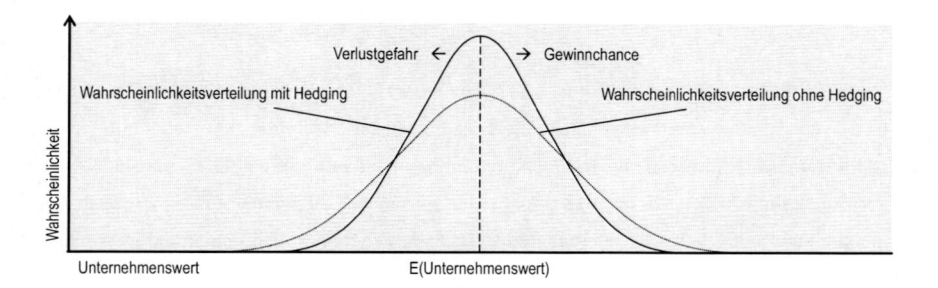

Abbildung 3: Wahrscheinlichkeitsverteilung des Unternehmenswerts mit und ohne Hedging (Quelle: Eigene Darstellung in Anlehnung an Rawls & Smithson, 1990, S. 7 und Giddy, 1994, S. 158)[31]

Die zu beobachtende mangelnde Trennschärfe zwischen dem Wechselkursrisiko und der Exponiertheit gegenüber dem Wechselkursrisiko besteht auch bei anderen zentralen Begrifflichkeiten. Insbesondere bestehen Uneinheitlichkeiten bei den in der Literatur zum Einsatz kommenden Definitionen für Risikomanagement und Hedging. Uneinheitlichkeit zeigt sich zum einen bei den Zielen des Risikomanagements bzw. Hedging-Programms und zum anderen in den für die Zielerreichung zum Einsatz kommenden Instrumenten des Risikomanagements bzw. Hedging-Programms. Ungeachtet der Einzelheiten dieser Definitionen erscheint es für den Fortgang der Untersuchung zweckmäßig, Folgendes festzulegen. Erstens: Risikomanagement identifiziert und optimiert Exponiertheit;[32] Hedging, als Teil des übergeordneten Risikomanagements, reduziert oder eliminiert identifizierte Exponiertheit.[33] Das Primärziel eines Hedging-Programms besteht entsprechend darin, die ermittelte Wahrscheinlichkeitsverteilung einer risikobehafteten Grundposition über die Kopplung mit einer Gegen- oder Sicherungsposition (Hedge) dergestalt zu modifizieren, dass die neu entstandene Gesamtposition, d.h. das Portfolio

---

[30] Vgl. Bartram et al. (2005), S. 396; Breuer et al. (2012), S. 488 und Oehler & Unser (2013), S. 12.
[31] Die Darstellung unterstellt ein transaktionskostenloses Hedging. Ein nicht-transaktionskostenloses Hedging führt graphisch zu einer Linksverschiebung der Wahrscheinlichkeitsverteilung.
[32] Vgl. Lhabitant & Tinguely (2001), S. 345 u. 348 f.; Meulbroek (2002b), S. 56 und Aretz et al. (2007), S. 446. Vgl. hierzu auch Stulz (1996), S. 14 ff.; Culp (2002), S. 12 f. und Damodaran (2005), S. 38 f.
[33] Vgl. Kramer & Heston (1993), S. 73; Lhabitant & Tinguely (2001), S. 348 f. und Stulz (2004), S. 174.

aus Risiko- und Hedging-Position, eine Wahrscheinlichkeitsverteilung mit reduzierter oder eliminierter Streuung aufweist (siehe Abbildung 3).[34] Zweitens: Für Risikomanagement und damit auch für Hedging bereitstehende Instrumente umfassen nicht nur Finanzinstrumente, sondern auch Modifikationen der Kapitalstruktur und leistungswirtschaftliche Maßnahmen; ein Hedging-Programm ist durch den integrierten Einsatz dieser Instrumente gekennzeichnet.[35]

Umfragen kommen zu dem Ergebnis, dass Nicht-Finanzunternehmen ihre Exponiertheit gegenüber Wechselkursrisiken mittels Hedging reduzieren.[36] Dass Unternehmen Hedging betreiben ist insofern bemerkenswert, als dass mehrere Bedingungen erfüllt sein müssen, um ein Hedging auf Unternehmensebene zu rechtfertigen. Erstens dürfen sich die internationalen Paritätsbedingungen nicht einstellen, da Unternehmen sonst nicht gegenüber nicht-antizipierten Wechselkursänderungen exponiert sind. Zweitens dürfen die Eigenkapitalgeber Hedging nicht effizienter betreiben können als Unternehmen. Drittens muss sich der Unternehmenswert über Hedging steigern lassen; d.h. Hedging muss in der Lage sein, entweder den Kapitalisierungszinssatz zu senken oder die erwarteten Netto-Zahlungsströme zu steigern.[37]

Die folgenden Kapitel diskutieren die Gründe, die für ein Hedging auf Unternehmensebene sprechen. Kapitel 2.1 legt dar, dass Unternehmen gegenüber Wechselkursrisiken exponiert sind, da sich die internationalen Paritätsbedingungen nicht unmittelbar einstellen. Kapitel 2.2 zeigt, dass für Hedging administrative, informationale und transaktionale Kosten anfallen, die für Eigenkapitalgeber in der Regel höher liegen als für Unternehmen. Zudem diskutiert Kapitel 2.2 die Bedingungen unter denen Hedging den Marktwert eines Unternehmens erhöhen kann, indem es den Kapitalisierungszinssatz senkt. Letztlich behandelt Kapitel 2.3 die Prämissen unter denen Hedging den Marktwert eines Unternehmens erhöhen kann, indem es die erwarteten Netto-Zahlungsströme steigert.

---

[34] Vgl. Edens (2010), S. 347; Breuer et al. (2012), S. 261 und Oehler & Unser (2013), S. 32. Vgl. hierzu auch Smith & Stulz (1985), S. 392. Alternativ findet sich in der Literatur der internationalen Finanzwirtschaft die bisweilen mit Varianz-Minimierung inkommensurable Position, dass Unternehmen primär danach trachten, die Auswirkungen (extremer) Verlustgefahren zu reduzieren; vgl. Stulz (1996), S. 20; Dhanani (2004), S. 318 und Aabo (2015), S. 58 ff.
[35] Vgl. Meulbroek (2002a), S. 64; Aretz et al. (2007), S. 446 und Döhring (2008), S. 4 f.
[36] Vgl. zu amerikanischen (Nicht-Finanz-)Unternehmen: Phillips (1995), S. 118 ff.; Bodnar et al. (1996), S. 114 ff. und Bodnar et al. (1998), S. 72 ff. Vgl. zu deutschen Nicht-Finanzunternehmen: Bodnar & Gebhardt (1999), S. 161 ff.; Fatemi & Glaum (2000), S. 7 ff. und Glaum (2002), S. 117 ff.
[37] Vgl. Dufey & Srinivasulu (1983), S. 54; Soenen (1992), S. 385 und Dobson & Soenen (1993), S. 35 f.

2.1 Internationale Paritätsbedingungen und Exponiertheit

Die Position, Unternehmen seien nicht gegenüber Wechselkursrisiken exponiert, stützt sich auf zweierlei. Zum einen beruht sie darauf, dass sich die an den internationalen Gütermärkten orientierte Kaufkraftparität einstellt, zum anderen beruht sie darauf, dass sich der an den internationalen Güter- und Finanzmärkten orientierte internationale Fisher-Effekt einstellt.[38] Die Kaufkraftparität betrachtet die Beziehung zwischen den nationalen Preisniveaus und den Wechselkursen. Stellt sich die (relative) Kaufkraftparität ein, so gleicht die erwartete Inflationsdifferenz in etwa der Wechselkursänderungsrate. Relativ hohe erwartete Teuerungsraten in der Heimat führen hiernach zu einem geringeren Außenwert der heimischen Währung.[39] Der internationale Fisher-Effekt betrachtet die Beziehung zwischen den nationalen Zinsniveaus und den Wechselkursen. Stellt sich der internationale Fisher-Effekt ein, so gleicht die Zinsdifferenz in etwa der erwarteten Wechselkursänderungsrate. Relativ hohe Zinssätze in der Heimat führen hiernach zu einem geringeren Außenwert der heimischen Währung.[40]

Basis des internationalen Fisher-Effekts und Bindeglied zur Kaufkraftparität ist der (nationale) Fisher-Effekt, der die Beziehung zwischen der erwarteten Inflationsrate, dem realen und dem nominalen Zinssatz darstellt. Der Fisher-Effekt besagt, dass Erhöhungen der erwarteten Teuerungsrate zu einem proportional höheren Nominalzins führen (müssen). Dies gilt, da sich der nominale Zinssatz in etwa aus dem realen Zinssatz und der erwarteten Teuerungsrate zusammensetzt. Die Berücksichtigung der Inflationserwartung kompensiert (potenzielle) Einleger für deren zu erwartenden Kaufkraftverlust.[41] Abbildung 4 stellt den Zusammenhang zwischen (relativer) Kaufkraftparität, dem (nationalen) Fisher-Effekt und dem internationalen Fisher-Effekt dar.

Auf Güter- und Finanzmärkten ohne informationale und transaktionale Kosten oder andere Hemmnisse für unmittelbare Preisanpassungen stellen sich Kaufkraftparität und internationaler Fisher-Effekt ein.[42] Stellen sich Kaufkraftparität und internationaler Fisher-Effekt ein, können Unternehmen nicht gegenüber Wechselkursänderungen exponiert sein. Setzt der internationale

---

[38] Vgl. Giddy (1977b), S. 24 f.; Aggarwal & Soenen (1989), S. 61 f. und Bartram et al. (2005), S. 396.
[39] Vgl. Taylor & Taylor (2004), S. 136 ff.; Shapiro (2010), S. 147 ff. und Krugman et al. (2015), S. 447 ff.
[40] Vgl. Shapiro (2010), S. 166 ff.; Breuer et al. (2012), S. 201 und Krugman et al. (2015), S. 452 ff.
[41] Vgl. Logue & Oldfield (1977), S. 18; Shapiro (2010), S. 158 f. und Wang (2010), S. 59 f.
[42] Vgl. Aggarwal & Soenen (1989), S. 62 und Oxelheim & Wihlborg (1991), S. 298 f.

Fisher-Effekt unmittelbar ein, berühren Wechselkursänderungen die bereits kontrahierten Zahlungsströme nicht. Stellt sich die Kaufkraftparität unmittelbar ein, berühren Wechselkursänderungen die (noch) nicht kontrahierten Zahlungsströme nicht.[43] Empirische Untersuchungen zeigen jedoch, dass sich Kaufkraftparität und internationaler Fisher-Effekt kurz- und mittelfristig nicht einstellen.[44] Folglich können Unternehmen grundsätzlich gegenüber Wechselkursrisiken exponiert sein.

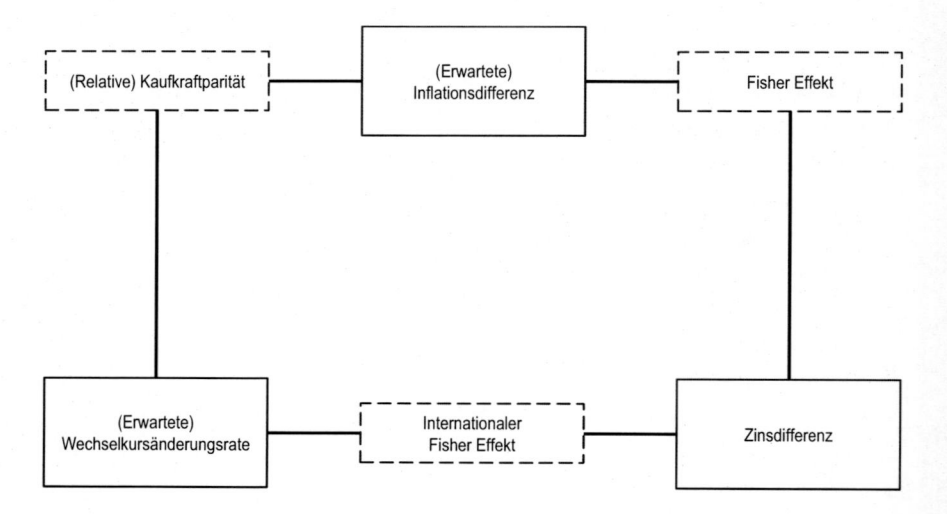

Abbildung 4: Internationale Paritätsbedingungen
(Quelle: Eigene Darstellung in Anlehnung an Giddy, 1977a, S. 603 und Dufey & Giddy, 1978, S. 73)

Dass Unternehmen gegenüber Wechselkursrisiken exponiert sind, ist keine hinreichende Bedingung für das Hedging ebendieser Finanzpreisrisiken; Hedging muss in der Lage sein, den Unternehmenswert zu erhöhen.[45] Indes lässt sich der Unternehmenswert als Summe aller erwarteten Netto-Zahlungsströme ermitteln, die nach der Risikoprämienmethode mit einem Kapitalkostensatz $(1 + r)$ abgezinst werden. Der Kapitalkostensatz besteht aus dem Zeitwert des Geldes zuzüglich einer Risikoprämie (zusammen: Opportunitätskosten).[46] Die Risikoprämie

---

[43] Vgl. Giddy (1977b), S. 24 f.; Dufey & Srinivasulu (1983), S. 55 und Aggarwal & Soenen (1989), S. 61 f.
[44] Vgl. hierzu die empirischen Befunde in Giddy (1977b), S. 26 ff.; Aggarwal & Soenen (1989), S. 62 f. und Logue (1995), S. 43 f.
[45] Vgl. Rawls & Smithson (1990), S. 9 und Smithson & Smith (1998), S. 462.
[46] Vgl. Luehrman (1997), S. 134; Bartram (2000), S. 295 und Fatemi & Luft (2002), S. 31.

bildet das systematische Risiko – und nur das systematische Risiko – eines Unternehmens ab.[47] Hedging-Maßnahmen, die den Marktwert eines Unternehmens erhöhen sollen, müssen daher entweder den Kapitalkostensatz senken oder die erwarteten Netto-Zahlungsströme (den Zähler in Formel 1) steigern.[48]

$$\text{Unternehmenswert} = \sum_{t=0}^{T} \frac{E(\text{Netto} - \text{Zahlungsstrom})_t}{(1 + r)^t} \qquad (1)$$

Das folgende Kapitel befasst sich mit der Frage, ob Hedging auf Ebene der Eigenkapitalgeber oder auf Unternehmensebene erfolgen sollte. Zudem diskutiert Kapitel 2.2 die Prämissen für eine Reduktion des Kapitalisierungszinssatzes durch Hedging.

2.2 Hedging und Kapitalisierungszinssatz

Ein zentrales Ergebnis der Portfoliotheorie[49] – bzw. deren Erweiterung, dem Capital Asset Pricing Model (CAPM)[50] – lautet, dass sich das Gesamtrisiko eines Unternehmens aus zwei Komponenten zusammensetzt: einer Komponente, die das systematische, für Eigenkapitalgeber nicht-diversifizierbare Risiko erfasst (auch als Marktrisiko bezeichnet) und einer zweiten Komponente, die das unsystematische, für Eigenkapitalgeber diversifizierbare Risiko erfasst.[51] Innerhalb des CAPM fordern die risikoscheuen Eigenkapitalgeber bzw. die Aktionäre eine Renditekompensation für das Risiko eines Unternehmens bzw. einer Aktie. Aus Sicht des Unternehmens sind dies die Eigenkapitalkosten. Die Eigenkapitalgeber ermitteln ihre zu fordernde Risikoprämie jedoch nicht über das Gesamtrisiko eines Unternehmens, d.h. die Varianz der erwarteten Netto-Zahlungsströme eines Unternehmens, sondern ausschließlich über dessen

---

[47] Die Maßzahl für das systematische Risiko ist im CAPM der Beta-Koeffizient, der den Zusammenhang zwischen Einzel- und Marktrendite ausdrückt. Der Beta-Koeffizient berücksichtigt im erweiterten Modellrahmen des CAPM zwei Faktoren: das operative Risiko (Geschäftsrisiko) und das finanzielle Risiko (Kapitalstrukturrisiko) eines Unternehmens, wobei das finanzielle Risiko vom Verschuldungsgrad des Unternehmens abhängt; vgl. Serfling & Marx (1990), S. 426 f.; Pape (2010), S. 89 f. und Heinze & Radinger (2011), S. 49.
[48] Vgl. Rawls & Smithson (1990), S. 9 f.; Aabo (2001), S. 387 und Aabo (2015), S. 57.
[49] Vgl. hierzu grundlegend Markowitz (1952), S. 77 ff.
[50] Vgl. hierzu grundlegend Sharpe (1964), S. 425 ff.; Lintner (1965), S. 587 ff. und Mossin (1966), S. 768 ff. Vgl. zum Annahmerahmen des CAPM z.B. Schmidt & Terberger (2006), S. 345 f. oder Perridon et al. (2012), S. 271 f.
[51] Vgl. Shapiro & Titman (1985), S. 42; Stulz (1996), S. 12 und Meulbroek (2002a), S. 57 f. Die (empirische) Frage, ob Wechselkursrisiken als überwiegend systematisch oder unsystematisch anzusehen sind, ist nicht eindeutig beantwortet; vgl. Soenen (1992), S. 386 f.; Reeb et al. (1998), S. 276 und Grant & Soenen (2004), S. 56.

nicht-diversifizierbare, systematische Risikokomponente, d.h. die Kovarianz zwischen den erwarteten Netto-Zahlungsströmen eines Unternehmens und dem Marktportfolio.[52]

Für den Fall, dass Wechselkursrisiken unsystematischer Natur sind, entspricht die hierauf basierende Exponiertheit eines Unternehmens aus Perspektive der Eigenkapitalgeber einem diversifizierbaren Risiko. Sichern Unternehmen ihre erwarteten Netto-Zahlungsströme gegen unsystematische Wechselkursrisiken ab, entsteht den Eigenkapitalgebern entsprechend kein Mehrwert. Die Eigenkapitalgeber können unsystematische Wechselkursrisiken, im Annahmerahmen des CAPM kostenlos, über die internationalen Eigenkapitalmärkte absichern. Ein dergestaltes Hedging auf Unternehmensebene ist daher äquivalent durch die Eigenkapitalgeber replizierbar.[53]

Für den entgegengesetzten Fall, dass Wechselkursrisiken systematischer Natur sind, entspricht die hierauf basierende Exponiertheit eines Unternehmens aus Perspektive der Eigenkapitalgeber einem nicht-diversifizierbaren Risiko. Sichern Unternehmen ihre erwarteten Netto-Zahlungsströme gegen systematische Wechselkursrisiken ab, entsteht den Eigenkapitalgebern allerdings ebenso wenig ein Mehrwert wie bei der Absicherung unsystematischer Wechselkursrisiken. Die Eigenkapitalgeber können systematische Wechselkursrisiken über die internationalen Devisen-, Geld- und Fremdkapitalmärkte absichern. Ein dergestaltes Hedging auf Unternehmensebene ist daher ebenfalls äquivalent durch die Eigenkapitalgeber replizierbar.[54]

Für ein Hedging auf Unternehmensebene – und zugleich gegen ein Hedging auf Ebene der Eigenkapitalgeber – spricht jedoch, dass Unternehmen effizienter Hedging betreiben können als Eigenkapitalgeber. Insbesondere fallen für Hedging administrative, informationale und transaktionale Kosten an, die für Eigenkapitalgeber in der Regel höher liegen als für Unternehmen.[55] Zum einen bestehen für Eigenkapitalgeber Informationsbarrieren in Bezug auf die Exponiertheit einzelner (potenziell) im Portfolio befindlicher Unternehmen bzw. komparative Informationsvorteile auf Unternehmensebene. Zum anderen bestehen für Eigenkapitalgeber Investitionsbarrieren in Bezug auf die internationalen Finanzmärkte bzw. komparative Transaktionskostenvorteile auf Unternehmensebene. Zudem können bestimmte Eigenkapitalgeber nur

---

[52] Vgl. Shapiro & Titman (1985), S. 42; Stulz (1996), S. 12 und Meulbroek (2002a), S. 57 f.
[53] Vgl. Giddy (1977b), S. 32; Dufey & Srinivasulu (1983), S. 56 f. und Smith (1995), S. 24.
[54] Vgl. Giddy (1977b), S. 32; Smith (1995), S. 24 und Meulbroek (2002a), S. 58.
[55] Vgl. Abuaf (1986), S. 40; Eckl & Robinson (1990), S. 287 f. und Lhabitant & Tinguely (2001), S. 350 f.

einen geringen Teil ihres Gesamtrisikos mittels Diversifikation über die Eigenkapitalmärkte eliminieren.

Die Position, Hedging sollte auf Ebene der Eigenkapitalgeber erfolgen und nicht auf Unternehmensebene, blendet Informationskosten aus. In der Realität haben Eigenkapitalgeber einen geringeren Informationsstand in Bezug auf die Exponiertheit der sich (potenziell) in ihrem Portfolio befindlichen Unternehmen als die Unternehmen selbst, sodass bei einem Hedging auf Ebene der Eigenkapitalgeber (höhere) Informationskosten anfallen als auf Unternehmensebene. Um ihr Portfolio adäquat zu diversifizieren, müssten die Eigenkapitalgeber die Exponiertheit eines jeden (potenziell) im Portfolio befindlichen Unternehmens zu jeder Zeit kennen.[56]

Die Position, Hedging sollte auf Ebene der Eigenkapitalgeber erfolgen und nicht auf Unternehmensebene, blendet zudem Transaktionskosten aus. Höhere Transaktionskosten bestehen zum einen für den Fall, dass Eigenkapitalgeber sich über die internationalen Devisen-, Geld- und Fremdkapitalmärkte absichern, zum anderen für den Fall, dass Eigenkapitalgeber sich über die internationalen Eigenkapitalmärkte absichern.[57]

In der Realität haben Eigenkapitalgeber, die ein Hedging über die internationalen Devisen-, Geld- und Fremdkapitalmärkte anstreben, in der Regel höhere Transaktionskosten als die sich (potenziell) in ihrem Portfolio befindlichen Unternehmen bei einem solchen Hedging. Betrachtet man die internationalen Devisen-, Geld- und Fremdkapitalmärkte aus der Perspektive einzelner Eigenkapitalgeber, so sind diese nicht vollständig integriert – Eigenkapitalgeber, die beispielsweise bestimmte Devisentermingeschäfte abschließen müssten, können dies bisweilen nicht oder nur unter hohen Kosten tun. Ein derartiges Hedging auf Unternehmensebene ist daher nicht äquivalent durch die Eigenkapitalgeber replizierbar.[58]

In der Realität haben Eigenkapitalgeber, die eine Diversifikation mittels bestimmter Portfolioinvestitionen anstreben, in der Regel höhere Transaktionskosten als die sich (potenziell) in ihrem Portfolio befindlichen Unternehmen bei ausländischen Direktinvestitionen. Betrachtet man

---

[56] Vgl. Dufey & Srinivasulu (1983), S. 58 f.; Soenen (1992), S. 385 und Meulbroek (2002a), S. 58. Vgl. hierzu auch Rawls & Smithson (1990), S. 16. Vgl. hierzu ferner Stulz (1996), S. 14 f. Hingegen kennen die Manager der Unternehmen nicht die aus Perspektive der Eigenkapitalgeber optimale Hedge Ratio, die zudem nicht für jeden Eigenkapitalgeber einheitlich ist; vgl. Levi & Serçu (1991), S. 29 f. und Lewent & Kearney (1998), S. 484.
[57] Vgl. Giddy (1977b), S. 32; Shapiro (1977), S. 37 und Dufey & Srinivasulu (1983), S. 57 f.
[58] Vgl. Shapiro & Rutenberg (1976), S. 50; Dufey & Srinivasulu (1983), S. 57 f. und Soenen (1992), S. 385.

die internationalen Eigenkapitalmärkte aus der Perspektive einzelner Eigenkapitalgeber, so sind diese nicht vollständig integriert – Eigenkapitalgeber, die ein bestimmtes Unternehmen aus einem Fremdmarkt bzw. -währungsraum in ihr Portfolio aufnehmen müssten, können dies bisweilen nicht oder nur unter hohen Kosten tun. Ein derartiges Hedging auf Unternehmensebene ist daher nicht äquivalent durch die Eigenkapitalgeber replizierbar.[59]

Ein hierzu konsistenter Erklärungsansatz der Literatur der internationalen Finanzwirtschaft für die Existenz multinationaler Unternehmen (MNU) ist, dass Eigenkapitalgeber mittels der Investition in ein heimisches multinationales Unternehmen mittelbar eine (internationale) Diversifikation ihres Portfolios erreichen. Hierbei handelt es sich um eine Diversifikation, die – bei Barrieren, die den Zugang zu fremden Eigenkapitalmärkten beschränken oder blockieren – nicht unmittelbar über eine (Portfolio-)Investition in ein fremdes Unternehmen zu erreichen ist.[60] Empirischen Untersuchungen zufolge haben multinationale Unternehmen infolgedessen geringere (Eigen-)Kapitalkosten als ausschließlich national agierende Unternehmen.[61]

Unter Nicht-Berücksichtigung bestehender Informations- und Transaktionskosten lässt sich im Rahmen der Portfoliotheorie argumentieren, dass bei atomistischen Eigentümerstrukturen die Eigenkapitalgeber in der Lage sind, unsystematische Wechselkursrisiken durch Diversifikation über die internationalen Eigenkapitalmärkte zu eliminieren. Ein auf Unternehmensebene erfolgendes Hedging bestehender Exponiertheit gegenüber unsystematischen Wechselkursrisiken führt in diesem Fall zu keiner Reduktion der geforderten Mindest-Eigenkapitalrendite. Es kommt daher zu keiner Reduktion der Eigenkapitalkosten des Unternehmens und auch zu keiner Unternehmenswertsteigerung. Bei sogenannten „eng gehaltenen Unternehmen" ist dies jedoch selbst unter den oben genannten, restriktiven Bedingungen nicht der Fall. In der Theorie als risikoscheu erachtete Gründerfamilien, geschäftsführende Gesellschafter und strategische Investoren sind mit einem überproportionalen Anteil ihres Vermögens in ein Unternehmen investiert und berücksichtigen daher bei der Ermittlung ihrer zu fordernden Mindest-Eigenkapitalrendite neben der systematischen auch (teilweise) die unsystematische Risikokomponente, d.h. auch solche Risiken, die Eigenkapitalgebern mit breit(er) gestreuten Beteiligungen als

---

[59] Vgl. Shapiro & Rutenberg (1976), S. 50; Giddy (1977b), S. 32 und Logue (1995), S. 40. Vgl. zur Diskussion der potenziellen Gründe für eine unzureichende internationale Diversifikation der Eigenkapitalgeber: Stulz (1999), S. 23.
[60] Vgl. Shapiro & Rutenberg (1976), S. 50; Giddy (1977b), S. 32 f. und Logue (1995), S. 40.
[61] Vgl. hierzu die empirischen Befunde in Hughes et al. (1975), S. 633 ff.; Rugman (1976), S. 77 ff. und Agmon & Lessard (1977), S. 1053 f.

diversifizierbar gelten. Sichern Unternehmen mit einer solchen Eigentümerstruktur ihre erwarteten Netto-Zahlungsströme, d.h. das Gesamtrisiko, ab, reduzieren sie die Mindestrendite-Forderung der nicht-atomistischen Eigenkapitalgeber; parallel hierzu reduzieren sie die Eigenkapitalkosten und erhöhen den Unternehmenswert.[62]

Zusammenfassend lässt sich festhalten: Bestehen Güter- und Finanzmärkte ohne informationale und transaktionale Kosten oder andere Hemmnisse für unmittelbare Preisanpassungen, sodass sich Kaufkraftparität und internationaler Fisher-Effekt einstellen, besteht für Unternehmen keine Exponiertheit gegenüber Wechselkursrisiken. Folglich besteht auch kein Bedarf an darauf bezogenen Hedging-Maßnahmen. Im entgegengesetzten Fall, in dem sich die genannten internationalen Paritäten nicht einstellen, besteht ein Bedarf für Hedging. Hedging sollte bei atomistischen Eigentümerstrukturen jedoch nicht auf Unternehmensebene erfolgen, sondern auf Ebene der Eigenkapitalgeber: Exponiertheit gegenüber unsystematischen Wechselkursrisiken lässt sich über die internationalen Eigenkapitalmärkte diversifizieren, Exponiertheit gegenüber systematischen Wechselkursrisiken lässt sich über die internationalen Devisen-, Geld- und Fremdkapitalmärkte reduzieren. Wenn aber die Informations- und Transaktionskosten auf Ebene der Eigenkapitalgeber höher sind als auf Ebene des Unternehmens oder nicht-atomistische Eigentümerstrukturen bestehen, sollte Hedging auf Unternehmensebene erfolgen. Ein Hedging auf Unternehmensebene führt unter diesen Bedingungen zu einer Reduktion der geforderten Mindest-Eigenkapitalrendite und hierüber zu einem geringeren, auf die erwarteten Netto-Zahlungsströme zu beziehenden, Kapitalisierungszinssatz.

Der Unternehmenswert lässt sich allerdings nicht nur über eine Senkung des Kapitalisierungszinssatzes erhöhen, sondern auch über eine Steigerung der erwarteten Netto-Zahlungsströme. Kapitel 2.3 bespricht die Prämissen unter denen Hedging den Unternehmenswert erhöhen kann, indem es die erwarteten umsatzseitigen Zahlungsströme steigert oder die erwarteten kostenseitigen Zahlungsströme senkt.

2.3 Hedging und Zahlungsströme

Modigliani & Miller (1958) zeigen, dass unter der Bedingung vollkommener Kapitalmärkte, d.h. unter Nicht-Beachtung bestehender Informationskosten, Transaktionskosten und Steuern,

---

[62] Vgl. Smith (1995), S. 24; Stulz (1996), S. 13 und Meulbroek (2002a), S. 59 f. Vgl. hierzu grundlegend Mayers & Smith (1982), S. 283 u. 293 und Mayers & Smith (1990), S. 22.

das Finanzierungsprogramm eines Unternehmens irrelevant ist für dessen Marktwert; die Eigenkapitalgeber können das Finanzierungsprogramm eines Unternehmens äquivalent über die Finanzmärkte replizieren. Der Unternehmenswert lässt sich nur steigern, indem Unternehmen Investitionsprojekte mit einem positiven Kapitalwert durchführen.[63]

Parallel hierzu gilt, dass unter der Bedingung vollkommener Kapitalmärkte das Hedging-Programm (als Teil des übergeordneten Finanzmanagements) eines Unternehmens irrelevant ist für dessen Marktwert, da die Eigenkapitalgeber das Hedging-Programm äquivalent über die Finanzmärkte replizieren können.[64] Im Umkehrschluss folgt hieraus: Falls das Hedging-Programm eines Unternehmens doch einen Einfluss auf dessen Marktwert ausübt, muss dieser aus Informationskosten, Transaktionskosten oder Steuern resultieren.[65]

Im Folgenden werden zunächst Marktunvollkommenheiten wie Transaktionskosten und Unternehmensbesteuerung diskutiert, die zuvorderst in der Erweiterung des neoklassischen Modigliani-Miller-Modells eine Rolle spielen. Demgegenüber sind Informationsasymmetrien eine zentrale Annahme der Prinzipal-Agenten-Theorie,[66] die dem Neoinstitutionalismus[67] zuzurechnen ist. *Jensen & Meckling (1976)* definieren eine Agentenbeziehung allgemein wie folgt: „[…] a contract under which one or more persons (the principal(s)) engage another person (the agent) to perform some service on their behalf which involves delegating some decision making authority to the agent."[68] Die Übertragung der Entscheidungsbefugnisse birgt jedoch die Gefahr, dass die Agenten nicht im Sinne der Prinzipale tätig werden, sondern rational ihren eigenen Nutzen zu maximieren trachten (opportunistisches Verhalten).[69] Hierbei ist die Annahme nutzenmaximierender Akteure per se unproblematisch: Vollständig informierte Prinzipale gestalten die Verträge in Antizipation des unerwünschten Verhaltens der Agenten so, dass letztere

---

[63] Vgl. Modigliani & Miller (1958), S. 265 ff. Vgl. hierzu auch Modigliani & Miller (1959), S. 656 ff.; Miller (1988), S. 99 ff. und Myers (2001), S. 84 ff. Vgl. zum Annahmerahmen des Modigliani-Miller-Modells z.B. Schmidt & Terberger (2006), S. 263 ff. oder Perridon et al. (2012), S. 532.
[64] Vgl. Rawls & Smithson (1990), S. 10; Aabo (2001), S. 387 und Meulbroek (2002a), S. 57.
[65] Vgl. Mayers & Smith (1982), S. 282; Mayers & Smith (1987), S. 45 und Raposo (1999), S. 42 f.
[66] Vgl. zum Annahmerahmen der Prinzipal-Agenten-Theorie z.B. Eisenhardt (1989a), S. 58 ff.; Göbel (2002), S. 98 ff. oder Richter & Furubotn (2010), S. 173 ff.
[67] Zur Neuen Institutionenökonomik i.e.S. zählen die Theorie der Verfügungsrechte, die Transaktionskosten-Theorie und die Prinzipal-Agenten-Theorie; vgl. Göbel (2002), S. 60. Vgl. grundlegend zur Theorie der Verfügungsrechte: Coase (1960), S. 6 ff. und Demsetz (1967), S. 347 ff. Vgl. grundlegend zur Transaktionskosten-Theorie: Coase (1937), S. 387 ff. und Williamson (1973), S. 316 ff. Im Vergleich zur Transaktionskosten-Theorie liegt der Fokus der Prinzipal-Agenten-Theorie eher auf der institutionellen Gestaltung von Kontroll- und Anreizsystemen (Motivationsproblem) als auf den allgemeineren Kosten, die im Zuge von Vertragsformulierung, -abschluss und -durchsetzung anfallen; vgl. Schmidt & Terberger (2006), S. 398.
[68] Jensen & Meckling (1976), S. 308.
[69] Vgl. Jensen & Meckling (1976), S. 308.

keine Möglichkeit zu opportunistischem Verhalten haben. Eine Konfliktbeziehung entsteht in dem Moment, in dem die beauftragenden Prinzipale einen niedrigeren Informationsstand haben als die Agenten. Erst hierdurch bietet sich den Agenten Raum für opportunistisches Verhalten.[70] Unter der Bedingung unterschiedlich hoher Informationsstände können das Finanzierungsprogramm und auch das Hedging-Programm eines Unternehmens Einfluss auf dessen Investitionsprogramm ausüben.

Die Hedging-Literatur thematisiert in erster Linie konfliktbeladene Beziehungen zwischen den (potenziellen) Fremdkapitalgebern, den Eigenkapitalgebern und deren (Fremd-)Managern. Um die Problemstellungen der Prinzipal-Agenten-Konflikte in Bezug auf Hedging getrennt behandeln zu können, erfolgt zunächst eine Diskussion der Konflikte zwischen (potenziellen) Fremdkapitalgebern (in diesem Fall den Prinzipalen) und im Interesse der Eigenkapitalgeber handelnden Managern (in diesem Fall den Agenten) bzw. den Eigenkapitalgebern selbst in inhabergeführten Unternehmen. Diese Konfliktbeziehungen führen zu dem Asset-Substitution-Problem, dem Underinvestment-Problem und dem Koordinationsproblem, die jeweils Agenturkosten[71] des Fremdkapitals entstehen lassen. Für diese Konflikte ist Hedging ein Lösungsansatz. Hieran anschließend werden potenzielle Konfliktbeziehungen zwischen Eigenkapitalgebern (in diesem Fall den Prinzipalen) und deren Managern (in diesem Fall abermals den Agenten) identifiziert und analysiert. Hierzu muss die zunächst annahmegemäß herrschende Interessensgleichheit zwischen Managern und Eigenkapitalgebern aufgehoben werden. Diese Konfliktbeziehungen führen zu dem Overinvestment- und Overhedging-Problem, die jeweils Agenturkosten des Eigenkapitals entstehen lassen. Für diese Konflikte ist Hedging kein Lösungsansatz, sondern ein Multiplikator.

2.3.1 Finanzielle Notlage

Die Position, Hedging sollte bei Finanzmärkten ohne informationale und transaktionale Kosten auf Ebene der Eigenkapitalgeber erfolgen und nicht auf Ebene des Unternehmens (siehe Kapitel 2.2), gilt prinzipiell nicht nur im Querschnitt, auf Portfolioebene, sondern auch im Längsschnitt, für jedes einzelne im Portfolio befindliche Unternehmen. Betrachtet man die Portfolioebene, so lässt sich argumentieren, dass bei nicht-antizipierten Wechselkursänderungen die Marktwerte

---

[70] Vgl. Schmidt & Terberger (2006), S. 391 f.
[71] *Jensen und Meckling (1976)* definieren die Summe aus Kontrollkosten der Prinzipale, Bindungskosten der Agenten und Residualverlust als Agenturkosten; vgl. Jensen & Meckling (1976), S. 308 ff.

einiger Portfoliounternehmen steigen, die Marktwerte anderer Portfoliounternehmen sinken, diese Marktwertänderungen sich aber im Mittel ausgleichen. Im Querschnitt betrachtet ist daher keine Portfoliowertänderung aufgrund von Wechselkursrisiken zu erwarten. Betrachtet man die Unternehmensebene, so lässt sich analog argumentieren, dass bei nicht-antizipierten Wechselkursänderungen der Marktwert eines Unternehmens in einigen Zeitpunkten steigt, in anderen Zeitpunkten sinkt, diese Marktwertänderungen sich aber mit der Zeit ausgleichen. Im Längsschnitt betrachtet ist daher keine Unternehmenswertänderung aufgrund von Wechselkursrisiken zu erwarten.[72]

In letzterem Fall kann es allerdings zwischenzeitlich dazu kommen, dass das Unternehmen Insolvenz anmelden muss. Tritt dieser Fall ein, kann das Unternehmen nicht die aus nicht-antizipierten Wechselkursänderungen resultierenden Verluste durch spätere Gewinne ausgleichen.[73] Unter der Bedingung vollkommener Kapitalmärkte, auf denen keine Transaktionskosten anfallen, führt eine Insolvenz zu einer kostenlosen Restrukturierung oder Liquidierung und ist insofern unproblematisch. Problematisch ist eine Insolvenz jedoch, falls hierbei Transaktionskosten anfallen.

Für diesen Fall können Unternehmen über Hedging die erwarteten (Transaktions-)Kosten aus einer Insolvenz oder, breiter gefasst, aus einer finanziellen Notlage reduzieren, wobei eine finanzielle Notlage die Vorstufe einer tatsächlichen Insolvenz ist.[74] Die Höhe der erwarteten Insolvenzkosten steigt zum einen mit der Wahrscheinlichkeit, mit der ein Unternehmen Insolvenz anmelden muss oder in eine finanzielle Notlage gerät und zum anderen mit den direkten und indirekten Kosten, die eine solche Situation mit sich bringen würde.[75] Hedging auf Unternehmensebene hat zwar keinen unmittelbaren Einfluss auf die Höhe der direkten und indirekten Insolvenzkosten, kann aber die Volatilität der erwarteten Netto-Zahlungsströme reduzieren und

---

[72] Vgl. Dufey & Srinivasulu (1983), S. 59; Aggarwal & Soenen (1989), S. 61 und Joseph (2000), S. 163. Vgl. hierzu auch Froot et al. (1994), S. 93.
[73] Vgl. Aggarwal & Soenen (1989), S. 64 und Soenen (1992), S. 388.
[74] Die Wahrscheinlichkeit für eine finanzielle Notlage leitet sich aus zwei Faktoren ab. Erstens aus der Höhe der fixierten Auszahlungsverpflichtungen: Die Wahrscheinlichkeit einer Insolvenz steigt beispielsweise mit höheren fixierten Auszahlungsverpflichtungen aus Löhnen und Gehältern oder aus Zins- und Tilgungszahlungen. Zweitens steigt die Wahrscheinlichkeit einer Insolvenz mit der Volatilität der Netto-Zahlungsströme; vgl. Rawls & Smithson (1990), S. 11; Nance et al. (1993), S. 269 und Bartram (2000), S. 304.
[75] Vgl. Rawls & Smithson (1990), S. 11; Nance et al. (1993), S. 269 und Smithson & Smith (1998), S. 463.

damit die Wahrscheinlichkeit, mit der ein Unternehmen Insolvenz anmelden muss oder in eine finanzielle Notlage gerät.[76]

Direkte Insolvenzkosten sind primär mit einer Insolvenz verbundene Kosten. Direkte Insolvenzkosten resultieren in erster Linie aus Verhandlungen zwischen Kapitalgebern bei Eintritt des Insolvenzfalls. Beispiele hierfür sind Honorare für Insolvenzanwälte oder die Zeit, die Manager für eine Restrukturierung oder Liquidierung aufwenden und die entsprechend nicht für anderweitige, unternehmenswertsteigernde Aktivitäten zur Verfügung steht.[77]

Indirekte Insolvenzkosten sind primär mit einer finanziellen Notlage verbundene Kosten. Indirekte Insolvenzkosten folgen aus niedrigeren zufließenden operativen Zahlungsströmen oder höheren abfließenden operativen Zahlungsströmen.[78] Darüber hinaus kann eine finanzielle Notlage zu höheren abfließenden finanzwirtschaftlichen Zahlungsströmen in Form höherer Fremdkapitalkosten führen oder zu einer generellen Unfähigkeit, Fremdkapital zu beziehen.[79]

Als risikoscheu erachtete Abnehmer, Beschäftigte und Lieferanten mit „engen Beziehungen" zu einem Unternehmen fordern höhere monetäre Kompensationen bei höheren Wahrscheinlichkeiten für eine finanzielle Notlage. Abnehmer unterbrechen oder beenden die Geschäftsbeziehung mit (zu) riskanten Unternehmen oder fordern niedrigere Preise, beispielsweise, weil zu befürchten steht, dass sie Garantien zukünftig nicht in Anspruch nehmen können oder Serviceleistungen und Ersatzteile nicht über die geplante Nutzungsdauer bereitstehen. Manager und andere Beschäftigte fordern höhere monetäre Kompensationen in denjenigen Unternehmen, in denen das Risiko einer Entlassung höher und die Wahrscheinlichkeit der Zahlung ihrer Gehälter und Löhne geringer ist. Alternativ reduzieren die Beschäftigten ihre Loyalität zu dem Unternehmen oder ihren Arbeitseinsatz im Unternehmen. Lieferanten passen ihre Lieferentgelte und -fristen der Höhe des Risikos an. Mittels Hedging können Unternehmen die Wahrscheinlichkeit, mit der ein Unternehmen in eine finanzielle Notlage gerät, reduzieren oder gar eliminieren.

---

[76] Vgl. Dufey & Srinivasulu (1983), S. 57; Smithson & Smith (1998), S. 463 und Bartram (2000), S. 304. Vgl. hierzu grundlegend Mayers & Smith (1982), S. 284 f. und Smith & Stulz (1985), S. 395 ff.
[77] Vgl. Warner (1977), S. 338; Santomero (1995), S. 4 und Bartram (2000), S. 304.
[78] Vgl. Warner (1977), S. 338 f.; Levi & Serçu (1991), S. 33 f. und Smithson & Smith (1998), S. 463 f.
[79] Vgl. Dufey & Srinivasulu (1983), S. 57; Levi & Serçu (1991), S. 34 f. und Goldberg & Drogt (2008), S. 49.

Ein Unternehmen kann so seine Anspruchsgruppen zu für sich günstigeren Vertragsbedingungen bewegen und darüber seine erwarteten Netto-Zahlungsströme und letztlich seinen Marktwert erhöhen.[80]

Darüber hinaus können Unternehmen mittels Hedging und der einhergehenden geringeren Wahrscheinlichkeit in eine finanzielle Notlage zu geraten, unternehmensspezifische Investitionen der Abnehmer, Beschäftigten und Lieferanten stimulieren. Unternehmensspezifische Investitionen erhöhen die Rentabilität eines Unternehmens und sind – im Gegensatz zu unternehmensunspezifischen Investitionen – dadurch charakterisiert, dass sie selten, nicht kostenlos imitierbar und nicht substituierbar sind. Hinzu kommt, dass die mit ihrer Bereitstellung einhergehenden Risiken für die „Investoren" nicht oder nur unter hohen Kosten diversifizierbar sind. Letzteres ist der Fall, da unternehmensspezifische Investitionen ausschließlich in Transaktionen zwischen ihrem Bereitsteller und einem bestimmten Unternehmen Mehrwert schaffen und daher nicht marktgängig sind. Eine höhere Wahrscheinlichkeit für eine finanzielle Notlage führt zu einer geringeren Bereitschaft der Abnehmer, Beschäftigten und Lieferanten, unternehmensspezifische Investitionen zu tätigen. Dadurch, dass Hedging die Wahrscheinlichkeit für eine finanzielle Notlage reduziert oder gar eliminiert, stimuliert es unternehmensspezifische Investitionen, die ihrerseits den Unternehmenswert erhöhen.[81]

Hedging kann den Unternehmenswert steigern; einerseits, indem es die erwarteten direkten Insolvenzkosten reduziert, andererseits, indem es Abnehmer, Beschäftigte und Lieferanten zu vorteilhaften Vertragskonditionen und unternehmensspezifischen Investitionen bewegt. Abbildung 5 verdeutlicht die Auswirkungen von Hedging auf den Unternehmenswert bei potenzieller finanzieller Notlage. Die Darstellung zeigt den Fall, in dem für Hedging keine Transaktionskosten anfallen und Hedging die Eintrittswahrscheinlichkeit einer Insolvenz (dunkelgrau schattierter Bereich) vollständig eliminiert. Infolge einer geringeren Volatilität der erwarteten Netto-Zahlungsströme weist die abgesicherte Verteilung (Wahrscheinlichkeitsverteilung mit durchgezogener Linie) eine geringere Varianz und einen höheren Unternehmenswert auf als die nicht abgesicherte Verteilung (Wahrscheinlichkeitsverteilung mit gestrichelter Linie).[82]

---

[80] Vgl. Shapiro & Titman (1985), S. 43 ff.; Doherty & Smith (1993), S. 7 und Stulz (1996), S. 13 f.
[81] Vgl. Wang et al. (2003), S. 51 ff.
[82] Vgl. Smithson & Smith (1995), S. 463; Stulz (1996), S. 12 f. und Bartram (2000), S. 304 f.

2 Hedging und Unternehmenswert   25

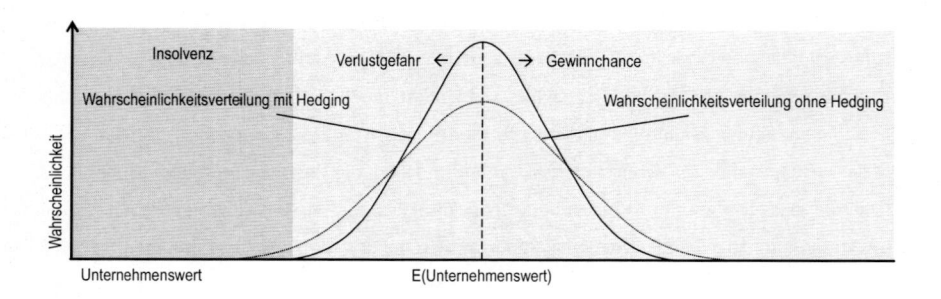

Abbildung 5: Hedging in finanzieller Notlage
(Quelle: Eigene Darstellung in Anlehnung an Rawls & Smithson, 1990, S. 10 und Bartram, 2000, S. 297)[83]

Letztlich erhöht eine Reduktion der Wahrscheinlichkeit für eine finanzielle Notlage den Unternehmenswert nicht nur, indem es die erwarteten direkten Insolvenzkosten reduziert und Abnehmer, Beschäftigte und Lieferanten zu besseren Vertragskonditionen und unternehmensspezifischen Investitionen bewegt. Eine geringere Wahrscheinlichkeit, in eine finanzielle Notlage zu geraten, führt darüber hinaus zu einer höheren Verschuldungskapazität.[84] Die mittels Hedging erhöhte Verschuldungskapazität kann auf zwei Weisen genutzt werden. Entweder nutzt das Unternehmen die Kapazitätserhöhung, um zusätzliche Steuervorteile zu generieren, wobei die Steuervorteile daraus resultieren, dass Zinszahlungen steuerlich abzugsfähige Betriebsausgaben darstellen. Oder das Unternehmen lässt die Kapazität ungenutzt und profitiert über eine Reduktion der (sich am Gesamtrisiko ausrichtenden) geforderten Mindest-Fremdkapitalrendite bzw. der Fremdkapitalkosten als deren Kehrseite.[85]

2.3.2 Konvexer Unternehmenssteuertarif

Unternehmenssteuern per se begründen noch keine aus Hedging folgenden positiven Effekte auf den Unternehmenswert: Im Fall einer linearen Steuerfunktion, d.h. eines über die Höhe des Ergebnisses (vor Steuern) konstanten Grenzsteuersatzes, ist die erwartete Steuerschuld eines

---

[83] Die Darstellung unterstellt ein transaktionskostenloses Hedging. Ein nicht-transaktionskostenloses Hedging führt graphisch zu einer Linksverschiebung der Wahrscheinlichkeitsverteilung.
[84] Vgl. Logue & Oldfield (1977), S. 21 f.; Aggarwal & Soenen (1989), S. 63 f. und Fatemi & Luft (2002), S. 34. Vgl. hierzu auch Stulz (1996), S. 16 f.
[85] Vgl. Fatemi & Luft (2002), S. 34; Graham & Rogers (2002), S. 819 und Meulbroek (2002a), S. 60. Vgl. zur steuerlichen Behandlung von Zinszahlungen: Heinze & Radlinger (2011), S. 48 und Pape (2015), S. 39 f.

Unternehmens unabhängig von der Volatilität der periodischen Ergebnisse, die als Bemessungsgrundlage für die zu leistenden Steuerzahlungen dienen.[86] Hingegen gilt, dass bei volatilen Ergebnissen unter konvexen bzw. progressiven Unternehmenssteuertarifen im Längsschnitt höhere Steuerzahlungen anfallen als unter linearen Unternehmenssteuertarifen.[87] Bei konvexen Steuertarifen steigt der Grenzsteuersatz mit der Höhe des zu versteuernden Ergebnisses. Dadurch, dass Hedging die Volatilität der periodischen Ergebnisse reduziert, reduziert es den im Mittel heranzuziehenden Steuersatz und folglich die erwarteten Steuerzahlungen.[88] Die erwartete Steuerersparnis ist umso größer, je konvexer der Steuertarif ist und je stärker das Ergebnis schwankt.[89]

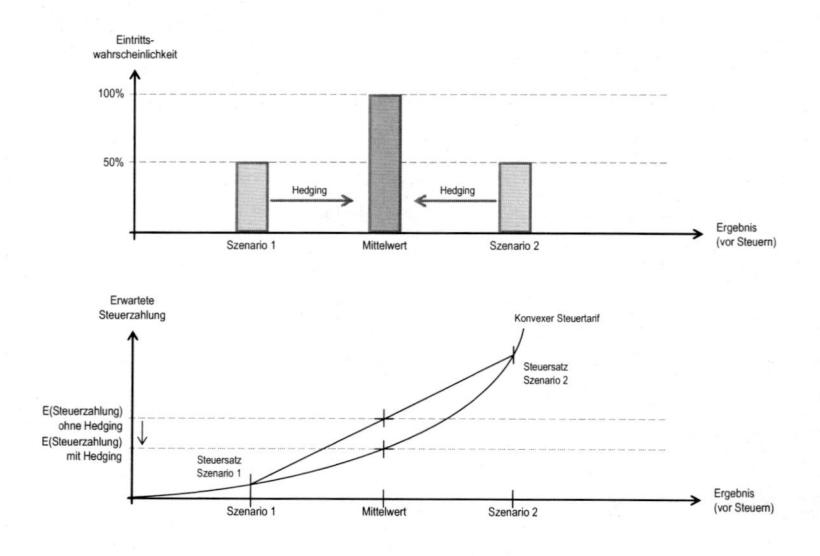

Abbildung 6: Hedging unter konvexem Unternehmenssteuertarif
(Quelle: Eigene Darstellung in Anlehnung an Rawls & Smithson, 1990, S. 12 und Aretz et al., 2007, S. 443)[90]

Abbildung 6 verdeutlicht die Auswirkungen von Hedging auf die erwarteten Steuerzahlungen eines Unternehmens. Ist die Funktion des Unternehmenssteuertarifs konvex, wird in Perioden, in denen das Ergebnis gering ausfällt, ein vergleichsweise niedriger Grenzsteuersatz für das

---

[86] Vgl. Doherty & Smith (1993), S. 9; Smith (1995), S. 26 und Graham & Smith (2000), S. 104.
[87] Vgl. hierzu grundlegend Mayers & Smith (1982), S. 290 f. und Smith & Stulz (1985), S. 392 ff.
[88] Vgl. Santomero (1995), S. 3; Smith (1995), S. 26 und Stulz (1996), S. 14.
[89] Vgl. Rawls & Smithson (1990), S. 12; Nance et al. (1993), S. 268 und Bartram (2000), S. 311.
[90] Die Darstellung unterstellt eine Hedge Ratio in Höhe von 100%.

Unternehmen wirksam (Szenario 1 unten in Abbildung 6). In Perioden mit einem hohen Ergebnis fällt auch der für das Unternehmen geltende Grenzsteuersatz verhältnismäßig hoch aus (Szenario 2 unten in Abbildung 6). Hedging führt nun dazu, dass die Steigerung der Steuerzahlungen in Perioden mit einem ursprünglich relativ niedrigen Ergebnis geringer ausfällt als die Senkung der Steuerzahlungen in Perioden mit einem ursprünglich relativ hohen Ergebnis.[91]

Die Hedging-Literatur diskutiert in erster Linie zwei Faktoren, einen direkten und einen indirekten, die zur Konvexität eines Unternehmenssteuertarifs führen. Der direkte Faktor ist der Steuertarif an sich, insbesondere die steuerliche Ungleichbehandlung positiver und negativer Ergebnisse. Der indirekte Faktor sind gesetzgeberische Einschränkungen in der Nutzung von Steuerermäßigungen.[92] Unter die Steuerermäßigungen fallen u.a. Vor- und Nachträge von Verlusten, Steuergutschriften auf Basis im Ausland erfolgter Steuerzahlungen und Steuergutschriften auf Basis getätigter Investitionen.[93] Unternehmen können ihre Steuerermäßigungen nur dann unmittelbar in voller Höhe geltend machen, wenn das Ergebnis höher ausfällt als die Steuerermäßigungen. Ist dies nicht der Fall, reduziert sich der Barwert der Steuerermäßigungen. Dieser ungünstige Fall tritt mit umso höherer Wahrscheinlichkeit ein, je volatiler das Ergebnis eines Unternehmens ist. Hedging erhöht die Wahrscheinlichkeit, dass Unternehmen das zur Geltendmachung ihrer Steuerermäßigungen benötigte Ergebnis in voller Höhe erreichen, und erhöht damit den Barwert der Steuerermäßigungen.[94]

2.3.3 Asset-Substitution-Problem

Das Asset-Substitution-Problem ist das erste Problem, das aus dem Konflikt zwischen opportunistischen Eigenkapitalgebern mit höherem Informationsstand und (potenziellen) Fremdkapitalgebern entsteht.[95] Im Hinblick auf die Finanzmittelherkunft besteht ein Unternehmen aus Eigenkapital mit einem residualen Kompensationsanspruch und aus Fremdkapital mit einem fixierten Kompensationsanspruch. Rationale Manager, die im Interesse der Eigenkapitalgeber handeln, sind bei marktwertbasierten Fremdkapital-Eigenkapital-Quoten größer null bisweilen

---

[91] Vgl. Smith (1995), S. 26 und Graham & Smith (1999), S. 2241.
[92] Vgl. Soenen (1992), S. 385 f.; Smith (1995), S. 26 und Lhabitant & Tinguely (2001), S. 350.
[93] Vgl. Nance et al. (1993), S. 268; Smithson & Smith (1998), S. 465 und Bartram (2000), S. 311.
[94] Vgl. Dufey & Srinivasulu (1983), S. 60; Shapiro & Titman (1985), S. 47 und Lessard (1991), S. 64 f. Vgl. hierzu auch die Simulationsrechnungen in Soenen (1992), S. 386.
[95] Vgl. hierzu grundlegend Jensen & Meckling (1976), S. 334 ff.

Anreizen ausgesetzt, nach erfolgter Fremdkapitalaufnahme Investitionsprojekte mit einem *negativen* Kapitalwert *durchzuführen*, da die hieraus zu erwartenden Netto-Zahlungsströme in erster Linie den Eigenkapitalgebern zufließen und nicht den Fremdkapitalgebern.[96]

Das Asset-Substitution-Problem kann anhand eines Optionspreismodells verdeutlicht werden. Unter der Bedingung einer teilweisen Fremdfinanzierung lässt sich Eigenkapital als europäische Kaufoption auf ein Unternehmen interpretieren. Die Fremdkapitalgeber lassen sich als Käufer des Unternehmens interpretieren, die die Kaufoption auf das Unternehmen bzw. dessen Vermögenswerte begeben haben. Die Kaufoption räumt den Eigenkapitalgebern das Recht ein, das Unternehmen bzw. dessen Vermögenswerte von den Fremdkapitalgebern zum Zeitpunkt der Beendigung der Kreditbeziehung zurück zu kaufen. Der Ausübungspreis der Kaufoption ist der Nominalwert des ausstehenden Fremdkapitals.[97] Die Variabilität der Vermögenswerte hängt ihrerseits ab von der Volatilität der Netto-Zahlungsströme, die diese Vermögenswerte generieren. Demnach haben die Eigenkapitalgeber nach der Fremdkapitalaufnahme einen Anreiz, risikoarme Investitionsprojekte, d.h. Investitionsprojekte mit relativ geringen Schwankungsbreiten in den erwarteten Netto-Zahlungsströmen, gegen risikoreiche Investitionsprojekte auszutauschen. Ein risikoreicheres Investitionsprogramm ist unvorteilhaft für die Fremdkapitalgeber, deren Kompensationsansprüche fixiert sind und nun einem höheren Risiko unterliegen; die mit dem höheren Risiko einhergehend höheren erwarteten Rückflüsse aus den Investitionsprojekten kommen nur den Eigenkapitalgebern zugute. Infolgedessen erhöht sich der Marktwert des Eigenkapitals zu Lasten des Marktwerts des Fremdkapitals.[98]

Die Fremdkapitalgeber befürchten, dass die Manager zu riskante Investitionsprojekte, mitunter sogar solche mit einem negativen Kapitalwert, durchführen. Indes antizipieren rationale Fremdkapitalgeber das opportunistische Verhalten der Manager und erhöhen ihre geforderte Mindest-Fremdkapitalrendite oder fordern Nebenabreden in Kreditverträgen, die eine Besicherung ihrer Forderungen festlegen (um implizit einer zusätzlichen Fremdkapitalaufnahme oder der Durchführung risikoreich(er)er Investitionsprojekte entgegenzuwirken) oder den Handlungsspielraum der Manager in Bezug auf die zukünftigen Finanzierungs- und Investitionsentscheidungen

---

[96] Vgl. Mayers & Smith (1982), S. 287; Shapiro & Titman (1985), S. 45 und Rawls & Smithson (1990), S. 13.
[97] Vgl. Black & Scholes (1973), S. 640 ff. Vgl. hierzu auch Meisner & Labuszewski (1984), S. 24 und Damodaran (2000), S. 31.
[98] Vgl. Barnea et al. (1981), S. 9; Smithson & Smith (1998), S. 465 und Dobson & Soenen (1993), S. 39.

reduzieren (um explizit einer zusätzlichen Fremdkapitalaufnahme oder der Durchführung risikoreich(er)er Investitionsprojekte entgegenzuwirken).[99] Nebenabreden in Kreditverträgen, die die Freiheitsgrade der Manager über Gebühr reduzieren, führen jedoch dazu, dass Manager lohnende Investitionsprojekte nicht durchführen können.[100]

Lösungsmechanismen für das Asset-Substitution-Problem, die die Agenturkosten in Form höherer Mindestrendite-Forderungen der Fremdkapitalgeber oder dem Wirksamwerden zu restriktiver Klauseln in Nebenabreden, die die Unternehmen an der Durchführung lohnender Investitionsprojekte hindern, umgehen, können am Fremd- oder Eigenkapital eines Unternehmens ansetzen. Ein Lösungsmechanismus besteht darin, dass das Unternehmen in geringerem Umfang Fremdkapital aufnimmt. Dieser Lösungsmechanismus mindert jedoch den Unternehmenswert an anderer Stelle, da hierdurch zum Beispiel die Steuervorteile des Unternehmens schrumpfen. Ein zweiter Lösungsmechanismus besteht darin, dass Unternehmen die Volatilität ihrer erwarteten Netto-Zahlungsströme mittels Hedging reduzieren und damit den Marktwert ihres Eigenkapitals stabilisieren. Hierdurch stellen sich niedrige Marktwerte des Eigenkapitals seltener ein. Infolgedessen befinden sich Manager seltener in Situationen mit hohen marktwertbasierten Fremdkapital-Eigenkapital-Quoten, in denen sie starken Anreizen ausgesetzt sind, Asset Substitution zu betreiben. Demnach können Hedging betreibende Unternehmen ihre Agenturkosten reduzieren und ihren Unternehmenswert entsprechend steigern.[101] Hierbei gilt es zu beachten, dass sich die Manager, die im Interesse der Eigenkapitalgeber handeln, an ein Hedging-Programm binden müssen. Eine solche Bindung kann über Nebenabreden in Kreditverträgen erfolgen oder möglicherweise über positive Reputationseffekte.[102]

2.3.4 Underinvestment-Problem

Das Underinvestment-Problem ist das zweite Problem, das aus dem Konflikt zwischen opportunistischen Eigenkapitalgebern mit höherem Informationsstand und (potenziellen) Fremdkapitalgebern entsteht.[103] Im Hinblick auf die Finanzmittelverwendung besteht ein Unternehmen

---

[99] Vgl. Smith & Warner (1979a), S. 250; Shapiro & Titman (1985), S. 45 f. und Smithson & Smith (1998), S. 465.
[100] Vgl. Smith & Warner (1979b), S. 125 ff.; Shapiro & Titman (1985), S. 45 f. und Bartram (2000), S. 300.
[101] Vgl. Smith & Stulz (1985), S. 398; Huberman (1997), S. 266 und Bartram (2000), S. 300. Vgl. hierzu auch das Zahlenbeispiel in Dobson & Soenen (1993), S. 39 f.
[102] Vgl. Mayers & Smith (1982), S. 287; Smith (1995), S. 26 und Bartram (2000), S. 300. Vgl. hierzu auch die anekdotische Evidenz in Rawls & Smithson (1990), S. 14.
[103] Vgl. hierzu grundlegend Myers (1977), S. 149 ff.

aus bereits realisierten Investitionsprojekten und aus noch nicht realisierten, potenziell in der Zukunft zu realisierenden Investitionsprojekten, d.h. aus Wachstumsoptionen. Rationale Manager, die im Interesse der Eigenkapitalgeber handeln, sind bei marktwertbasierten Fremdkapital-Eigenkapital-Quoten größer null bisweilen Anreizen ausgesetzt, nach erfolgter Fremdkapitalaufnahme Investitionsprojekte mit einem *positiven* Kapitalwert *nicht* durchzuführen, da die hieraus zu erwartenden Netto-Zahlungsströme in erster Linie den Fremdkapitalgebern zufließen und nicht den Eigenkapitalgebern.[104]

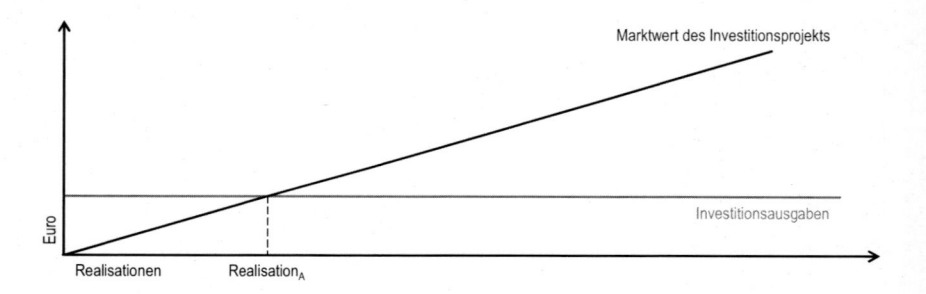

Abbildung 7: Investitionsentscheidung unter Eigenkapitalfinanzierung
(Quelle: Eigene Darstellung in Anlehnung an Myers, 1977, S. 152)

Das Underinvestment-Problem kann anhand eines dreiperiodigen Modells verdeutlicht werden. Im Basisszenario finanziert sich das Unternehmen nur über Eigenkapital und das Underinvestment-Problem tritt nicht auf; die Manager führen jedwedes Investitionsprojekt mit einem positiven Kapitalwert durch ($R^* \geq R_A$ in Abbildung 7). Im zweiten Szenario nimmt das Unternehmen, basierend auf dessen Wachstumsoptionen, zum Zeitpunkt t = 0 ungedecktes (riskantes) Fremdkapital mit einer Laufzeit über zwei Perioden (t = 0, 2) auf. Der Umweltzustand und damit der zu realisierende Marktwert der Investitionen wird in t = 1 bekannt, also vor Fälligkeit des Fremdkapitals in t = 2. Der Umweltzustand ist ursächlich für die in t = 1 zu treffende Investitionsentscheidung der im Interesse der Eigenkapitalgeber handelnden Manager. Unter teilweiser Fremdfinanzierung führen die Manager nun nicht mehr alle lohnenden Investitionsprojekte durch, sondern nur solche Investitionsprojekte, deren Barwert der erwarteten Netto-Zahlungsströme sowohl die Investitionsausgaben als auch die fixierten Ansprüche der Fremdkapitalgeber übersteigen ($R^* \geq R_B$ in Abbildung 8). Liegt der Barwert der erwarteten Netto-Zah-

---

[104] Vgl. Mayers & Smith (1987), S. 47 ff.; Smith (1995), S. 24 f. und Stulz (1996), S. 13.

lungsströme abzüglich der Investitionsausgaben unterhalb der fixierten Ansprüche der Fremdkapitalgeber, investieren die Manager nicht (die Wachstumsoption läuft ungenutzt aus). Im Ergebnis führen die Manager einige Investitionsprojekte nicht durch, obwohl diese einen positiven Kapitalwert aufweisen. Die gepunktete Fläche in der Region zwischen R_A und R_B kennzeichnet den resultierenden Wohlfahrtsverlust durch Underinvestment, der mit dem Anteil an Fremdkapital an der Finanzierung zunimmt.[105]

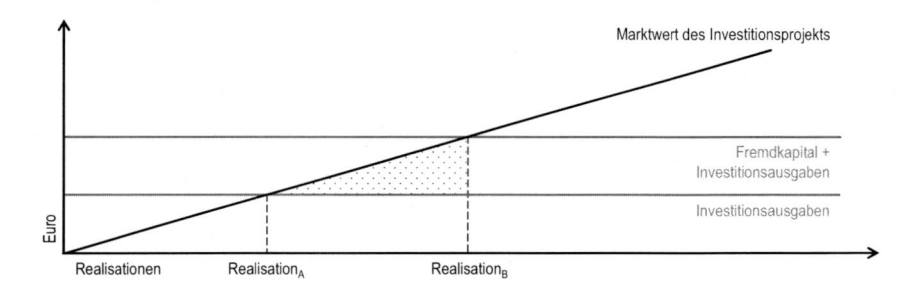

Abbildung 8: Investitionsentscheidung unter Eigen- und Fremdkapitalfinanzierung
(Quelle: Eigene Darstellung in Anlehnung an Myers, 1977, S. 153 und Aretz et al., 2007, S. 437)

Die Fremdkapitalgeber befürchten, dass die Manager nicht alle Investitionsprojekte mit einem positiven Kapitalwert durchführen. Indes antizipieren rationale Fremdkapitalgeber das opportunistische Verhalten der Manager und erhöhen ihre geforderte Mindest-Fremdkapitalrendite oder fordern Nebenabreden in Kreditverträgen, die eine Besicherung ihrer Forderungen festlegen (um implizit einer zusätzlichen Fremdkapitalaufnahme entgegenzuwirken) oder den Handlungsspielraum der Manager in Bezug auf die zukünftigen Finanzierungs- und Investitionsentscheidungen reduzieren (um explizit einer zusätzlichen Fremdkapitalaufnahme entgegenzuwirken oder die Durchführung aller lohnenden Investitionsprojekte sicherzustellen).[106] Nebenabreden in Kreditverträgen, die die Freiheitsgrade der Manager über Gebühr reduzieren, führen jedoch dazu, dass Manager lohnende Investitionsprojekte nicht durchführen können.[107]

Lösungsmechanismen für das Underinvestment-Problem, die die Agenturkosten in Form höherer Mindestrendite-Forderungen der Fremdkapitalgeber oder dem Wirksamwerden zu restrikti-

---

[105] Vgl. Barnea et al. (1981), S. 9 f. und Aretz et al. (2007), S. 436 f.
[106] Vgl. Barnea et al. (1981), S. 10; Mayers & Smith (1987), S. 47 ff. und Bartram (2000), S. 299 f.
[107] Vgl. Smith & Warner (1979b), S. 125 ff.; Shapiro & Titman (1985), S. 45 f. und Bartram (2000), S. 300.

ver Klauseln in Nebenabreden, die die Unternehmen an der Durchführung lohnender Investitionsprojekte hindern, umgehen, können am Fremd- oder Eigenkapital eines Unternehmens ansetzen. Ein Lösungsmechanismus besteht darin, dass das Unternehmen in geringerem Umfang (oder für kürzere Laufzeiten) Fremdkapital aufnimmt. Dieser Lösungsmechanismus mindert jedoch den Unternehmenswert an anderer Stelle, da hierdurch zum Beispiel die Steuervorteile des Unternehmens schrumpfen. Ein zweiter Lösungsmechanismus besteht darin, dass Unternehmen die Volatilität ihrer erwarteten Netto-Zahlungsströme mittels Hedging reduzieren und damit den Marktwert ihres Eigenkapitals stabilisieren. Hierdurch stellen sich niedrige Marktwerte des Eigenkapitals seltener ein. Infolgedessen befinden sich Manager seltener in Situationen mit hohen marktwertbasierten Fremdkapital-Eigenkapital-Quoten, in denen sie starken Anreizen ausgesetzt sind, Underinvestment zu betreiben. Demnach können Hedging betreibende Unternehmen ihre Agenturkosten reduzieren und ihren Unternehmenswert entsprechend steigern.[108]

2.3.5 Koordinationsproblem

Das Koordinationsproblem ist das dritte Problem, das aus dem Konflikt zwischen opportunistischen Eigenkapitalgebern mit höherem Informationsstand und (potenziellen) Fremdkapitalgebern entsteht.[109] Unter der Annahme, dass Außenfinanzierung über die Eigen- und Fremdkapitalmärkte aufgrund bestehender Informations- und Transaktionskosten teurer ist als Innenfinanzierung (Pecking-Order-Theorie der optimalen Kapitalstruktur)[110], können Unternehmen bei unzureichender Innenfinanzierungskapazität davon absehen, ansonsten lohnende Investitionsprojekte durchzuführen.[111] Hedging stabilisiert die erwarteten operativen Netto-Zahlungsströme und damit das Niveau an für Investitionsprojekte bereitstehenden Eigenmitteln über die Perioden hinweg. Betreiben Unternehmen kein Hedging, tritt häufiger der Fall ein, dass Eigenmittel nicht in hinreichender Höhe bereitstehen und ansonsten lohnende, marginale Investitionsprojekte sich aufgrund der nunmehr höheren Kapitalkosten nicht lohnen.[112]

---

[108] Vgl. Mayers & Smith (1987), S. 51 f.; Smith (1995), S. 25 und Bartram (2000), S. 298. Vgl. hierzu auch das Zahlenbeispiel in Dobson & Soenen (1993), S. 36 ff.
[109] Vgl. hierzu grundlegend Froot et al. (1993), S. 1633 ff.
[110] Vgl. Myers (1984), S. 581 ff.; Myers & Majluf (1984), S. 203 ff. und Myers (2001), S. 91 ff.
[111] Das Management von Merck & Co., Inc., einem amerikanischen Pharma-Unternehmen, formuliert das Problem einer potenziell resultierenden Finanzierungslücke folgendermaßen: „Our experience, and that of the industry in general, has been that cash flow and earnings uncertainty caused by exchange rate volatility leads to a reduction of growth in research spending (Lewent & Kearney, 1998, S. 485)."
[112] Vgl. Froot (1994), S. 254 f.; Santomero (1995), S. 5 und Mello & Parsons (1999), S. 44 ff. Vgl. hierzu auch

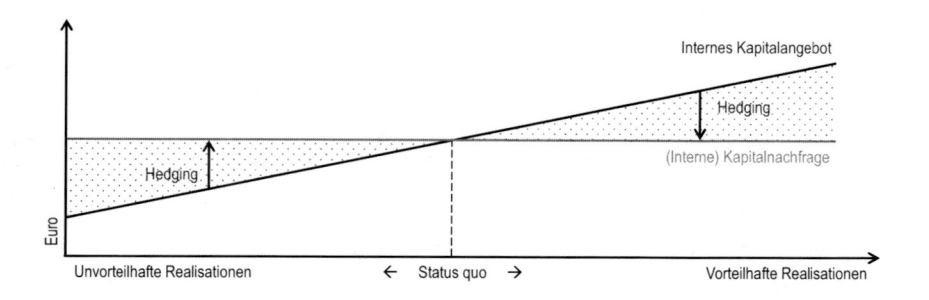

Abbildung 9: Optimales Hedging-Programm bei unelastischem Investitionsprogramm
(Quelle: Eigene Darstellung in Anlehnung an Froot et al., 1994, S. 97 und Aretz et al., 2007, S. 440)

Abbildung 9 verdeutlicht das Koordinationsproblem bei starrem, unelastischem Investitionsprogramm. Hedging ermöglicht – mittels der intertemporalen Glättung der erwarteten operativen Netto-Zahlungsströme – eine allzeitige Finanzierung des Investitionsprogramms (Kapitalnachfrage) über Eigenmittel (internes Kapitalangebot). Das bei Eigenmitteln in unzureichender Höhe auftretende Problem einer zu geringen Investitionstätigkeit aufgrund teurer Außenfinanzierung (externes Kapitalangebot) tritt nicht auf. Hierbei ist zu beachten, dass in dem dargestellten Szenario das Eintreten bestimmter Umweltzustände keinen Einfluss auf das Investitionsprogramm des Unternehmens ausübt; das Investitionsprogramm ist starr. Hedging (Hedge Ratio = 100%) stellt indes sicher, dass das Unternehmen alle geplanten Investitionen (graue Linie) unabhängig vom Eintreten eines bestimmten, vorteilhaften (Region rechts des Status quo) oder unvorteilhaften (Region links des Status quo) Umweltzustands mit Eigenmitteln finanzieren kann (die blaue Linie entspricht dann der grauen Linie).[113]

Die bisherige Schlussfolgerung gilt unter der Annahme, dass die Höhe der durch die Umsetzung des geplanten Investitionsprogramms erwarteten operativen Netto-Zahlungsströme unabhängig ist vom eintretenden Umweltzustand. Dies ist jedoch nicht zwangsläufig der Fall. Steigt der Preis für einen bestimmten Output oder sinken die Kosten für einen bestimmten Input nachhaltig, erhöht dies die erwarteten operativen Netto-Zahlungsströme aus bereits umgesetzten Investitionsprojekten, d.h. das interne Kapitalangebot steigt. Parallel hierzu erhöht dies die erwarteten operativen Netto-Zahlungsströme aus geplanten, noch nicht realisierten Investitionsprojekten, d.h. die Kapitalnachfrage steigt. Nachhaltig steigende Output-Preise oder sinkende Input-

---

Lessard (1991), S. 66.
[113] Vgl. Froot et al. (1994), S. 96 f. und Aretz et al. (2007), S. 439 f.

Kosten sorgen dafür, dass zusätzliche Investitionsprojekte rentierlich werden und führen folglich zu umfänglicheren Investitionsprogrammen. Sinkt hingegen der Preis für einen bestimmten Output oder steigen die Input-Kosten nachhaltig, reduziert dies die operativen Netto-Zahlungsströme aus bereits umgesetzten Investitionsprojekten und gleichzeitig auch die erwarteten operativen Netto-Zahlungsströme aus geplanten, noch nicht realisierten Investitionsprojekten. Nachhaltig sinkende Output-Preise oder steigende Input-Kosten sorgen dafür, dass marginale Investitionsprojekte unrentierlich werden und führen folglich zu weniger umfänglichen Investitionsprogrammen. Unternehmen mit derart gleichgerichteter Exponiertheit ihres internen Kapitalangebots und ihrer Kapitalnachfrage haben entsprechend einen geringeren Bedarf an Hedging und streben demnach keine Hedge Ratio in Höhe von 100% an: In Zeiten niedriger operativer Netto-Zahlungsströme besteht ein niedriger Investitionsbedarf; in Zeiten eines hohen Investitionsbedarfs stehen dem Unternehmen hohe operative Netto-Zahlungsströme zur Eigenfinanzierung der Investitionsprojekte zur Verfügung.[114]

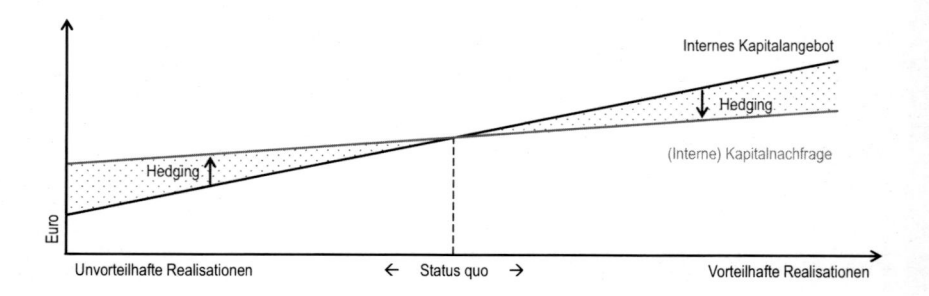

Abbildung 10: Optimales Hedging-Programm bei elastischem Investitionsprogramm
(Quelle: Eigene Darstellung in Anlehnung an Froot et al., 1994, S. 98 und Aretz et al., 2007, S. 440)

Abbildung 10 verdeutlicht das Koordinationsproblem bei flexiblem, elastischem Investitionsprogramm. Hedging ermöglicht – mittels der intertemporalen Glättung der erwarteten operativen Netto-Zahlungsströme – eine allzeitige Finanzierung des Investitionsprogramms (Kapitalnachfrage) über Eigenmittel (internes Kapitalangebot). Das bei Eigenmitteln in unzureichender Höhe auftretende Problem einer zu geringen Investitionstätigkeit aufgrund teurer Außenfinanzierung (externes Kapitalangebot) tritt nicht auf. Hierbei ist zu beachten, dass in dem dargestellten Szenario das Eintreten bestimmter Umweltzustände einen Einfluss auf das Investitionsprogramm des Unternehmens ausübt; das Investitionsprogramm ist flexibel. Hedging (Hedge

---

[114] Vgl. Froot et al. (1994), S. 96 ff.; Gay & Nam (1998), S. 55 und Mello & Parsons (1999), S. 45.

Ratio < 100%) stellt indes sicher, dass das Unternehmen alle geplanten Investitionen (graue Linie) unabhängig vom Eintreten eines bestimmten, vorteilhaften (Region rechts des Status quo) oder unvorteilhaften (Region links des Status quo) Umweltzustands mit Eigenmitteln finanzieren kann (die blaue Linie entspricht dann der grauen Linie).[115]

2.3.6 Overinvestment-Problem

Die bisherige Diskussion bezog sich auf Konfliktbeziehungen zwischen (potenziellen) Fremdkapitalgebern und im Interesse der Eigenkapitalgeber handelnden Managern (siehe Kapitel 2.3.3 bis 2.3.5). Im Fall des Koordinationsproblems führen die Manager das aus Perspektive der Eigenkapitalgeber optimale Investitionsprogramm durch. Neben den Konfliktbeziehungen zwischen (potenziellen) Fremdkapitalgebern und im Interesse der Eigenkapitalgeber handelnden Managern müssen aber auch Konfliktbeziehungen zwischen Eigenkapitalgebern und Managern beachtet werden. Letztere Konfliktbeziehung tritt zutage, wenn Manager sich auf einem höheren Informationsstand befinden als Eigenkapitalgeber und in ihrem Eigeninteresse handeln statt im Interesse der Eigenkapitalgeber. Im Fall des Koordinationsproblems führen die Manager bisweilen *nicht* das aus Perspektive der Eigenkapitalgeber optimale Investitionsprogramm durch.

Im erweiterten Modellrahmen des Koordinationsproblems planen die Manager ebenfalls das Investitionsprogramm (Kapitalnachfrage), jedoch ist dieses aus Sicht der Eigenkapitalgeber zu umfänglich. Insbesondere kann das Management aus Eigennutz an nicht-lohnenden Investitionsprojekten festhalten,[116] zum Beispiel zwecks Empire Building[117]. Da rationale Kapitalgeber keine oder nur kostspielige externe Finanzmittel (externes Kapitalangebot) für Investitionsprojekte mit einem negativen Kapitalwert bereitstellen, können die Manager ihr geplantes Investitionsprogramm allerdings nur in Höhe der verfügbaren Eigenmittel (internes Kapitalangebot) durchführen. Indes können Manager Hedging nutzen, um sicherzustellen, dass allzeit Eigenmittel in Form überschüssiger operativer Netto-Zahlungsströme in hinreichender Höhe zur Finanzierung ihres Investitionsprogramms bereitstehen. Ist dies der Fall, müssen die Manager nicht an den Kapitalmarkt herantreten und die (potenziellen) Kapitalgeber können die ihnen

---

[115] Vgl. Froot et al. (1994), S. 96 ff.; Tufano (1998), S. 68 f. und Aretz et al. (2007), S. 439 f.
[116] Vgl. Jensen (1986), S. 323.
[117] Vgl. Trautwein (1990), S. 287 f.

zugeschriebene Kontrollfunktion (Monitoring) über die Manager nicht ausüben.[118] Dieser fehlende Disziplinierungsmechanismus ermöglicht es den Managern die Finanzmittel suboptimal zu allozieren, wodurch die Manager den Unternehmenswert mindern.[119]

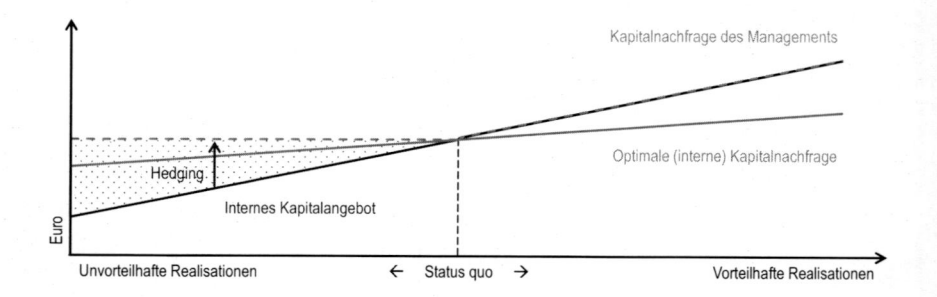

Abbildung 11: Suboptimales Hedging-Programm bei elastischem Investitionsprogramm
(Quelle: Eigene Darstellung in Anlehnung an Tufano, 1998, S. 69)

Abbildung 11 verdeutlicht das Koordinationsproblem bei suboptimalem Investitionsprogramm. Bei Eintreten vorteilhafter Umweltzustände (Region rechts des Status quo) nutzen die Manager alle bereitstehenden Eigenmittel (internes Kapitalangebot), um das aus ihrer Sicht optimale Investitionsprogramm (rote Linie) durchzuführen. Ein Hedging über Optionsgeschäfte hat indes den Effekt, dass selbst bei Eintreten unvorteilhafter Umweltzustände (Region links des Status quo) genügend Finanzmittel bereitstehen (internes Kapitalangebot zuzüglich der Rückflüsse aus dem Hedging-Programm), um das nunmehr zu umfängliche Investitionsprogramm des Status quo aufrechtzuerhalten.[120]

In letzterem Fall reduziert Hedging den Unternehmenswert aus zwei Gründen. Erstens reduziert Hedging den Marktwert des Unternehmens wegen der zu zahlenden Optionsprämien für die über das optimale Hedging-Programm hinausgehenden Optionen (Hedge Ratio > 100%). Zweitens reduziert Hedging den Marktwert des Unternehmens wegen der nicht-lohnenden, über das optimale Investitionsprogramm hinausgehenden, Investitionsprojekte (Overinvestment). Die Manager betreiben Hedging bis zu einem Niveau, das auch bei Eintreten unvorteilhafter Um-

---

[118] Vgl. hierzu grundlegend Jensen (1986), S. 324.
[119] Vgl. Fatemi & Luft (2002), S. 33; Meulbroek (2002a), S. 61 und Aretz et al. (2007), S. 439. Vgl. hierzu auch Denis et al. (1997), S. 73.
[120] Vgl. Tufano (1998), S. 68 ff.

weltzustände die Finanzierung des aus ihrer Sicht optimalen Investitionsprogramms unter Umgehung des Kapitalmarkts ermöglicht. Investitionsvorhaben, die der Kapitalmarkt aufgrund zu geringer Rentabilität nicht finanzieren würde, die Manager aber aus opportunistischen Gründen durchführen wollen, lassen sich so umsetzen.[121]

2.3.7 Overhedging-Problem

In der Theorie als risikoscheu erachtete Manager stehen in „engen Beziehungen" zu ihren Unternehmen, da sie in der Regel mit einem überproportionalen Anteil ihres privaten Vermögens in Form diskontierter erwarteter Einkommenszahlungsströme in ein Unternehmen investiert sind. Daher berücksichtigen sie bei der Ermittlung des auf ihren Einkommenszahlungsstrom zu beziehenden Kapitalisierungszinssatzes neben der systematischen Risikokomponente (in Teilen) auch die unsystematische Risikokomponente, d.h. auch solche Risiken, die Eigenkapitalgebern mit breit(er) gestreuten Beteiligungen als diversifizierbar gelten.[122] Ist es den Managern selbst nicht möglich Hedging zu betreiben oder fallen für Hedging auf Ebene des Unternehmens geringere Transaktionskosten an als für Hedging auf privater Ebene, führen opportunistische Manager das an ihrer eigenen (höheren) Risikoneigung ausgerichtete Hedging-Programm über das Unternehmen durch anstatt privat.[123] Dieses Hedging-Programm ist jedoch aus Sicht der Eigenkapitalgeber suboptimal, da es zu umfänglich ist.[124]

Ein potenzieller Lösungsmechanismus für solch ein suboptimales Hedging-Programm besteht darin, den Managern Hedging zu untersagen. Dies führt jedoch dazu, dass die Manager riskante, aber dennoch lohnende Investitionsprojekte nicht durchführen, um auf diese Weise die Volatilität der erwarteten Netto-Zahlungsströme zu reduzieren.[125] Ein zweiter potenzieller Lösungsmechanismus besteht in der Modifikation der Kompensationsschemata für die Manager in Gestalt einer Kopplung an die Kompensationsschemata der Eigenkapitalgeber mit dem Ziel, die Interessenskongruenz zwischen den Eigenkapitalgebern und den Managern zu erhöhen. Die Kompensationszahlungen der Manager lassen sich übergeordnet dahingehend modifizieren,

---

[121] Vgl. Tufano (1998), S. 70 f.
[122] Vgl. hierzu grundlegend Stulz (1984), S. 128 ff. und Smith & Stulz (1985), S. 399 ff.
[123] Vgl. Soenen (1992), S. 389; Raposo (1999), S. 44 f. und Lhabitant & Tinguely (2001), S. 351. Vgl. hierzu auch Levi & Serçu (1991), S. 32 und Santomero (1995), S. 2 f.
[124] Vgl. Bartram (2000), S. 301 und Fatemi & Luft (2002), S. 33.
[125] Vgl. Levi & Serçu (1991), S. 33 und Soenen (1992), S. 389. Vgl. hierzu auch Tufano (1998), S. 74.

dass die Eigenkapitalgeber fixierte, monetäre Auszahlungsansprüche der Manager durch variable, nicht-monetäre Auszahlungsansprüche ersetzen. Untergeordnet lassen sich die variablen Auszahlungsansprüche in erster Linie in linear-variable (Aktien) und konvex-variable (Aktienoptionen) unterteilen.[126]

Mittels ausschließlicher Vergütung durch Aktien können die Eigenkapitalgeber die Entlohnung der Manager proportional an ihre eigene Kompensation koppeln. Dies führt jedoch dazu, dass die Entlohnung der Manager nunmehr einem noch höheren Risiko unterliegt und die Manager ein noch umfänglicheres Hedging-Programm anstreben oder die Eigenkapitalgeber die Manager durch noch höhere erwartete Kompensationszahlungen zum Tragen dieser höheren Risiken bewegen müssen (Risiken, die hinreichend diversifizierte Eigenkapitalgeber nicht tragen). Eine Kompensation der Manager mittels Aktien ist insofern kein geeigneter Lösungsmechanismus für das Problem risikoscheuer und zugleich opportunistischer Manager, die ein zu umfängliches Hedging-Programm anstreben; im Extremfall handelt es sich bei dieser „Lösung" um einen Multiplikator des Problems.[127]

Mittels ausschließlicher Vergütung durch Aktienoptionen können die Eigenkapitalgeber die Entlohnung der Manager überproportional an ihre eigene Kompensation koppeln. *Black & Scholes (1973)* zufolge steigt der Wert einer Aktienoption mit der Variabilität der zugrunde liegenden Vermögenswerte.[128] Aktienoptionen setzen Manager Anreizen aus, riskante, aber dennoch lohnende Investitionsprojekte durchzuführen,[129] wodurch die Manager die Volatilität der erwarteten Netto-Zahlungsströme erhöhen. Hierdurch lassen sich die ursprünglichen Fehlanreize der Manager, die Volatilität der erwarteten Netto-Zahlungsströme mittels Hedging zu reduzieren, kompensieren oder gar überkompensieren.[130]

Abbildung 12 verdeutlicht, dass mit Aktienoptionen ausgestattete Manager ihre hieraus erwartete Kompensation durch variabilitätsmindernde Maßnahmen (Wahrscheinlichkeitsverteilung mit durchgezogener Linie) senken und durch variabilitätsmehrende Maßnahmen (Wahrschein-

---

[126] Vgl. Tufano (1996), S. 1109 und Aretz et al. (2007), S. 438.
[127] Vgl. Stulz (1996), S. 18; Meulbroek (2002a), S. 59 f. und Aretz et al. (2007), S. 438.
[128] Vgl. Black & Scholes (1973), S. 640 ff. Vgl. hierzu auch Meisner & Labuszewski (1984), S. 24 und Damodaran (2000), S. 31.
[129] Im Extremfall führen Manager aufgrund dieser Anreizstruktur riskante, aber nicht-lohnende Investitionsprojekte durch (siehe Kapitel 2.3.3).
[130] Vgl. Stulz (1996), S. 18 f.; Bartram (2000), S. 302 und Aretz et al. (2007), S. 438.

lichkeitsverteilung mit gestrichelter Linie) steigern. Für das Unternehmen vorteilhafte Wechselkursentwicklungen können die Aktienoptionen der Manager „ins Geld" führen (dunkelgrau schattierter Bereich). Demgegenüber führen varianzmindernde Hedging-Maßnahmen die Aktienoptionen „aus dem Geld".[131]

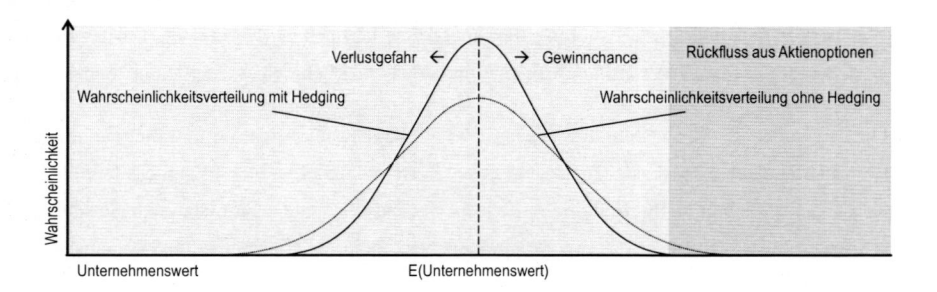

**Abbildung 12: Einfluss konvex-variabler Managerentlohnung auf das Hedging-Programm
(Quelle: Eigene Darstellung in Anlehnung an Stulz, 1996, S. 18)**[132]

Hierbei gilt es aber zu beachten, dass an der Kompensation der Eigenkapitalgeber ausgerichtete Kompensationsschemata dazu führen, dass die Vergütung der Manager zum Teil durch Wechselkursentwicklungen beeinflusst wird, die sich außerhalb des Kontrollbereichs der Manager befinden. Durch Hedging, das den Einfluss der aus Perspektive der Manager unkontrollierbaren Wechselkursrisiken reduziert oder eliminiert, zeichnet sich ein genaueres Bild der tatsächlichen Managerleistung ab; hierdurch ist es für die Eigenkapitalgeber einfacher, über- und unterdurchschnittliche Managerleistungen zu identifizieren, zu evaluieren und adäquat zu kompensieren oder zu sanktionieren. Letztlich erhöht dies die Effizienz eines an der Kompensation der Eigenkapitalgeber orientierten Kompensationsschemas.[133]

2.4 Zwischenfazit

Bestehen Güter- und Finanzmärkte ohne informationale und transaktionale Kosten oder andere Hemmnisse für unmittelbare Preisanpassungen, sodass sich Kaufkraftparität und internationa-

---

[131] Vgl. Stulz (1996), S. 18 f.
[132] Die Darstellung unterstellt ein transaktionskostenloses Hedging. Ein nicht-transaktionskostenloses Hedging führt graphisch zu einer Linksverschiebung der Wahrscheinlichkeitsverteilung.
[133] Vgl. Smith (1995), S. 26; Stulz (1996), S. 19 und Meulbroek (2002a), S. 61.

ler Fisher-Effekt einstellen, besteht für Unternehmen keine Exponiertheit gegenüber Wechselkursrisiken. Folglich besteht auch kein Bedarf an darauf bezogenen Hedging-Maßnahmen. Empirische Untersuchungen zeigen jedoch, dass sich die in Kapitel 2.1 diskutierten internationalen Paritätsbedingungen kurz- und mittelfristig nicht einstellen. Demnach können Unternehmen grundsätzlich gegenüber Wechselkursrisiken exponiert sein. Dass Unternehmen gegenüber Wechselkursrisiken exponiert sind, ist allerdings keine hinreichende Bedingung für das Hedging ebendieser Finanzpreisrisiken; Hedging muss den Unternehmenswert erhöhen können.

Für den in der Realität regelmäßig gegebenen Fall, dass Kaufkraftparität und internationaler Fisher-Effekt sich nicht einstellen, besteht zwar ein Bedarf, resultierende Exponiertheit mittels Hedging einzudämmen. Ein Hedging sollte jedoch grundsätzlich nicht auf Unternehmensebene erfolgen, sondern auf Ebene der Eigenkapitalgeber. Exponiertheit gegenüber unsystematischen Wechselkursrisiken lässt sich über die internationalen Eigenkapitalmärkte diversifizieren, Exponiertheit gegenüber systematischen Wechselkursrisiken lässt sich über die internationalen Devisen-, Geld- und Fremdkapitalmärkte reduzieren. Hingegen gilt, dass bei höheren Informations- und Transaktionskosten auf Ebene der Eigenkapitalgeber oder bei nicht-atomistischen Eigentümerstrukturen Hedging auf Unternehmensebene erfolgen sollte. Ein Hedging auf Unternehmensebene führt unter diesen Bedingungen zu einer Reduktion der geforderten Mindest-Eigenkapitalrendite und so zu einem geringeren, auf die erwarteten Netto-Zahlungsströme zu beziehenden, Kapitalisierungszinssatz. Daraus folgt, dass Hedging auf Unternehmensebene den Unternehmenswert erhöhen kann.

Der Unternehmenswert lässt sich allerdings nicht nur über eine Senkung des Kapitalisierungszinssatzes erhöhen, sondern auch über eine Steigerung der erwarteten Netto-Zahlungsströme. Indes kann Hedging die erwarteten Netto-Zahlungsströme eines Unternehmens erhöhen, indem es die erwarteten direkten und indirekten Insolvenzkosten minimiert. Zudem kann Hedging die erwartete Steuerlast bei konvexen Unternehmenssteuertarifen minimieren. Parallel hierzu kann Hedging die Agenturkosten eines Unternehmens senken. Im Rahmen des Asset-Substitution-Problems kann Hedging dazu führen, dass die Manager keine Investitionsprojekte mit negativem Kapitalwert durchführen. Im Rahmen des Underinvestment-Problems kann Hedging dazu führen, dass die Manager alle Investitionsprojekte mit positivem Kapitalwert durchführen. Und auch beim Koordinationsproblem ist die Investitionsentscheidung im Zusammenspiel mit Hedging-Entscheidungen zunächst positiv zu beurteilen – mittels Hedging stehen den Managern, die das Investitionsprogramm initiieren, allzeit Eigenmittel in hinreichender Höhe bereit, um alle Investitionsprojekte mit positivem Kapitalwert durchführen zu können. Ein differenzierteres Urteil ist jedoch zu fällen, falls die Manager aus Eigennutz ein zu umfangreiches Hedging-Programm anstreben. Sei es, um ein zu umfangreiches Investitionsprogramm durchzuführen, für das sich auf dem Kapitalmarkt kein Finanzier findet, oder, um die eigene, unzureichend diversifizierte, Risikoposition abzusichern. Die Kosten für die, das optimale Hedging-Programm übersteigenden, Hedging-Maßnahmen können die positiven Effekte aus Hedging auf Unternehmensebene kompensieren oder gar überkompensieren.

Nach dieser Diskussion der Beweggründe, aus denen heraus ein Hedging auf Unternehmensebene erfolgen sollte, befasst sich das nächste Kapitel mit den Kategorien an Exponiertheit gegenüber Wechselkursrisiken (Kapitel 3.1). Hierzu zählen die am Marktwert orientierte ökonomische Exponiertheit und die am Buchwert orientierte translationale Exponiertheit, wobei die ökonomische Exponiertheit die transaktionale und die strategische Exponiertheit umfasst. Hieran schließt sich eine Diskussion der für Hedging bereitstehenden finanz- und leistungswirtschaftlichen Instrumente an (Kapitel 3.2) sowie deren Zuordnung zu den Komponenten ökonomischer Exponiertheit anhand kosten- und nutzenseitiger Kalküle (Kapitel 3.3).

3 Exponiertheiten und Hedging-Instrumente

Die allgemeine, übergeordnete Exponiertheit eines Unternehmens gegenüber Wechselkursrisiken schlüsselt sich grundlegend in drei spezifische, untergeordnete Exponiertheiten auf, die sich über die jeweils betrachteten Finanzpositionen abgrenzen lassen:[134] transaktionale, strategische und translationale Exponiertheit.[135] Die ökonomische Exponiertheit ergibt sich aus der Kombination der transaktionalen und der strategischen Exponiertheit (siehe Abbildung 13).[136]

```
                    ┌──────────────────────────┐
                    │  Exponiertheit gegenüber │
                    │   Finanzpreisrisiken     │
                    └──────────────────────────┘
                                │
        ┌───────────────────────┼───────────────────────┐
        │                       │                       │
┌───────────────────┐  ┌───────────────────┐  ┌───────────────────┐
│ Exponiertheit ggü.│  │ Exponiertheit ggü.│  │ Exponiertheit ggü.│
│ Rohstoffpreis-    │  │ Zinsänderungen    │  │ Wechselkurs-      │
│ änderungen        │  │                   │  │ änderungen        │
└───────────────────┘  └───────────────────┘  └───────────────────┘
                                         │
                              ┌──────────┴──────────┐
                              │                     │
                  ┌───────────────────────┐  ┌───────────────────────┐
                  │ Ökonomische           │  │ Translationale        │
                  │ Exponiertheit         │  │ Exponiertheit         │
                  └───────────────────────┘  └───────────────────────┘
                              │
                    ┌─────────┴─────────┐
                    │                   │
          ┌───────────────────┐  ┌───────────────────┐
          │ Transaktionale    │  │ Strategische      │
          │ Exponiertheit     │  │ Exponiertheit     │
          └───────────────────┘  └───────────────────┘
```

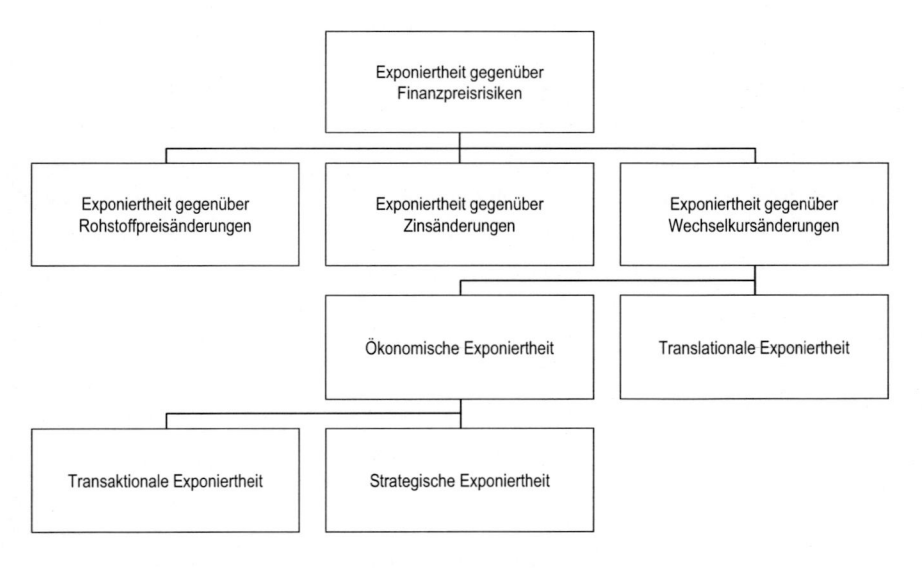

**Abbildung 13: Systematisierung der Exponiertheiten gegenüber Wechselkursrisiken
(Quelle: Eigene Darstellung in Anlehnung an Moffett & Karlsen, 1994, S. 160)**

---

[134] Vgl. Breuer (2015), S. 113.
[135] Die untergeordneten Exponiertheiten sind nicht überschneidungsfrei, sondern überlappen sich mitunter, da bestimmte Finanzpositionen in mehr als eine Kategorie an Exponiertheit fallen; vgl. Belk & Edelshain (1997), S. 12 f.; Marshall (2000), S. 194 und Shapiro (2010), S. 355 f.
[136] Vgl. Cornell & Shapiro (1983), S. 18; Johnson & Soenen (1994), S. 52 und Bartram et al. (2005), S. 396.

3.1 Exponiertheiten

3.1.1 Ökonomische Exponiertheit

Transaktionale Exponiertheit beschreibt das Ausmaß, in dem nicht-antizipierte Wechselkursänderungen bereits kontrahierte, in Fremdwährung denominierte, aber in Heimatwährung ausgedrückte, Zahlungsströme beeinflussen können. Die zugrunde liegenden Zahlungsströme sind preislich fixiert, in der Regel kurzfristig und befristet.[137] Die transaktionale Exponiertheit ist dementsprechend unter geringem Aufwand identifizierbar, quantifizierbar und reduzierbar.[138]

Ein Beispiel für transaktionale Exponiertheit ist eine auf Fremdwährung lautende Verbindlichkeit aus einer Import-Transaktion mit Zahlungsziel.[139] Die Verbindlichkeit entsteht im Zeitpunkt der Lieferung oder Leistung (t_0), die Begleichung der Verbindlichkeit erfolgt aber erst zu einem späteren Zeitpunkt (t_1). Kommt es im Zeitraum zwischen dem Beginn- und Endzeitpunkt der Transaktion ($t_1 - t_0$) zu Wechselkursänderungen, ändert sich auch die Höhe der Verbindlichkeit in Heimatwährung in t_1. Indes mehrt eine Aufwertung der Fremdwährung die Höhe der Verbindlichkeit; eine Abwertung der Fremdwährung mindert die Höhe der Verbindlichkeit (siehe Abbildung 14).[140]

Strategische Exponiertheit beschreibt das Ausmaß, in dem nicht-antizipierte Wechselkursänderungen (noch) nicht kontrahierte, in Heimat- oder Fremdwährung denominierte, operative Zahlungsströme beeinflussen können. Die zugrunde liegenden Zahlungsströme sind preislich nicht fixiert, in der Regel langfristig und unbefristet.[141] Die strategische Exponiertheit ist dementsprechend nur unter hohem Aufwand identifizierbar, quantifizierbar und reduzierbar.[142] Für gewöhnlich ist die strategische Exponiertheit bedeutsamer als die transaktionale Exponiertheit, da sie für die langfristige Ertragskraft und damit den Fortbestand eines Unternehmens maßgeblich ist.[143]

---

[137] Vgl. Srinivasulu (1981), S. 15; Pringle (1991), S. 76 und Grant & Soenen (2004), S. 53.
[138] Vgl. Giddy (1977b), S. 31; Butler (2012), S. 239 und Stocker (2013), S. 26.
[139] Transaktional exponiert sind auch Fremdkapitalaufnahmen in Fremdwährung, d.h., neben operativen, leistungswirtschaftlichen auch nicht-operative, finanzwirtschaftliche Zahlungsströme; vgl. Giddy (1977b), S. 24; Srinivasulu (1981), S. 13 und Glaum (1990), S. 67.
[140] Vgl. Smith et al. (1989), S. 28; Pringle (1991), S. 74 und Soenen (1992), S. 378.
[141] Vgl. Srinivasulu (1981), S. 15; Pringle (1991), S. 76 und Grant & Soenen (2004), S. 53.
[142] Vgl. Giddy (1977b), S. 31; Belk & Edelshain (1997), S. 13 und Stocker (2013), S. 26.
[143] Vgl. Lessard & Lightstone (1986), S. 108; Soenen (1992), S. 378 und Belk & Edelshain (1997), S. 6.

3 Exponiertheiten und Hedging-Instrumente

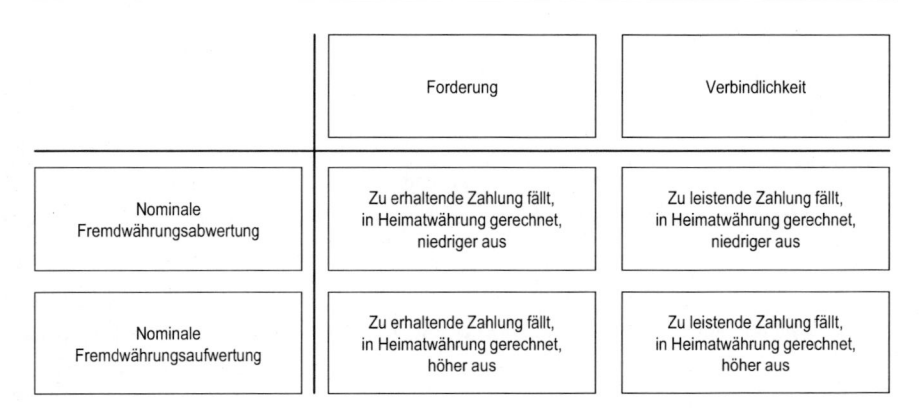

	Forderung	Verbindlichkeit
Nominale Fremdwährungsabwertung	Zu erhaltende Zahlung fällt, in Heimatwährung gerechnet, niedriger aus	Zu leistende Zahlung fällt, in Heimatwährung gerechnet, niedriger aus
Nominale Fremdwährungsaufwertung	Zu erhaltende Zahlung fällt, in Heimatwährung gerechnet, höher aus	Zu leistende Zahlung fällt, in Heimatwährung gerechnet, höher aus

Abbildung 14: Transaktionale Exponiertheit
(Quelle: Eigene Darstellung in Anlehnung an Srinivasulu, 1981, S. 14)

Neben der preislichen Fixierung, der Fristigkeit und der Befristung der zugrunde liegenden Zahlungsströme ist das zentrale Unterscheidungsmerkmal zwischen transaktionaler und strategischer Exponiertheit, dass transaktionale Exponiertheit auf Basis nicht-antizipierter *nominaler* Wechselkursänderungen besteht, strategische Exponiertheit hingegen auf Basis nicht-antizipierter *realer*, d.h. inflationsadjustierter Wechselkursänderungen.[144] Die (relative) Kaufkraftparitätsbedingung besagt, dass Unterschiede in den erwarteten Preissteigerungsraten zweier Währungsräume Ausgleich in der nominalen Wechselkursänderungsrate finden. Stellt sich die (relative) Kaufkraftparität ein, führen nominale Wechselkursänderungen nicht zu realen Wechselkursänderungen; folglich bleiben die operativen Zahlungsströme eines Unternehmens unberührt.[145]

Stellt sich die (relative) Kaufkraftparität ein, ergeben sich für Unternehmen keine strategischen Konsequenzen aus nominalen Wechselkursänderungen. Ein *Flood & Lessard (1986)* entlehntes Beispiel macht dies deutlich. Angenommen, die Inflation in der Eurozone beträgt 10% und die in den Vereinigten Staaten von Amerika 5%. Der (relativen) Kaufkraftparitätsbedingung entsprechend wertet der Euro hieraufhin gegenüber dem US-Dollar um 5% ab. Betrachtet aus dem Blickwinkel eines Unternehmens aus der Eurozone würde der Bezugspreis eines aus der Eurozone stammenden Inputs um 10% steigen; ein aus den Vereinigten Staaten von Amerika bezogener Input würde sich allerdings ebenfalls um 10% verteuern, da sowohl 5% mehr für den

---

[144] Vgl. Lessard & Ligthstone (1986), S. 107 f.; Pringle (1991), S. 76 und Pringle & Connolly (1993), S. 63 ff.
[145] Vgl. Dufey & Srinivasulu (1983), S. 55; Pringle (1991), S. 76 und Logue (1995), S. 40 f.

Input bezahlt werden müsste als auch 5% mehr für die benötigten US-Dollar. Insgesamt ergeben sich bei (relativer) Kaufkraftparität keine relativen Güterpreisänderungen und damit auch keine Änderungen in den Wettbewerbspositionen der Unternehmen zueinander.[146]

Stellt sich die (relative) Kaufkraftparität demgegenüber nicht ein, ergeben sich für Unternehmen strategische Konsequenzen aus nominalen Wechselkursänderungen. Ein ebenfalls *Flood & Lessard (1986)* entlehntes Beispiel macht dies deutlich. Angenommen, die Inflation beträgt in der Eurozone 10% und in den Vereinigten Staaten von Amerika 5%. Der (relativen) Kaufkraftparitätsbedingung entgegen wertet der Euro hieraufhin gegenüber dem US-Dollar um 7% auf. Betrachtet aus dem Blickwinkel eines Unternehmens aus der Eurozone würde der Preis eines aus der Eurozone bezogenen Inputs demnach um 10% steigen; ein aus den Vereinigten Staaten stammender Input würde sich allerdings um 2% verbilligen, da zwar 5% mehr für den Input bezahlt werden müsste, jedoch 7% weniger für die benötigten US-Dollar. Insgesamt erfolgen relative Güterpreisänderungen dahingehend, dass die Vereinigten Staaten von Amerika nunmehr einen relativ besseren Bezugsmarkt darstellen und die Eurozone einen relativ besseren Absatzmarkt. Insofern ergeben sich Änderungen in den Wettbewerbspositionen der Unternehmen zueinander. Die Ursache liegt darin, dass die relative Güterpreisänderung nicht der relativen (nominalen) Wechselkursänderung entspricht, d.h. die (relative) Kaufkraftparität sich nicht einstellt.[147]

Basis der Kaufkraftparitätsbedingung bildet das Einheitspreisgesetz. Laut dem Einheitspreisgesetz lässt sich ein identisches, homogenes Gut überall zum gleichen Preis (ausgedrückt in Heimat- oder Fremdwährung) erwerben; andernfalls bestünden Möglichkeiten zur Güterarbitrage.[148] Die (absolute) Kaufkraftparitätsbedingung ist die Übertragung des, auf einzelne Güter bezogenen, Einheitspreisgesetzes auf aggregierte Preisniveaus.[149] Hierbei gilt zu beachten, dass sich die über Preise für repräsentative Güterbündel errechnete Kaufkraftparität einstellen kann, ohne dass sie sich für jedes einzelne im Güterbündel befindliche Gut einstellen muss – d.h., aus

---

[146] Vgl. Flood & Lessard (1986), S. 27. Vgl. hierzu auch Logue (1995), S. 40 f. und Eun et al. (2014), S. 234.
[147] Vgl. Flood & Lessard (1986), S. 27. Vgl. hierzu auch Logue (1995), S. 41 und Eun et al. (2014), S. 234.
[148] Vgl. Cornell (1980), S. 31; Rogoff (1996), S. 649 f. und Taylor & Taylor (2004), S. 137. Vgl. hierzu auch Soenen (1992), S. 383.
[149] Vgl. Rogoff (1996), S. 650; Taylor & Taylor (2004), S. 137 und Mankiw & Taylor (2014), S. 613 f.

3 Exponiertheiten und Hedging-Instrumente

Perspektive eines Unternehmens kann sich die Kaufkraftparität einstellen, ohne dass das Einheitspreisgesetz für jeden Output und Input erfüllt ist. Demnach können Unternehmen auch bei sich einstellender Kaufkraftparität mit *relativen* Preisrisiken konfrontiert sein.[150]

Die strategische Exponiertheit eines Unternehmens lässt sich detaillierter anhand potenziell einsetzender Margen- und Mengen-Effekte infolge nicht-antizipierter realer Wechselkursänderungen diskutieren.[151] Beim Margen-Effekt steht die Sensitivität der Output-Preise und Input-Kosten in Bezug auf reale Wechselkursänderungen im Mittelpunkt. Abbildung 15 fasst den Margen-Effekt schematisch zusammen. Unternehmen mit einer niedrigen Sensitivität ihrer Output-Preise und einer niedrigen Sensitivität ihrer Input-Kosten sind lediglich in geringem Maße strategisch exponiert. Eine geringe strategische Exponiertheit besteht auch bei Unternehmen mit einer hohen Sensitivität ihrer Output-Preise und einer hohen Sensitivität ihrer Input-Kosten. Umgekehrt gilt: Unternehmen mit einer hohen Sensitivität ihrer Output-Preise und einer niedrigen Sensitivität ihrer Input-Kosten sind in hohem Maße strategisch exponiert. Eine hohe strategische Exponiertheit besteht letztlich auch für Unternehmen mit einer niedrigen Sensitivität ihrer Output-Preise und einer hohen Sensitivität ihrer Input-Kosten.[152]

	Niedrige Bezugkosten-Sensitivität	Hohe Bezugskosten-Sensitivität
Niedrige Absatzpreis-Sensitivität	Niedrige strategische Exponiertheit	Hohe strategische Exponiertheit
Hohe Absatzpreis-Sensitivität	Hohe strategische Exponiertheit	Niedrige strategische Exponiertheit

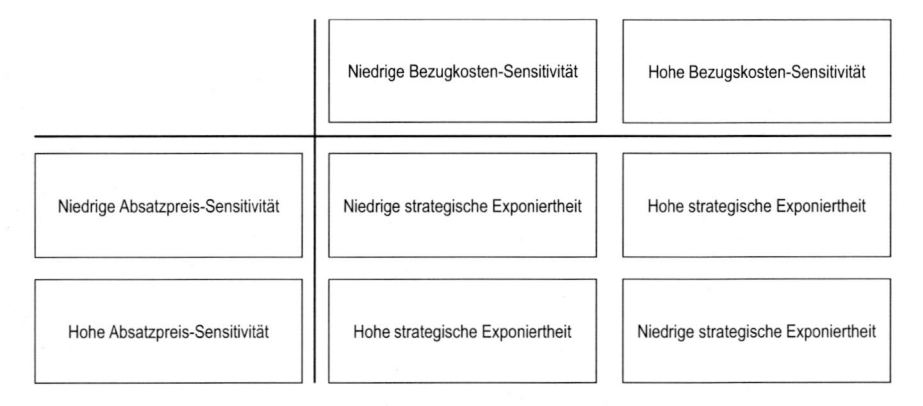

Abbildung 15: Margen-Effekt der strategischen Exponiertheit
(Quelle: Eigene Darstellung in Anlehnung an Lessard & Lightstone, 1986, S. 110)

Die im Rahmen des Margen-Effekts geänderten Output- und Input-Preise führen ihrerseits zu Output- und Input-Mengenanpassungen (Mengen-Effekt). Umsatzseitig ergibt sich der Effekt

---

[150] Vgl. Dufey & Srinivasulu (1983), S. 55 f.; Grant & Soenen (1991), S. 2 und Pringle & Connolly (1993), S. 64.
[151] Vgl. Flood & Lessard (1986), S. 29; Lessard & Lightstone (1986), S. 108 und Hekman (1991), S. 6 f.
[152] Vgl. Lessard und Lightstone (1986), S. 110 f.; Pringle (1991), S. 77 und Eun et al. (2014), S. 234.

auf die Zahlungsströme aus dem Zusammenspiel der geänderten Preise für Outputs und der hieraufhin geänderten Menge an abgesetzten Outputs. Kostenseitig ergibt sich der Effekt auf die Zahlungsströme aus dem Zusammenspiel der geänderten Input-Preise und der hieraufhin geänderten Menge an bezogenen Inputs. Das Zusammenspiel der umsatz- und kostenseitigen Zahlungsströme ergibt den Gesamteffekt einer realen Wechselkursänderung auf die operativen Zahlungsströme und damit auf den Zahlungsüberschuss eines Unternehmens (siehe Abbildung 16).[153]

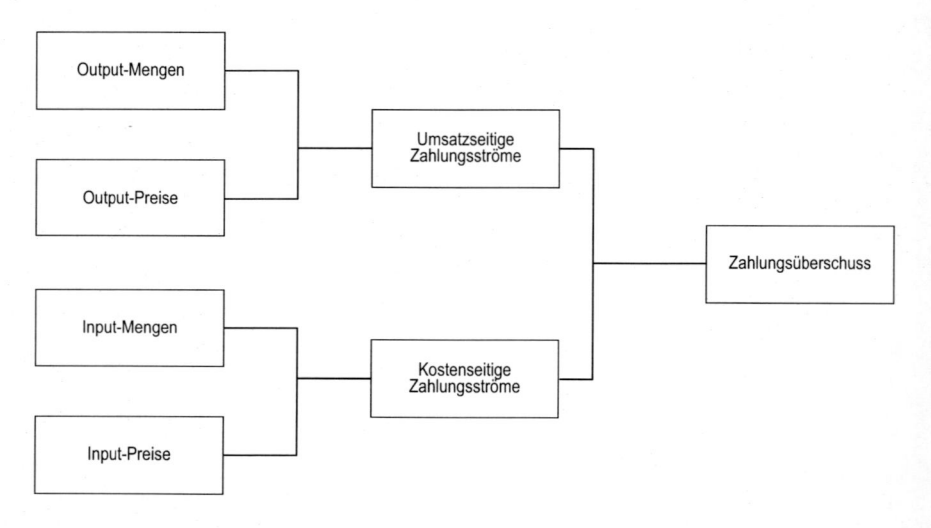

```
Output-Mengen  ─┐
                ├── Umsatzseitige Zahlungsströme ─┐
Output-Preise  ─┘                                 │
                                                   ├── Zahlungsüberschuss
Input-Mengen   ─┐                                 │
                ├── Kostenseitige Zahlungsströme ─┘
Input-Preise   ─┘
```

Abbildung 16: Bestandteile der strategischen Exponiertheit
(Quelle: Eigene Darstellung in Anlehnung an Glaum, 1990, S. 68)

Bei Exportunternehmen, deren Kosten in Heimatwährung und deren Umsätze in Fremdwährung anfallen, steigen bei real abwertender Heimatwährung die umsatzseitigen Zahlungsströme an. Halten die Exportunternehmen die Preise für ihre Outputs konstant, erzielen sie eine höhere Marge. Senken die Exportunternehmen hingegen ihre Output-Preise, so steigt ihre abgesetzte Menge. Im entgegengesetzten Fall, bei Importunternehmen, deren Kosten in Fremdwährung und deren Umsätze in Heimatwährung anfallen, steigen bei real abwertender Heimatwährung

---

[153] Vgl. Dufey (1972), S. 52 f.; Shapiro & Rutenberg (1976), S. 51 f. und Glaum (1990), S. 68.

3 Exponiertheiten und Hedging-Instrumente   49

die kostenseitigen Zahlungsströme an. Halten die Importunternehmen die Preise für ihre Outputs konstant, erzielen sie eine niedrigere Marge. Erhöhen die Importunternehmen hingegen ihre Output-Preise (um die Marge konstant zu halten), so sinkt ihre abgesetzte Menge.[154]

Die strategisch exponierten Komponenten eines Unternehmens sind dessen zukünftige Umsätze, Kosten und folglich dessen Zahlungsüberschüsse.[155] Um die strategische Exponiertheit dieser Komponenten zu ermitteln, gilt es die Strukturen der Märkte, auf denen das Unternehmen seine Outputs absetzt und seine Inputs bezieht, zu analysieren. Darüber hinaus ist die Struktur der Absatz- und Bezugsmärkte der tatsächlichen und potenziellen Abnehmer, Wettbewerber und Zulieferer unter besonderer Berücksichtigung der Reaktionen dieser Marktteilnehmer auf bestimmte reale Wechselkursänderungen zu betrachten.[156] Die Marktstrukturen determinieren die infolge bestimmter realer Wechselkursänderungen einsetzenden umsatz- und kostenseitigen Margen- und Mengeneffekte und damit die gesamte strategische Exponiertheit eines Unternehmens.[157]

Hierbei ist zu beachten, dass ein in hohem Maße internationalisiertes Unternehmen eine niedrigere strategische Exponiertheit aufweisen kann als ein moderat internationalisiertes Unternehmen.[158] Insbesondere gilt, dass ein rein national tätiges Unternehmen, d.h. ein Unternehmen ohne Export- und Import-Tätigkeit, (indirekt) strategisch exponiert sein kann, sofern es in Konkurrenz zu strategisch exponierten Unternehmen steht oder Beziehungen zu strategisch exponierten Abnehmern und Zulieferern unterhält (siehe Abbildung 17).[159]

Die Kombination transaktionaler und strategischer Exponiertheit ergibt die ökonomische Exponiertheit eines Unternehmens.[160] Die ökonomische Exponiertheit eines Unternehmens ist definiert als der Einfluss nicht-antizipierter Wechselkursänderungen auf dessen zukünftige Netto-Zahlungsströme.[161] Eine auf dieser Überlegung aufbauende Möglichkeit der internen, zukunfts-

---

[154] Vgl. Dufey (1972), S. 52 f.; Bodnar & Gentry (1993), S. 31 f. und Martin et al. (1999), S. 22.
[155] Vgl. Cornell & Shapiro (1983), S. 18; Flood & Lessard (1986), S. 29 und Glaum (1990), S. 67 f.
[156] Vgl. Flood & Lessard (1986), S. 29; Lessard & Lightstone (1986), S. 111 und Meulbroek (2002a), S. 56. Vgl. hierzu auch Pringle (1991), S. 76.
[157] Vgl. Dufey (1972), S. 52 f.; Shapiro & Rutenberg (1976), S. 51 f. und Shapiro (1977), S. 37. Die Marktstrukturen selbst können sich infolge realer Wechselkursbewegungen ändern und den Zahlungsüberschuss steigernden Margen- und Mengeneffekten entgegenwirken; vgl. Kester & Luehrman (1989), S. 40 ff.
[158] Vgl. Flood & Lessard (1986), S. 30; Lessard & Lightstone (1986), S. 110 und Pringle (1991), S. 76 f.
[159] Vgl. Eckl & Robinson (1990), S. 289; George & Schroth (1991), S. 109 und Pringle (1995), S. 76 f.
[160] Vgl. Cornell & Shapiro (1983), S. 18; Johnson & Soenen (1994), S. 52 und Bartram et al. (2005), S. 396.
[161] Vgl. Cornell & Shapiro (1983), S. 17; Soenen & Madura (1991), S. 119 und Pringle (1995), S. 75.

orientierten Bemessung der ökonomischen Exponiertheit (als Stromgröße) besteht in der Analyse der Sensitivität der erwarteten umsatz- und kostenseitigen Zahlungsströme bei Wechselkursänderungen.[162]

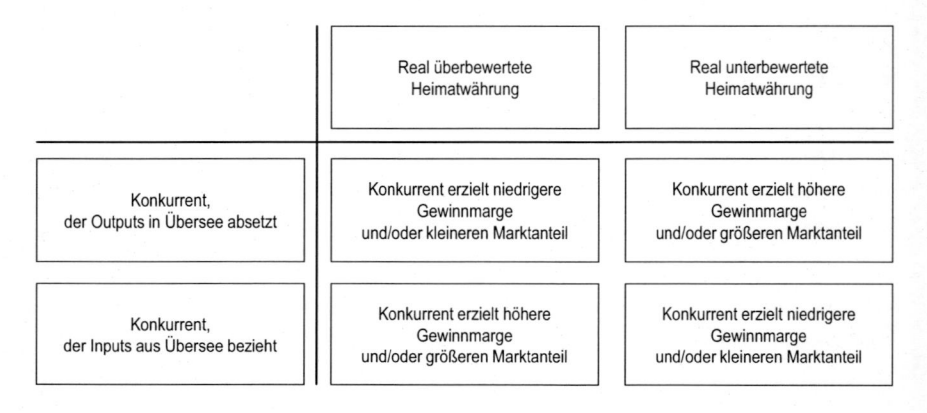

	Real überbewertete Heimatwährung	Real unterbewertete Heimatwährung
Konkurrent, der Outputs in Übersee absetzt	Konkurrent erzielt niedrigere Gewinnmarge und/oder kleineren Marktanteil	Konkurrent erzielt höhere Gewinnmarge und/oder größeren Marktanteil
Konkurrent, der Inputs aus Übersee bezieht	Konkurrent erzielt höhere Gewinnmarge und/oder größeren Marktanteil	Konkurrent erzielt niedrigere Gewinnmarge und/oder kleineren Marktanteil

Abbildung 17: Indirekte strategische Exponiertheit
(Quelle: Eigene Darstellung in Anlehnung an Pringle & Connolly, 1993, S. 66)

Ermittelt man den Marktwert eines Unternehmens als Barwert der zukünftigen Netto-Zahlungsströme, so beschreibt die ökonomische Exponiertheit die in der jeweiligen Heimatwährung ausgedrückte Sensitivität des Barwerts gegenüber nicht-antizipierten Wechselkursänderungen.[163] Eine auf dieser Überlegung aufbauende Möglichkeit der externen, vergangenheitsorientierten Bemessung der ökonomischen Exponiertheit (als Bestandsgröße) besteht in der Analyse der Sensitivität des Marktwerts eines Unternehmens bei Wechselkursänderungen.[164]

In empirisch-deduktiven Untersuchungen erfolgt die Ermittlung der ökonomischen Exponiertheit zumeist, *Jorion (1990)* folgend, auf Basis eines marktbasierten Zweifaktorenmodells mit dem Marktportfolio als Faktor sowie einer Wechselkursvariable.[165] Ungeachtet der Popularität dieses Modells sind Rückschlüsse auf dessen Basis als problematisch anzusehen, da es sich um

---

[162] Vgl. Smith et al. (1989), S. 30; Rawls & Smithson (1990), S. 8 und Smith & Smithson (1998), S. 461 f. Vgl. hierzu auch das Anwendungsbeispiel in Pringle (1991), S. 80 f.
[163] Vgl. Adler & Dumas (1984), S. 42; Aggarwal & Soenen (1989), S. 61 und Shapiro (2010), S. 404.
[164] Vgl. Smith et al. (1989), S. 30 f.; Rawls & Smithson (1990), S. 8 f. und Smith & Smithson (1998), S. 462. Vgl. hierzu auch das Anwendungsbeispiel in Bilson (1994), S. 223 ff.
[165] Vgl. Jorion (1990), S. 335 ff. Vgl. hierzu grundlegend Adler & Dumas (1984), S. 43 ff. Vgl. hierzu auch die konzeptionellen Anmerkungen in Glaum et al. (2000), S. 716 f.; Martin & Mauer (2005), S. 129 f. und Aggarwal & Harper (2010), S. 1621 f.

3 Exponiertheiten und Hedging-Instrumente

die Messung der ökonomischen Exponiertheit handelt, nachdem bereits alle Hedging-Instrumente in den Unternehmen zum Einsatz gekommen sind.[166] Die übrige, mittels Regressionsmodellen messbare, ökonomische Exponiertheit besteht nur (noch) für diejenigen Unternehmen, die entweder kein oder nur selektiv Hedging betreiben.[167] Zudem handelt es sich um ein rückblickendes Maß für die ökonomische Exponiertheit; Hedging-Entscheidungen beruhen aber auf Erwartungen zur zukünftigen ökonomischen Exponiertheit.[168]

3.1.2 Translationale Exponiertheit

Im Gegensatz zu der sich am Marktwert orientierenden ökonomischen Exponiertheit, orientiert sich die translationale Exponiertheit am Buchwert.[169] Der Buchwert eines Konzerns ist der Buchwert seines Mutterunternehmens zuzüglich der Buchwerte all seiner Tochterunternehmen.[170] Um den Buchwert des Konzerns zu ermitteln, müssen periodisch die Bilanz sowie die Gewinn- und Verlustrechnung (GuV) der im Ausland angesiedelten und in lokaler Währung buchführenden Tochterunternehmen mit den entsprechenden Elementen des Jahresabschlusses des Mutterunternehmens konsolidiert werden. Dies beinhaltet die Übertragung und Umrechnung, die Translation, der ausländischen Tochterunternehmen in die Darstellungswährung des Mutterunternehmens.[171] Laut den International Financial Reporting Standards (IFRS), die seit Januar 2005 für kapitalmarktorientierte Unternehmen in der Europäischen Union (EU) bindend sind, gilt in Bezug auf die am Bilanzstichtag zu erfolgenden Währungsumrechnungen der International Accounting Standard (IAS) 21: „Auswirkungen von Änderungen der Wechselkurse" (The Effects of Changes in Foreign Exchange Rates). In Bezug auf die periodisch zu erfolgende Konsolidierung aller Tochterunternehmen in den IFRS-Konzernabschluss (Weltabschlussprinzip) (IFRS 10.4; IAS 27.12) ergeben sich in der Hauptsache zwei übergeordnete Fragestellungen. Erstens die Frage nach dem für die Umrechnung heranzuziehenden Wechselkurs; zweitens die Frage nach der buchhalterischen Berücksichtigung etwaiger Umrechnungsdifferenzen.[172]

---

[166] Vgl. Pringle (1995), S. 77 f.; Smithson & Simkins (2005), S. 12 und Bartram & Bodnar (2007), S. 658. Vgl. hierzu auch Jorion (1990), S. 333.
[167] Vgl. Bartram (2004), S. 677 und Bartram & Bodnar (2007), S. 659.
[168] Vgl. Glaum & Roth (1993), S. 1195; Fok et al. (1997), S. 572 und Edens (2010), S. 345. Vgl. hierzu allgemein Bernstein (1996), S. 50.
[169] Vgl. Cornell & Shapiro (1983), S. 17; Srinivasulu (1983), S. 40 und Capel (1997), S. 90.
[170] Vgl. Mathur (1982), S. 24; Mathur (1985a), S. 1 und Eiteman et al. (2013), S. 331.
[171] Vgl. Cornell & Shapiro (1983), S. 18; Pringle (1991), S. 74 und Soenen (1992), S. 375 f.
[172] Vgl. Ruhnke & Simons (2012), S. 724 und Roos (2014), S. 271.

Laut der im IAS 21 geregelten bilanziellen Währungsumrechnung müssen Mutterunternehmen zur Bestimmung der für die Umrechnung der Tochterunternehmen heranzuziehenden Methode im ersten Schritt die funktionale Währung ihrer Tochterunternehmen bestimmen. Die funktionale Währung ist die Währung des primären Wirtschaftsumfelds (IAS 21.8), in dem sich ein Tochterunternehmen bewegt. Neben nachrangig zu nennenden Kriterien (IAS 21.10-11) ist das primäre Wirtschaftsumfeld dasjenige Umfeld, in dem für gewöhnlich die umsatz- (IAS 21.9(a)) und kostenseitigen (IAS 21.9(b)) Zahlungsströme eines Tochterunternehmens anfallen.[173]

Die funktionale Währung eines Tochterunternehmens bestimmt im zweiten Schritt die anzuwendende Umrechnungsmethode. Zentrales Kriterium hierfür ist der Grad der Selbstständigkeit eines Tochterunternehmens. Indes gilt es zu unterscheiden zwischen unselbstständigen und selbstständigen Tochterunternehmen. Unselbstständige Tochterunternehmen sind solche Tochterunternehmen, deren funktionale Währung mit der Darstellungswährung des Mutterunternehmens übereinstimmt. Im Unterschied hierzu stimmt bei selbstständigen Tochterunternehmen die funktionale Währung des Tochterunternehmens nicht mit der Darstellungswährung des Mutterunternehmens überein. Bei unselbständigen Tochterunternehmen ist die Zeitbezugsmethode zum Einsatz zu bringen, bei (überwiegend) selbstständigen Tochterunternehmen die modifizierte Stichtagskursmethode.[174]

Die folgende Diskussion beschränkt sich auf die modifizierte Stichtagskursmethode, da deutsche Unternehmen des Prime Standards überwiegend über selbstständige Tochterunternehmen verfügen. *Gassen et al. (2007)* zeigen anhand einer empirischen Erhebung der Geschäftsberichte für das Geschäftsjahr 2005, dass deutsche Prime-Standard-Unternehmen mehrheitlich (73%) ausschließlich die modifizierte Stichtagskursmethode anwenden; lediglich 3% der betrachteten Prime-Standard-Unternehmen nutzen ausschließlich die Zeitbezugsmethode.[175] Im Übrigen ist im Konzernabschluss nach dem Handelsgesetzbuch (HGB) gemäß §§ 256a, 308a HGB nur die modifizierte Stichtagskursmethode zulässig.

Ist ein Tochterunternehmen als selbstständiges Tochterunternehmen eingestuft, erfolgt die Umrechnung mittels der modifizierten Stichtagskursmethode (IAS 21.38 ff.). Der modifizierten

---

[173] Vgl. Gassen et al. (2007), S. 171 f.; Künkele & Zwirner (2009), S. 352 und Roos (2014), S. 272.
[174] Vgl. Künkele & Zwirner (2009), S. 354; Ruhnke & Simons (2012), S. 724 und Roos (2014), S. 275. Vgl. zum Vorgehen bei der Zeitbezugsmethode: Küting & Wirth (2003), S. 378 ff.; Coenenberg & Schultze (2006), S. 647 ff. und Bieker (2007), S. 703 ff.
[175] Vgl. Gassen et al. (2007), S. 172.

3 Exponiertheiten und Hedging-Instrumente 53

Stichtagskursmethode liegt die reine Stichtagskursmethode zugrunde. Bei der reinen Stichtagskursmethode erfolgt die bilanzielle Umrechnung aller Aktiv- und Passivposten zum Stichtagskurs, d.h. zu dem am Tag der Bilanzerstellung herrschenden Devisenkassakurs. Hieraus ergibt sich eine lineare Transformation sämtlicher Bilanzwerte, sodass die ursprünglich bestehenden Bilanzrelationen aufrechterhalten bleiben und keine Umrechnungsdifferenz entsteht. Der Nachteil der reinen Stichtagskursmethode ist die wechselkurs-induzierte Wertschwankung der in die Konzernbilanz übertragenen Bilanzposten. Um diesem Problem zumindest für das Eigenkapital zu begegnen, schreibt IAS 21 die modifizierte Stichtagskursmethode vor.[176]

Im Rahmen der modifizierten Stichtagskursmethode gilt, dass die Umrechnung aller Vermögensgegenstände und Verbindlichkeiten zum Stichtagskurs erfolgt (IAS 21.39(a)); diese Bilanzposten sind entsprechend gegenüber Wechselkursänderungen zwischen den Bilanzstichtagen exponiert. Die in IAS 21 nicht explizit geregelte Umrechnung der Eigenkapitalposten erfolgt zum Einstandskurs, d.h. zu dem am Tag der Bilanzeinstellung der jeweiligen Eigenkapital-Tranche herrschenden Devisenkassakurs. Eigenkapitalposten sind entsprechend nicht gegenüber Wechselkursänderungen zwischen den Bilanzstichtagen exponiert. Infolge des Umrechnungsvorgangs entstehende und periodisch kumulativ zu erfassende Umrechnungsdifferenzen sind erfolgsneutral und gesondert als Währungsumrechnungsdifferenz in das Eigenkapital einzustellen (IAS 21.39(c)).[177]

Die Umrechnung der Posten der Erfolgsrechnung hat bei der modifizierten Stichtagskursmethode grundsätzlich zum Transaktionskurs, d.h. zu dem am Tag des Geschäftsvorfalls herrschenden Devisenkassakurs, zu erfolgen (IAS 21.39(b)). Unter der Bedingung, dass der Wechselkurs im Periodenverlauf nicht zu starken Schwankungen unterworfen ist, ist alternativ die Umrechnung zum durchschnittlich zwischen den Bilanzstichtagen herrschenden Wechselkurs zulässig (IAS 21.40). Das in die Bilanz einzufügende Periodenergebnis errechnet sich als Netto-Position der umgerechneten Erträge und Aufwendungen.[178]

Künkele & Zwirner (2009) präsentieren ein Beispiel für die bilanzielle Währungsumrechnung nach der modifizierten Stichtagskursmethode (siehe Abbildung 18). In dem Beispiel gilt es, ein

---

[176] Vgl. Coenenberg & Schultze (2006), S. 647; Bieker (2007), S. 703 und Ruhnke & Simons (2012), S. 725.
[177] Vgl. Ruhnke & Simons (2012), S. 725 f.; Zwirner et al. (2012), S. 593 f. und Roos (2014), S. 275. Insofern ergibt sich das zu bilanzierende Eigenkapital des Tochterunternehmens indirekt, als Residuum des Umrechnungsvorgangs; vgl. Gassen et al. (2007), S. 173.
[178] Vgl. Künkele & Zwirner (2009), S. 354 f.; Ruhnke & Simons (2012), S. 725 f. und Roos (2014), S. 275.

am 01.01.2010 zu 100% übernommenes amerikanisches Tochterunternehmen in die zum 31.12.2010 aufzustellende Konzernbilanz des deutschen Mutterunternehmens zu übertragen. Der Wechselkurs am 01.01.2010 steht bei 1,50 USD/EUR und am 31.12.2010 bei 1,60 USD/EUR; für das Jahr 2010 errechnet sich ein Durchschnittskurs in Höhe von 1,55 USD/EUR. Die Währungsumrechnungsdifferenz lässt sich über zwei Rechenwege bestimmen. Einerseits über den Vergleich der Aktiv- und Passiv-Posten (3.750 respektive 3.931 Tsd. Euro) nach erfolgter Währungsumrechnung. Hierüber ergibt sich eine Umrechnungsdifferenz in Höhe von -181 Tsd. Euro, die als Währungsumrechnungsdifferenz Eingang in das Eigenkapital findet (blau hervorgehoben). Andererseits lässt sich die Währungsumrechnungsdifferenz über die Summierung der Effekte aus der Umrechnung (1) der Eigenkapitalposten und (2) der GuV errechnen. Im Einzelnen ergibt sich hieraus:

(1) 4.000 Tsd. USD/1.60 - 4.000 Tsd. USD/1.50 = -167 Tsd. Euro und

(2) 700 Tsd. USD/1.60 - 700 Tsd. USD/1.55 = -14 Tsd. Euro.

In Summe beträgt die Umrechnungsdifferenz abermals: -181 Tsd. Euro.[179]

Für den Fall der Umrechnung aller Posten der Bilanz (und der GuV) zu einem einheitlichen Umrechnungskurs ergäbe sich keine bilanzielle Währungsumrechnungsdifferenz.[180] Der modifizierten Stichtagskursmethode zufolge sind jedoch nicht für alle Bilanzposten einheitliche Umrechnungskurse heranzuziehen. Die translationale Exponiertheit eines Unternehmens ergibt sich sodann als Differenz der gegenüber Wechselkursänderungen exponierten Aktiv- und Passivposten.[181] Insofern ist als Quelle der translationalen Exponiertheit die Inkongruenz in der Brutto-Exponiertheit der beiden Bilanzseiten anzusehen.[182]

---

[179] Vgl. Künkele & Zwirner (2009), S. 354.
[180] Vgl. Aggarwal (1991b), S. 10 und Eiteman et al. (2013), S. 331.
[181] Vgl. Glaum & Roth (1993), S. 1187 und Butler (2012), S. 292.
[182] Vgl. Srinivasulu (1983), S. 37; Homaifar (2004), S. 223 und Eun et al. (2014), S. 256.

3 Exponiertheiten und Hedging-Instrumente

Aktiva	31.12.2010 (Tsd. USD)	Kurs	31.12.2010 (Tsd. EUR)
Anlagevermögen	3.000	1,60	1.875
Vorräte	1.000	1,60	625
Forderungen	500	1,60	313
Liquide Mittel	1.500	1,60	938
Σ	6.000		3.750
Passiva			
Gezeichnete Kapital	1.000	1,50	667
Rücklagen	3.000	1,50	2.000
Eigenkapitaldifferenz aus Währungsumrechnung			-181
Jahresüberschuss	700	1,55	452
Verbindlichkeiten	1.300	1,60	813
Σ	6.000		3.750
GuV			
Umsatzerlöse	4.500	1,55	2.903
sonstige betriebliche Erträge	300	1,55	194
Materialaufwand	-2.000	1,55	-1.290
Abschreibungen	-1.400	1,55	-903
sonstiger betrieblicher Aufwand	-500	1,55	-323
Steuern	-200	1,55	-129
Jahresüberschuss	**700**		**452**

Abbildung 18: Modifizierte Stichtagskursmethode
(Quelle: Eigene Darstellung in Anlehnung an Künkele & Zwirner, 2009, S. 354)

Über die Erhöhung des Kongruenzgrads der Brutto-Exponiertheit der Bilanzseiten lässt sich die translationale (Netto-)Exponiertheit eines Unternehmens reduzieren; diese Reduktion erfolgt unabhängig von der Richtung und dem Ausmaß der Wechselkursänderung.[183] Bei kongruenter Brutto-Exponiertheit beeinflusst eine Wechselkursänderung die (gegenläufig) exponierten Bilanzseiten gleichermaßen. Indes können Unternehmen Fremdwährungsverschuldung nutzen, um den Kongruenzgrad ihrer exponierten Aktiv- und Passivposten zu erhöhen (Balance Sheet Hedge). In der Folge reduziert sich die netto exponierte Differenz der gegenüber Wechselkursänderungen brutto exponierten Aktiv- und Passivposten.[184] Eine komplette Kongruenz lässt sich jedoch im Rahmen der modifizierten Stichtagskursmethode nicht erreichen, da den vollständig

---

[183] Steigt beispielsweise bei einer Fremdwährungsaufwertung der Wert des in der Fremdwährung denominierten Vermögens, steigen zugleich die in Fremdwährung denominierten Verbindlichkeiten. Umgekehrt gilt: Sinkt bei einer Fremdwährungsabwertung der Wert des in der Fremdwährung denominierten Vermögens, sinken zugleich die in Fremdwährung denominierten Verbindlichkeiten.
[184] Vgl. Glaum & Roth (1993), S. 1187; Eiteman et al. (2013), S. 340 und Eun et al. (2014), S. 256. Laut den IFRS können Unternehmen Fremdwährungsverschuldung in Form eines Balance Sheet Hedges bilanziell als Hedge deklarieren (Net Investment Hedge), jedoch keine Fremdwährungsverschuldung, die als Hedge zur Eindämmung – über die transaktionale Exponiertheit hinausreichender – ökonomischer Exponiertheit dient; vgl. Aabo et al. (2015), S. 592.

exponierten Vermögengegenständen Verbindlichkeiten in gleicher Höhe gegenüberstehen müssten, sodass ausländische Tochterunternehmen ohne Eigenkapital auszukommen hätten.[185]

Der Translationsprozess nach der modifizierten Stichtagskursmethode berührt die erwarteten Zahlungsströme nicht direkt und entfaltet dementsprechend keine unmittelbare Liquiditätswirksamkeit. Deshalb herrscht in der Literatur der internationalen Finanzwirtschaft die Meinung vor, dass Unternehmen der Eindämmung ihrer ökonomischen Exponiertheit Priorität einräumen sollten gegenüber der Eindämmung translationaler Exponiertheit.[186] Dies gilt mehr noch, falls für die im Zuge der Eindämmung translationaler Exponiertheit zum Einsatz kommenden Hedging-Instrumente Transaktionskosten anfallen oder diese zur Entstehung oder Erhöhung bereits bestehender ökonomischer Exponiertheit führen, die ihrerseits die erwarteten Zahlungsströme direkt berührt.[187]

Nach dieser Diskussion der ökonomischen und der translationalen Exponiertheit und nach Begründung des Primats eines Hedgings ökonomischer Exponiertheit gegenüber einem Hedging translationaler Exponiertheit, befasst sich das folgende Kapitel mit den zur Eindämmung der ökonomischen Exponiertheit bereitstehenden Hedging-Instrumenten. Hierzu lassen sich grundsätzlich finanz- und leistungswirtschaftliche Hedging-Instrumente heranziehen. Zu den zunächst zu besprechenden finanzwirtschaftlichen Hedges zählen (bedingte und unbedingte) Devisentermingeschäfte und (natürliche und synthetische) Fremdwährungsverschuldung; zu den hieran anschließend zu diskutierenden leistungswirtschaftlichen Hedges zählen in erster Linie leistungswirtschaftliches Matching, geographische Diversifikation und Realoptionen. Ein Fokus der Betrachtung liegt auf der Gegenüberstellung des Nutzens und der Kosten, die der Einsatz finanz- und leistungswirtschaftlicher Hedging-Instrumente jeweils mit sich bringt.

3.2 Hedging-Instrumente

Die Ursache für die über- und untergeordnete(n) Exponiertheit(en) gegenüber Wechselkursrisiken liegt in der Inkongruenz einander entgegenlaufend exponierter Finanzpositionen (siehe

---

[185] Vgl. Eiteman et al. (2013), S. 340.
[186] Vgl. Shapiro (2010), S. 364; Butler (2012), S. 294 und Eun et al. (2014), S. 258. Insbesondere für deutsche Unternehmen ist die externe Rechnungslegung nicht auf ihre Informationsfunktion beschränkt; parallel dazu dient sie der Bemessung zu entrichtender Steuerzahlungen (Steuerbemessungsfunktion) und der Dividende (Ausschüttungsfunktion). In einem solchen Fall kann ein Hedging zur Eindämmung der translationalen Exponiertheit die Zahlungsströme indirekt beeinflussen, d.h. mittelbar Liquiditätswirksamkeit entfalten; vgl. Bodnar & Gebhardt (1999), S. 164. Vgl. hierzu auch Abuaf (1986), S. 41 und Martin et al. (1998), S. 269 f.
[187] Vgl. Donaldson (1979), S. 26; Giddy & Dufey (1995), S. 53 und Joseph (2000), S. 163.

3 Exponiertheiten und Hedging-Instrumente 57

Abbildung 19).[188] Translationale Exponiertheit besteht für den Fall, dass die gegenüber einer bestimmten Währung gegenläufig exponierten Aktiv- und Passivposten nicht deckungsgleich sind.[189] Transaktionale und (direkte) strategische Exponiertheit besteht für den Fall, dass die in einer bestimmten Währung zu- und abfließenden Zahlungsströme nicht deckungsgleich sind. Bei transaktionaler Exponiertheit sind die bereits kontrahierten Zahlungsströme inkongruent; bei strategischer Exponiertheit sind die (noch) nicht kontrahierten Zahlungsströme inkongruent.[190]

```
                            Inkongruenz
                     /                      \
                National                  International
                   |                          |
        Inkongruenz in der          Translationale      Inkongruenz in der Fristigkeit
        Fristigkeit der      →     Exponiertheit    →   und in der Denomination
        Aktiv- und Passivposten                         der Aktiv- und Passivposten
                   |                                            |
        Inkongruenz im Timing        Ökonomische        Inkongruenz im Timing der zu- und
        der zu- und             →   Exponiertheit   →   abfließenden Zahlungsströme und
        abfließenden Zahlungsströme                     in deren Denomination
                   |                                            |
        Exponiertheit gegenüber                         Exponiertheit gegenüber
        Liquiditätsrisiken                              Wechselkursrisiken
```

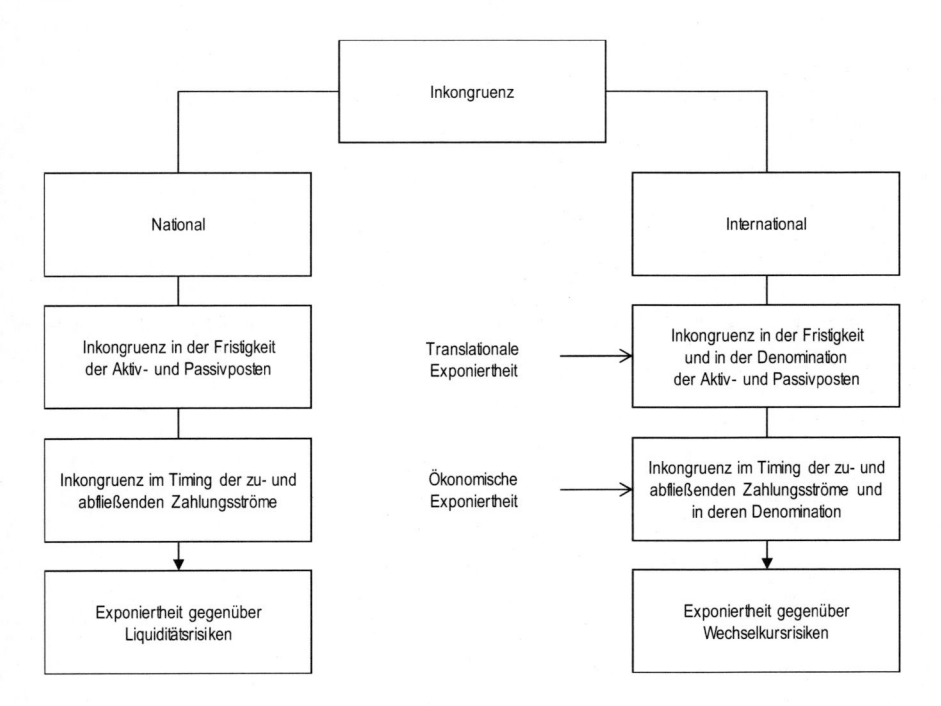

Abbildung 19: Inkongruenzen als Quelle der Exponiertheiten
(Quelle: Eigene Darstellung in Anlehnung an Barnett, 1976, S. 90)

---

[188] Vgl. Barnett (1976), S. 90 und Aggarwal & Soenen (1989), S. 61.
[189] Vgl. Aggarwal & Soenen (1989), S. 61 und Soenen (1992), S. 375.
[190] Vgl. Hagemann (1977), S. 83 f.; Soenen (1992), S. 377 f. und Pringle & Connolly (1993), S. 70. Indirekte strategische Exponiertheit kann auch bei rein nationalen Unternehmen, mit entsprechend einheitlich denominierten zu- und abfließenden Zahlungsströmen, auftreten; vgl. Pringle & Connolly (1993), S. 70 und Johnson & Soenen (1994), S. 52.

Das grundlegende Prinzip eines jeden Hedgings besteht entsprechend darin, den Kongruenzgrad gegenläufig exponierter Finanzpositionen zu erhöhen.[191] In Bezug auf ein am Marktwert orientiertes Hedging folgt nach *Giddy (1977b)* hieraus: „The basic principle of hedging [...] is to [...] match each period's cash inflows with cash outflows in a particular currency."[192] *Meulbroek (2002a)* fasst die für Hedging bereitstehenden Instrumente systematisch zusammen: „[...] modifying the firm's operations, adjusting its capital structure, and employing targeted financial instruments [...]."[193] Hierbei ist zu beachten, dass die drei genannten Kategorien an Hedging-Instrumenten je nach Fachrichtung unterschiedlich zugeordnet werden. Die Literatur der internationalen Finanzwirtschaft unterscheidet nach finanz- und leistungswirtschaftlichen Hedges, wobei finanzwirtschaftliche Hedges derivative Instrumente und Fremdwährungsverschuldung umfassen.[194] In der Rechnungslegung findet sich die Unterscheidung nach synthetischen und natürlichen Hedges. Zu den synthetischen Hedges zählen derivative Instrumente; zu den natürlichen Hedges zählen nicht-derivative finanzwirtschaftliche Instrumente und leistungswirtschaftliche Instrumente.[195] *Döhring (2008)* kategorisiert die Hedging-Instrumente, indem er die Klassifizierung der Literatur der internationalen Finanzwirtschaft in finanz- und leistungswirtschaftliche Hedges und die der Rechnungslegung in synthetische und natürliche Hedges zusammenführt (siehe Abbildung 20).[196]

Finanzwirtschaft	Finanzwirtschaftliche Hedges	Leistungswirtschaftliche Hedges
Rechnungslegung	Synthetische Hedges	Natürliche Hedges

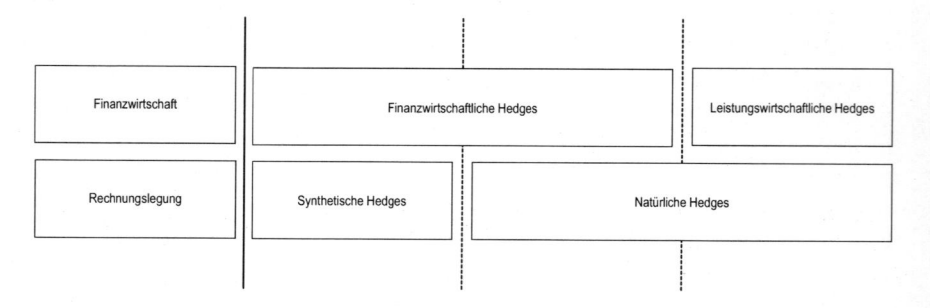

Abbildung 20: Systematisierung der Hedging-Instrumente
(Quelle: Eigene Darstellung in Anlehnung an Döhring, 2008, S. 5)

---

[191] Vgl. Mathur (1985b), S. 7; Giddy & Dufey (1995), S. 57 und Kramer & Heston (1993), S. 73.
[192] Giddy (1977b), S. 30 f. Vgl. hierzu auch Jacque (1981), S. 93; Srinivasulu (1981), S. 18 f. und Bartram & Bodnar (2007), S. 654.
[193] Meulbroek (2002a), S. 64. Vgl. hierzu auch Aretz et al. (2007), S. 446.
[194] Vgl. zu natürlichen Hedging-Instrumenten: Jacque (1981), S. 93; Bartram et al. (2005), S. 407; Goldberg & Drogt (2008), S. 52.
[195] Vgl. Döhring (2008), S. 5.
[196] Vgl. Döhring (2008), S. 4 f.

3.2.1 Finanzwirtschaftliche Hedging-Instrumente

3.2.1.1 Devisentermingeschäfte

In die Kategorie der derivativen Instrumente fallen unbedingte, lineare und bedingte, nicht-lineare Devisentermingeschäfte (siehe Abbildung 21). Zu den unbedingten, linearen Devisentermingeschäften zählen Devisenforwardgeschäfte, Devisenfuturegeschäfte sowie Devisenswapgeschäfte und Währungsswapgeschäfte. Zu den bedingte, nicht-linearen Devisentermingeschäften zählen Devisenoptionsgeschäfte.[197] Die nachfolgende Diskussion beschränkt sich auf die Kategorie der unbedingten, linearen Devisentermingeschäfte und innerhalb dieser Kategorie auf Devisenforwardgeschäfte und -swapgeschäfte. Devisenoptionsgeschäfte stellen mit ihrer Nicht-Linearität und Befristung keine geeigneten Instrumente dar, um linearer transaktionaler Exponiertheit oder unbefristeter strategischer Exponiertheit zu begegnen.[198] Bei Devisenforwardgeschäften handelt es sich um außerbörsliche (Over the Counter; OTC), nicht-standardisierte Devisentermingeschäfte, wohingegen Devisenfuturegeschäfte börsengehandelt und standardisiert sind. Gleichwohl funktionieren Devisenforwardgeschäfte und Devisenfuturegeschäfte prinzipiell identisch, sodass sich die Erkenntnisse zur Funktionsweise der Devisenforwardgeschäfte auf Devisenfuturegeschäfte übertragen lassen.[199] Währungsswapgeschäfte werden im Anschluss an dieses Kapitel unter Fremdwährungsverschuldung diskutiert, da sich mittels Währungsswapgeschäften Fremdwährungsverschuldung synthetisch herstellen lässt.[200]

---

[197] Vgl. Gay et al. (2002), S. 82; Döhring (2008), S. 7 und Servaes et al. (2009), S. 63 f. Swapgeschäfte lassen sich allgemein als Kette auffassen, deren Glieder Forwardgeschäfte sind; vgl. Smith et al. (1989), S. 35; Stulz (2004), S. 175 und Ohler & Unser (2013), S. 18.
[198] Vgl. Giddy & Dufey (1995), S. 50 ff.; Joseph (2000), S. 163 und Gay et al. (2002), S. 83 f. Vgl. zur Funktionsweise und den Einsatzgebieten bedingter Devisentermingeschäfte: Das (1984), S. 25 ff.; Abuaf (1987), S. 51 ff. und Dufey & Giddy (1995), S. 50 ff.
[199] Vgl. Dufey & Giddy (1981), S. 41; Goone & Kawaller (2000), S. 9 und Lhabitant & Tinguely (2001), S. 358. Futuregeschäfte lassen sich allgemein als Kette auffassen, deren Glieder Forwardgeschäfte sind; vgl. Smith et al. (1989), S. 34 f.
[200] Vgl. Clark & Judge (2009), S. 607 f.; Habib & Joy (2010), S. 604 und Aabo et al. (2015), S. 607.

```
                    ┌─────────────────────────┐
                    │  Devisentermingeschäfte │
                    └─────────────────────────┘
                         │             │
        ┌────────────────┴──┐   ┌──────┴──────────────┐
        │    Unbedingte     │   │      Bedingte       │
        │ Devisentermingeschäfte │ Devisentermingeschäfte │
        └───────────────────┘   └─────────────────────┘
           │           │                  │
   ┌───────┴──────┐ ┌──┴─────────────┐ ┌──┴─────────────────┐
   │ Devisenforwardgeschäfte │ │ Devisenfuturegeschäfte │ │ Devisenoptionsgeschäfte │
   └──────────────┘ └────────────────┘ └────────────────────┘
        │                    │
   ┌────┴─────────┐   ┌──────┴──────────┐
   │ Devisenswapgeschäfte │ │ Währungsswapgeschäfte │
   └──────────────────┘   └─────────────────────┘
```

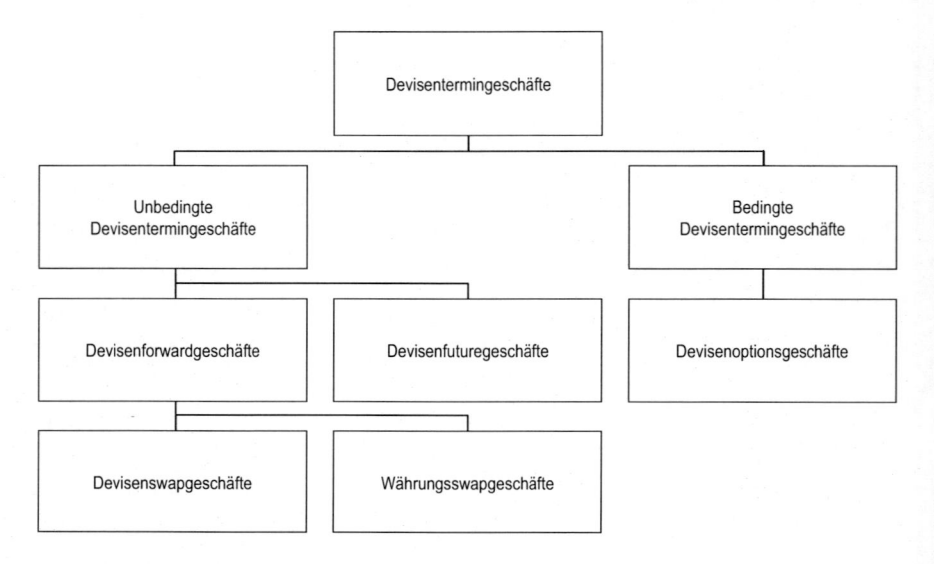

Abbildung 21: Systematisierung der Devisentermingeschäfte
(Quelle: Eigene Darstellung in Anlehnung an Oehler & Unser, 2013, S. 18)

Ein Devisenforwardgeschäft (Foreign Exchange [FX] Forward) ist eine außerbörsliche, vertragliche Vereinbarung zwischen zwei Parteien, einen bestimmten Währungsbetrag zu einem bei Vertragsabschluss festgelegten Terminkurs zu einem bei Vertragsabschluss festgelegten zukünftigen Zeitpunkt entgegenzunehmen (Long-Position) oder abzugeben (Short-Position).[201]

Ein Importunternehmen, das eine Faktura in Fremdwährung begleichen muss, kann über den Kauf eines Devisenforwards den aktuellen Input-Preis in Heimatwährung festschreiben und sich auf diese Weise gegen steigende Devisenpreise absichern (Long-Position). Im entgegengesetzten Fall kann ein Exportunternehmen, das in Fremdwährung fakturiert, über den Verkauf eines Devisenforwards den aktuellen Output-Preis in Heimatwährung festschreiben und sich auf diese Weise gegen fallende Devisenpreise absichern (Short-Position).[202]

Ein Devisenswapgeschäft (Foreign Exchange [FX] Swap) ist eine außerbörsliche, vertragliche Vereinbarung zwischen zwei Parteien bestehend aus dem zeitgleichen Abschluss eines Devi-

---

[201] Vgl. Bloss et al. (2009), S. 66; Kruse (2014), S. 102 f. und Breuer (2015), S. 149.
[202] Vgl. Goone & Kawaller (2000), S. 9; Wang et al. (2003), S. 54 und Hull (2012), S. 5 f.

senkassa- und eines gegenläufigen Devisenforwardgeschäfts. Im Zuge eines Devisenswapgeschäfts werden bestimmte Kapitalbeträge in unterschiedlicher Denomination zum Kassakurs getauscht und zu einem bei Vertragsabschluss festgelegten Terminkurs zu einem bei Vertragsabschluss festgelegten zukünftigen Zeitpunkt zurückgetauscht (siehe Abbildung 22).[203]

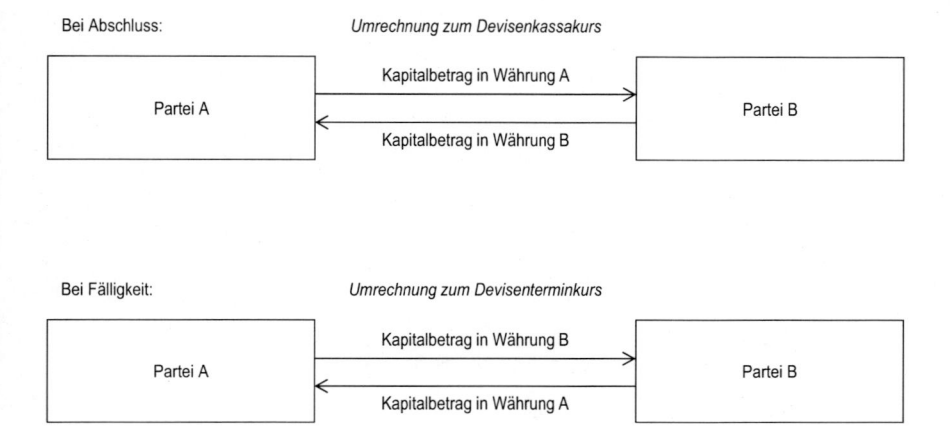

Bei Abschluss: *Umrechnung zum Devisenkassakurs*

```
┌─────────┐   Kapitalbetrag in Währung A   ┌─────────┐
│ Partei A │ ──────────────────────────▶   │ Partei B │
│         │ ◀──────────────────────────    │         │
└─────────┘   Kapitalbetrag in Währung B   └─────────┘
```

Bei Fälligkeit: *Umrechnung zum Devisenterminkurs*

```
┌─────────┐   Kapitalbetrag in Währung B   ┌─────────┐
│ Partei A │ ──────────────────────────▶   │ Partei B │
│         │ ◀──────────────────────────    │         │
└─────────┘   Kapitalbetrag in Währung A   └─────────┘
```

Abbildung 22: Funktionsweise eines Devisenswaps
(Quelle: Eigene Darstellung in Anlehnung an Kruse, 2014, S. 169)

Devisenforward- und -swapgeschäften ist nicht nur der (Rück-)Tausch fixierter Beträge zu einem fixierten Zeitpunkt gemein, sondern auch, dass sie kurzläufig sind. Ein liquider Interbankenmarkt für Devisenswapgeschäfte besteht lediglich für Laufzeiten bis zu einem Jahr und dies auch nur für die gängigen Handelswährungen.[204] Für Laufzeiten über 24 Monate hinaus lassen sich Devisenforwardgeschäfte und Devisenswapgeschäfte nicht abschließen oder nur unter (prohibitiv) hohen Kosten (siehe Abbildung 23).[205]

---

[203] Vgl. Clinton (1988), S. 359; Bloss et al. (2009), S. 69 und Kruse (2014), S. 169.
[204] Vgl. Clinton (1988), S. 359.
[205] Vgl. Popper (1993), S. 441. Vgl. hierzu auch Habib & Joy (2010), S. 604.

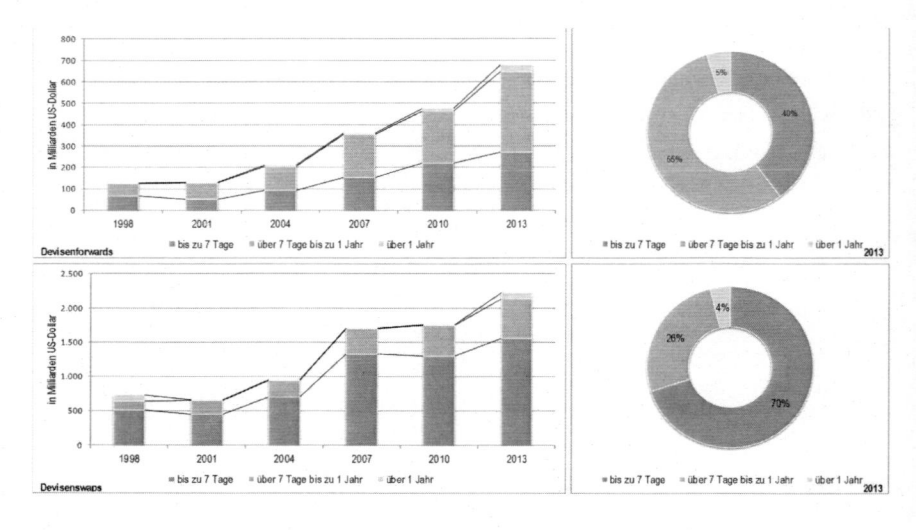

Abbildung 23: Handelsvolumina und gehandelte Laufzeiten von Devisenforwards und -swaps
(Quelle: Eigene Darstellung nach Daten der Bank for International Settlements, 2013)

3.2.1.2 Fremdwährungsverschuldung

Unternehmen können die Devisenmärkte nutzen, um ihre transaktionale Exponiertheit zu reduzieren; transaktionale Exponiertheit lässt sich aber auch über die Geldmärkte eindämmen. Das über die internationalen Geldmärkte erstellte Hedging-Instrument heißt Money Market Hedge und repliziert ein Devisenforwardgeschäft. Fließt dem Unternehmen zukünftig ein Kapitalbetrag oder ein Zahlungsstrom in einer bestimmten Fremdwährung zu, lässt sich mittels eines Money Market Hedges eine korrespondierende Fremdwährungsverschuldung aufbauen,[206] die die aus dem zufließenden Kapitalbetrag oder Zahlungsstrom in Fremdwährung bestehende transaktionale Exponiertheit reduziert oder eliminiert: Reduziert sich der in Heimatwährung gerechnete umsatzseitige Kapitalbetrag oder Zahlungsstrom, reduzieren sich zur gleichen Zeit

---

[206] Eine Fremdkapitalaufnahme in Fremdwährung generiert einen abfließenden Kapitalbetrag oder Zahlungsstrom (Short-Position) und kann entsprechend nur als Hedge für Exponiertheit aus einem zufließenden, umsatzseitigen Kapitalbetrag oder Zahlungsstrom (Long-Position) fungieren; vgl. Pringle & Connolly (1993), S. 71; Kedia & Mozumdar (2003), S. 524 und Aabo et al. (2015), S. 591. Im entgegengesetzten Fall eines abfließenden Kapitalbetrags oder Zahlungsstroms in Fremdwährung (Short-Position) bedürfte es einer korrespondierenden Kapitalanlage in Fremdwährung (Long-Position); vgl. Pringle & Connolly (1993), S. 71; Eun et al. (2014), S. 202 und Breuer (2015), S. 161.

3 Exponiertheiten und Hedging-Instrumente 63

die in Heimatwährung gerechneten, aber in Fremdwährung zu entrichtenden Zins- und Tilgungszahlungen. Im Einzelnen umfasst die Erstellung eines Money Market Hedges folgende Transaktionsschritte (siehe Abbildung 24):[207]

(1) Fremdkapitalaufnahme in Fremdwährung.
(2) Umtausch des Fremdkapitals in Heimatwährung über den Devisenkassamarkt.
(3) Anlage des Fremdkapitals zum heimischen Zinssatz.[208]
(4) Begleichung der Zins- und Tilgungsforderungen mittels der Einnahme in Fremdwährung.

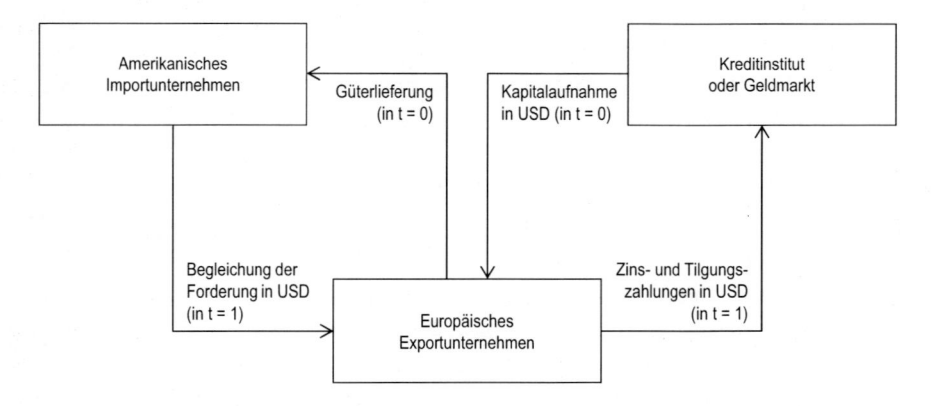

Abbildung 24: Funktionsweise eines Money Market Hedges
(Quelle: Eigene Darstellung in Anlehnung an Homaifar, 2004, S. 228 und Eiteman et al., 2013, S. 360)

Für ein in der Eurozone beheimatetes Unternehmen, das eine in drei Monaten fällige Forderung in Höhe von 1.000.000 Mio. US-Dollar hält, ergibt sich bei einem US-Dollar-Zinssatz in Höhe von 10% p.a. folgende überschlägige[209] Rechnung:

1.00.0   Mio. US-Dollar / (1 + 0,025) = 975.610 US-Dollar.

---

[207] Vgl. Shapiro (2010), S. 377 f.; Butler (2012), S. 251 und Eun et al. (2014), S. 202 f.
[208] Stellt sich die Zinsparität ein, so stellt der Transaktionsschritt der Anlage zum Heimatwährungszinssatz die Äquivalenz eines Money Market Hedges zu einem Devisenforwardgeschäft her. Stellt sich die Zinsparität nicht ein, so ist eines der beiden Hedging-Instrumente effizienter als das andere; vgl. Döhring (2008), S. 7; Eiteman et al. (2013), S. 305 f. und Eun et al. (2014), S. 203.
[209] Im Zahlenbeispiel wird aus einem Jahreszins in Höhe von 10% über eine schlichte Viertelung ein 3-Monats-Zins in Höhe von 2,5% berechnet. Der korrekte 3-Monats-Zins beträgt circa 2,41%.

Das Unternehmen leiht sich demnach 975.610 US-Dollar und leistet die in drei Monaten fällige Zins- und Tilgungszahlung (24.390 plus 975.610) mittels der dann erhaltenen Forderungssumme in Höhe von 1.000.000 Mio. US-Dollar. Die im ersten Transaktionsschritt entgegengenommenen US-Dollar aus der Fremdkapitalaufnahme stehen nach dem Umtausch über den Devisenkassamarkt in Euro bereit. Der Euro-Betrag kann zum risikofreien Zinssatz in Staatsanleihen oder zum gewichteten Gesamtkapitalkostensatz in eigene Projekte investiert werden; jedenfalls besteht keine transaktionale Exponiertheit mehr aus der Forderung in US-Dollar.[210]

Money Market Hedges beziehen sich auf bereits fixierte oder sequentielle Transaktionen. Das Hedging revolvierender Transaktionen nennt sich finanzwirtschaftliches Matching. Hierbei ordnet das Unternehmen den zufließenden Zahlungsströmen fortlaufend abfließende Zahlungsströme aus Fremdwährungsverschuldung zu, die den zufließenden Zahlungsströmen der Höhe, Laufzeit und Denomination nach entsprechen.[211]

Das soeben dargestellte Funktionsprinzip eines Money Market Hedges ist auf andere Fremdkapitalinstrumente übertragbar. Fremdkapitalaufnahmen in Fremdwährung können über die für kurzfristige Kapitalaufnahmen geeigneten internationalen Geldmärkte hinaus, d.h. über die internationalen Kapitalmärkte erfolgen, um langfristig zufließenden Zahlungsströmen in Fremdwährung korrespondierende abfließende Zahlungsströme entgegenzustellen.[212]

Fremdkapitalaufnahmen können zum einen in Heimat- oder Fremdwährung denominiert sein und zum anderen über heimische, fremde oder internationale Kapitalmärkte erfolgen, wobei sich für langfristige Fremdkapitalaufnahmen Anleihemärkte anbieten. Insbesondere ist bei langfristigen Fremdkapitalaufnahmen, bei denen das Fremdkapital in Heimatwährung denominiert sein soll, eine Anleihebegebung über den heimischen Anleihemarkt naheliegend. Umgekehrt können Unternehmen ihr Fremdkapital in Fremdwährung denominieren, indem sie Anleihen auf einem fremden Anleihemarkt, d.h. in einer Fremdjurisdiktion, begeben. In diesem Fall spricht man von Fremdwährungsanleihen (Foreign Bonds). Ein Beispiel wäre ein deutsches Unternehmen, das eine Anleihe in US-Dollar in den Vereinigten Staaten von Amerika emittiert (Yankee Bond).[213]

---

[210] Vgl. Eiteman et al. (2013), S. 305 f. Vgl. hierzu auch Homaifar (2004), S. 228 f. und Breuer (2015), S. 161.
[211] Vgl. Eiteman et al. (2013), S. 305.
[212] Vgl. Beidleman et al. (1983), S. 49; Pringle (1991), S. 82 und Logue (1995), S. 44.
[213] Vgl. Miller & Puthenpurackal (2002), S. 458 f.; Shapiro (2010), S. 464 und Eun et al. (2014), S. 304 f.

3 Exponiertheiten und Hedging-Instrumente

Parallel zu den bisher diskutierten internen Kapitalmarktsegmenten bestehen externe Kapitalmarktsegmente. Interne Kapitalmarktsegmente befinden sich in der Jurisdiktion des Währungsraums, der die jeweilige Währung begibt. Externe Kapitalmarktsegmente decken alle Jurisdiktionen mit Ausnahme der heimischen ab. Bildlich gesprochen: Die internen Kapitalmarktsegmente tangieren sich, ohne sich dabei zu überlappen; die externen Kapitalmarktsegmente überlappen die internen Kapitalmarktsegmente jeder nicht-heimischen Währung. Ein solches externes Kapitalmarktsegment stellen die Märkte für Eurobonds dar.[214]

Eurobonds sind Anleihen, die in einer Währung denominiert werden, die nicht der Währung der Jurisdiktion entspricht, in der sie begeben werden. Hierbei denominieren Unternehmen ihre Anleihen in Heimat- oder Fremdwährung und emittieren diese zumeist zeitgleich auf mehreren Kapitalmärkten. Ein Beispiel hierfür ist eine in US-Dollar denominierte Anleihe eines amerikanischen Unternehmens, die nicht in den Vereinigten Staaten von Amerika begeben wird, sondern in Japan und Kanada. Darüber hinaus stammen die (potenziellen) Anleihekäufer nicht aus den Vereinigten Staaten von Amerika.[215]

Aus Sicht der (potenziellen) Anleihehalter führen unterschiedliche Jurisdiktionen, in denen Anleihen registriert werden, zu unterschiedlichen Wahrscheinlichkeiten, mit denen Regierungen die Rentabilität dieser Anleihen verringern. Für relativ hohe Wahrscheinlichkeiten politischer Interventionen werden Investoren höhere Risikoaufschläge verlangen. Indes trennen Eurobonds die politischen Risiken einer Jurisdiktion von der Denomination der Anleihe: Beispielsweise haben die Vereinigten Staaten von Amerika, welche die US-Dollar in Umlauf bringen, weder juristische Zuständigkeit für die nicht in den Vereinigten Staaten von Amerika registrierten Anleihen, noch für deren nicht-amerikanischen Halter oder die beteiligten nicht-amerikanischen Banken in Übersee.[216]

Da sich die Märkte für Eurobonds den nationalen Regulierungen weitgehend entziehen, werden sie häufig als Offshore-Märkte bezeichnet. Auf Offshore-Märkten begebene Anleihen bringen bestimmte Eigenheiten mit, die sie von ihren onshore registrierten Pendants unterscheiden: Eurobonds werden ohne Registrierung der Investoren als Inhaberschuldverschreibung vertrieben,

---

[214] Vgl. Aliber (1975), S. 163; Dufey & Giddy (1981), S. 38 f. und Jacque & Hawawini (1993), S. 84.
[215] Vgl. Miller & Puthenpurackal (2002), S. 477; Shapiro (2010), S. 487 und Eiteman et al. (2013), S. 419 f.
[216] Vgl. Butler (2012), S. 47. Vgl. zur Rolle von Banken: Melnik & Nissim (2006), S. 160.

es erfolgt kein Quellenabzug der Kapitalertragsteuern und die Emittenten sind weniger umfänglichen Publizitätspflichten unterworfen als auf nationalen Kapitalmärkten.[217] Eurobonds und Foreign Bonds lassen sich unter dem Begriff International Bonds zusammenfassen, da beide von Emittenten begeben werden, die in dem entsprechenden Währungsraum nicht heimisch sind.[218]

	Verschuldung in Heimatwährung	Verschuldung in Fremdwährung
Ohne Währungsswap	Natürliche Heimatwährungsverschuldung	Natürliche Fremdwährungsverschuldung
Mit Währungsswap	Synthetische Fremdwährungsverschuldung	Synthetische Heimatwährungsverschuldung

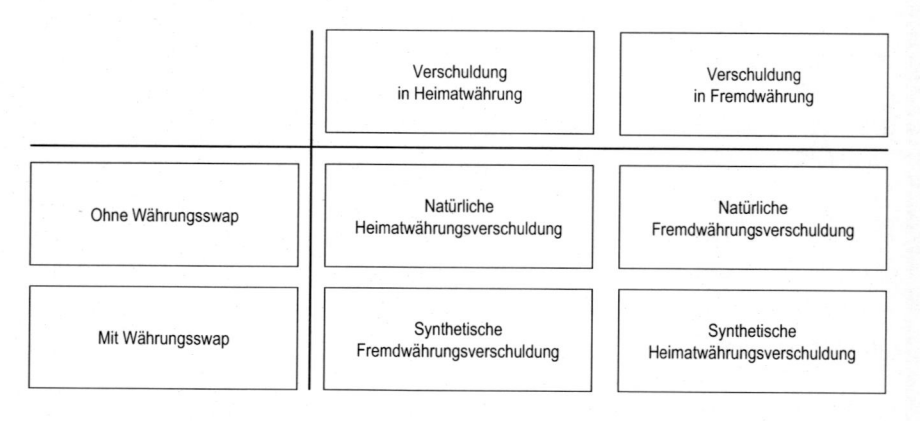

Abbildung 25: Natürliche und synthetische Heimat- und Fremdwährungsverschuldung
(Quelle: Eigene Darstellung)

Über internationale Kapitalmärkte können Unternehmen direkt in Fremdwährung denominiertes Fremdkapital beziehen. Parallel zu natürlicher Fremdwährungsverschuldung können Unternehmen Fremdwährungsverschuldung aber auch synthetisch, unter Umgehung der internationalen Kapitalmärkte, aufbauen; hierzu bedarf es lediglich der Kopplung einer Heimatwährungsverschuldung mit einem Währungsswapgeschäft. Umgekehrt können Unternehmen über die Kopplung einer Fremdwährungsverschuldung mit einem Währungsswapgeschäft Heimatwährungsverschuldung synthetisch herstellen (siehe Abbildung 25).[219]

---

[217] Vgl. Kim & Stulz (1988), S. 191 f.; Miller & Puthenpurackal (2002), S. 477 und Shapiro (2010), S. 498 f.
[218] Vgl. Thimann (2008), S. 213; Eiteman et al. (2013), S. 419 und Eun et al. (2014), S. 304.
[219] Vgl. Clark & Judge (2009), S. 607 f.; Habib & Joy (2010), S. 604 und Aabo et al. (2015), S. 607. *Henderson et al. (2006)* weisen darauf hin, dass natürliche und synthetische Fremdwährungsverschuldung steuerlich ungleich behandelt werden (können); vgl. Henderson et al. (2006), S. 71.

3 Exponiertheiten und Hedging-Instrumente

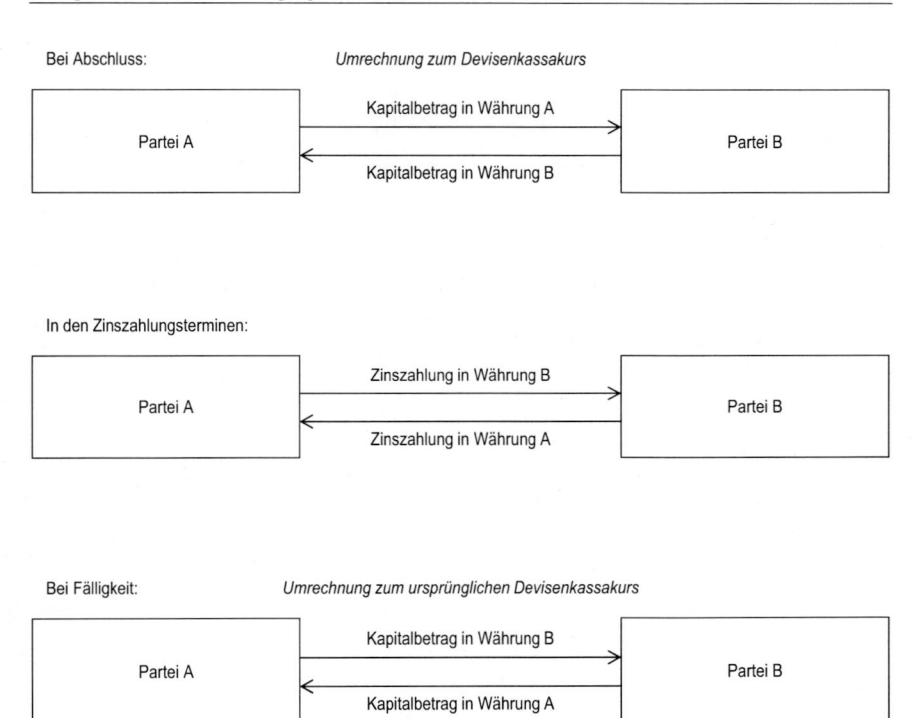

Bei Abschluss: *Umrechnung zum Devisenkassakurs*

Partei A → Kapitalbetrag in Währung A → Partei B
Partei A ← Kapitalbetrag in Währung B ← Partei B

In den Zinszahlungsterminen:

Partei A → Zinszahlung in Währung B → Partei B
Partei A ← Zinszahlung in Währung A ← Partei B

Bei Fälligkeit: *Umrechnung zum ursprünglichen Devisenkassakurs*

Partei A → Kapitalbetrag in Währung B → Partei B
Partei A ← Kapitalbetrag in Währung A ← Partei B

Abbildung 26: Funktionsweise eines Währungsswaps
(Quelle: Eigene Darstellung in Anlehnung an Bloss et al., 2009, S. 73 und Kruse, 2014, S. 174)

Ein Währungsswapgeschäft (Cross Currency Swap) ist eine außerbörsliche, vertragliche Vereinbarung zwischen zwei Parteien, Kapitalbeträge und Zinszahlungen in unterschiedlicher Denomination zu tauschen. Ein Währungsswapgeschäft weist jeweils eine zentrale Gemeinsamkeit mit Devisen- und mit Zinsswapgeschäften auf. Analog zu einem Devisenswapgeschäft werden bei Währungsswapgeschäften zu bei Vertragsabschluss festgelegten Zeitpunkten Kapitalbeträge in zwei unterschiedlichen Währungen getauscht (Anfangs- und Schlusstransaktion). Analog zu einem Zinsswapgeschäft werden bei Währungsswapgeschäften zu bei Vertragsabschluss festgelegten Zeitpunkten Zinszahlungen getauscht (Zinstransaktion). Währungsswapgeschäfte ermöglichen den Tausch zweier Zahlungsströme in unterschiedlicher Denomination über einen bestimmten Zeitraum (siehe Abbildung 26).[220]

---

[220] Vgl. Popper (1993), S. 441 u. 447; Bloss et al. (2009), S. 72 und Kruse (2014), S. 171. Vgl. hierzu auch Moore

Unternehmen können (natürliche oder synthetische) Fremdwährungsverschuldung nicht nur zur Eindämmung ihrer transaktionalen Exponiertheit einsetzen, sondern auch, um ihrer direkten strategischen Exponiertheit zu begegnen. *Pringle & Connolly (1993)* diskutieren dies anhand eines Exportunternehmens, das zufließende Zahlungsströme in Fremdwährung erwartet. Im Fall einer real überbewerteten Heimatwährung erzielt das Unternehmen eine niedrigere Gewinnmarge und/oder einen niedrigeren Marktanteil, kompensiert dies jedoch durch niedrigere in Heimatwährung gerechnete Zins- und Tilgungszahlungen. Im entgegengesetzten Fall, bei real unterbewerteter Heimatwährung, erzielt das Unternehmen eine höhere Gewinnmarge und/oder einen höheren Marktanteil; dies wird jedoch durch höhere in Heimatwährung gerechnete Zins- und Tilgungszahlungen kompensiert.[221]

Ferner können Unternehmen (natürliche oder synthetische) Fremdwährungsverschuldung einsetzen, um ihrer indirekten strategischen Exponiertheit zu begegnen.[222] *Pringle (1991)* diskutiert das Beispiel eines amerikanischen Unternehmens mit hohem Absatzvolumen in der Eurozone, dessen Wettbewerber ihren Hauptsitz in Japan haben. In diesem Szenario wäre eine in japanischen Yen erfolgende Fremdkapitalaufnahme eine Möglichkeit, die strategische Exponiertheit zu reduzieren. Nutzt die japanische Konkurrenz eine reale Unterbewertung ihrer Heimatwährung zu Preisnachlässen, so reduziert sich zwar in der Folge der globale Marktanteil des amerikanischen Unternehmens, es erzielt jedoch kompensierende Finanzierungsvorteile aus der Fremdkapitalaufnahme. Die Denomination der Fremdkapitalaufnahme orientiert sich in diesem Fall nicht an der Denomination der erwarteten zufließenden Zahlungsströme (Euro), sondern an der Heimatwährung der Konkurrenten (Yen).[223]

3.2.1.3 Effektivität und Effizienz finanzwirtschaftlicher Hedging-Instrumente

Finanzwirtschaftliche Hedges sind effektive Instrumente zur Eindämmung transaktionaler Exponiertheit. Zum einen sind finanzwirtschaftliche Hedges befristet. Passend hierzu beruht die transaktionale Exponiertheit auf befristeten Zahlungsströmen. Zum anderen sind finanzwirt-

---

et al. (2000), S. 115 f.
[221] Vgl. Pringle & Connolly (1993), S. 71. Vgl. hierzu auch Cornell & Shapiro (1983), S. 30; Aggarwal & Soenen (1989), S. 65 und Logue (1995), S. 44.
[222] Vgl. Pringle & Connolly (1993), S. 71 f. Vgl. zur Möglichkeit eines (Cross-)Hedgings über Drittwährungen: Aggarwal & Soenen (1989), S. 65 f.; Soenen & Madura (1991), S. 123 f. und Kedia & Mozumdar (2003), S. 524. Vgl. hierzu auch die anekdotische Evidenz in Srinivasulu (1983), S. 44.
[223] Vgl. Pringle (1991), S. 82. Vgl. hierzu auch Smith et al. (1989), S. 33; McCauley & Zimmer (1994), S. 134 und Logue (1995), S. 44.

3 Exponiertheiten und Hedging-Instrumente 69

schaftliche Hedges in Bezug auf ihre Beträge (und ihre Beginn- und Endzeitpunkte) genau definiert. Passend hierzu sind die der transaktionalen Exponiertheit zugrunde liegenden Zahlungsströme der betragsmäßigen (und zeitlichen) Entstehung nach sicher.

Finanzwirtschaftliche Hedges sind jedoch keine effektiven Instrumente zur Eindämmung strategischer Exponiertheit. Zum einen sind finanzwirtschaftliche Hedges befristet. Die strategische Exponiertheit beruht hingegen auf unbefristeten Zahlungsströmen. Zum anderen sind finanzwirtschaftliche Hedges in Bezug auf ihre Beträge (und ihre Beginn- und Endzeitpunkte) genau definiert. Die der strategischen Exponiertheit zugrunde liegenden Zahlungsströme sind aber der betragsmäßigen (und zeitlichen) Entstehung nach unsicher.[224]

Unternehmen können eine strategische Exponiertheit in Höhe von null aufweisen und dennoch transaktional exponiert sein. Ebenso ist es möglich, dass Unternehmen eine transaktionale Exponiertheit in Höhe von null aufweisen, zur gleichen Zeit aber strategisch exponiert sind. Zum Beispiel können Unternehmen, die ihre aus dem Bezug überseeischer Inputs resultierende transaktionale Exponiertheit fortlaufend über finanzwirtschaftliche Hedges eliminieren, dennoch unter steigenden Input-Kosten leiden.[225] Finanzwirtschaftliche Hedging-Instrumente fixieren über ihre Laufzeit den zu Laufzeitbeginn herrschenden nominalen Devisenterminkurs. Hierüber lässt sich der Preis für eine bestimmte, bereits kontrahierte Import-Transaktion in Heimatwährung festschreiben. Gegen eine anhaltende reale Fremdwährungsaufwertung und damit einhergehend zunehmend teurere Importe in Heimatwährung bieten finanzwirtschaftliche Hedges aber lediglich einen temporären Schutz. Der Schutz besteht nur bis zu dem Zeitpunkt, zu dem der nächste finanzwirtschaftliche Hedge, zu dann neuen Devisen-, Geld- und Kapitalmarktkonditionen, für die nachfolgende Import-Transaktion zu tätigen ist.[226]

---

[224] Vgl. Moffett & Karlsen (1994), S. 167; Capel (1997), S. 103 und Grant & Soenen (2004), S. 55.
[225] Vgl. Aggarwal & Soenen (1989), S. 60 f.; Soenen & Madura (1991), S. 120 f. und Pringle & Connolly (1993), S. 67 ff.
[226] Vgl. Giddy (1978), S. 50; Pringle & Connolly (1993), S. 67 ff. und Döhring (2008), S. 6. Vgl. hierzu die empirischen Befunde in Soenen (1992), S. 381 f.

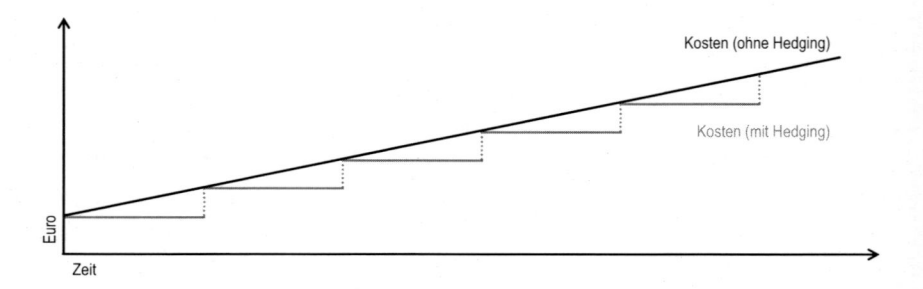

Abbildung 27: (In-)Effektivität finanzwirtschaftlicher Hedging-Instrumente
(Quelle: Eigene Darstellung in Anlehnung an Pringle & Connolly, 1993, S. 70)

Abbildung 27 zeigt, dass jeder bei transaktionaler Exponiertheit eingesetzte finanzwirtschaftliche Hedge die negativen strategischen Folgen einer kontinuierlichen, realen Fremdwährungsaufwertung – die mit steigenden Devisenkassa- und -terminkursen einhergeht – zwar *intra*-periodisch eliminieren kann, nicht jedoch *inter*-periodisch. Der am Periodenende für die Folgeperiode einzusetzende finanzwirtschaftliche Hedge erreicht lediglich eine erneute zwischenzeitliche Fixierung des nunmehr höheren Devisenterminpreises und damit der Import-Kosten im Beispiel. Ungeachtet dessen schrumpft mit Zunahme der realen Überbewertung der Fremdwährung die Gewinnmarge der Unternehmen kostenseitig.[227] Daher sind finanzwirtschaftliche Hedges aufgrund ihrer Befristung ungeeignet, um unbefristete strategische Exponiertheit zu reduzieren.[228] Dies gilt auch und gerade für revolvierend eingesetzte finanzwirtschaftliche Hedging-Instrumente.[229]

Neben dem Problem der Befristung finanzwirtschaftlicher Hedges besteht ein zweites Problem darin, dass finanzwirtschaftliche Hedges aufgrund ihrer betragsmäßigen Fixierung ungeeignet sind, um im Betrag (noch) nicht fixierte strategische Exponiertheit zu reduzieren. Über finanzwirtschaftliche Hedging-Instrumente bauen Unternehmen fixierte Zahlungen oder Zahlungsströme auf, die ihrerseits transaktional exponiert sind. Daher fügen strategisch exponierte Unternehmen, die finanzwirtschaftliche Instrumente als Hedge einsetzen, transaktionale Expo-

---

[227] Vgl. Dufey & Srinivasulu (1983), S. 60 f.; Pringle & Connolly (1993), S. 68 ff. und Capel (1997), S. 103.
[228] Vgl. Srinivasulu (1981), S. 18; Aggarwal & Soenen (1989), S. 60 f. und Grant & Soenen (1991), S. 1.
[229] Vgl. Giddy (1978), S. 50; Soenen (1991), S. 58 und Döhring (2008), S. 5 f. Vgl. hierzu auch die Rolle revolvierender Energiefuture- und -swapgeschäfte im Fall der Metallgesellschaft Refining and Marketing (MGRM), einem amerikanischen Tochterunternehmen der deutschen Metallgesellschaft AG: Edwards (1995), S. 8 ff. und Edwards & Canter (1995), S. 211 ff.

niertheit zu ihrer strategischen Exponiertheit hinzu. Im Idealfall laufen transaktionale und strategische Exponiertheit in entgegengesetzte Richtungen, sodass sich die Komponenten der ökonomischen Exponiertheit kompensieren.[230] Finanzwirtschaftliche Hedges reduzieren aber keinesfalls die strategische Exponiertheit eines Unternehmens; sie modifizieren lediglich die transaktionale Exponiertheit.[231] Hieraus resultiert das Problem der potenziellen Inkongruenz in den Beträgen (potenzielles Under- oder Overhedging).[232]

Im Beispiel eines Exportunternehmens, das über (noch) nicht kontrahierte, in Fremdwährung zufließende Zahlungsströme strategisch exponiert ist und korrespondierende abfließende Zahlungsströme über finanzwirtschaftliche und damit kontrahierte Instrumente herstellt, besteht folgendes Problem. Das Unternehmen ist bei einer sich nachgerade einstellenden realen Überbewertung seiner Heimatwährung mit umsatzseitig schrumpfenden Gewinnmargen und/oder schrumpfenden Marktanteilen konfrontiert. Im Extremfall ist es nun nicht mehr rentierlich, den Fremdmarkt zu bedienen, sodass fortan keine Zahlungsströme in der zugehörigen Fremdwährung zufließen. Durch die betragsmäßig fixierten finanzwirtschaftlichen Hedges ist das Unternehmen nun übersichert.[233] Im entgegengesetzten Fall, bei einer sich nachgerade einstellenden realen Unterbewertung der Heimatwährung, ist das Unternehmen mit umsatzseitig steigenden Gewinnmargen und/oder steigenden Marktanteilen konfrontiert. Durch die betragsmäßig fixierten finanzwirtschaftlichen Hedges ist das Unternehmen nun untersichert.

Zusammenfassend lässt sich festhalten: Finanzwirtschaftliche Hedges stellen im Hinblick auf die potenzielle Zeit- und Betragsdifferenz mit der strategischen Exponiertheit keine effektiven Instrumente dar, um strategische Exponiertheit einzudämmen.[234] Indes gilt es aber zu beachten, dass die (Transaktions-)Kosten unbedingter Devisentermingeschäfte nahe null liegen[235] und dass bei einem ohnehin bestehenden Bedarf an Fremdkapital die Opportunitätskosten der Denomination des Fremdkapitals ebenfalls nahe null liegen.[236] Daraus folgt, dass finanzwirtschaftliche Hedges aufgrund ihrer niedrigen Kosten effiziente Instrumente darstellen, um strategischer Exponiertheit (zumindest zwischenzeitlich) zu begegnen.[237] Ungeachtet dessen herrscht

---

[230] Vgl. Pringle & Connolly (1993), S. 67.
[231] Vgl. Butler (2012), S. 275 f. Vgl. hierzu auch Lessard & Ligthstone (1986), S. 112 und Pringle & Connolly (1993), S. 70 f.
[232] Vgl. Capel (1997), S. 103.
[233] Vgl. Capel (1997), S. 103 und Aabo & Simkins (2005), S. 354.
[234] Vgl. Huffman & Makar (2004), S. 106.
[235] Vgl. Shapiro & Titman (1985), S. 51; Eckl & Robinson (1990), S. 292 und Rawls & Smithson (1990), S. 17.
[236] Vgl. Bartram et al. (2005), S. 410.
[237] Vgl. Bartram et al. (2005), S. 410; Butler (2012), S. 275. Vgl. hierzu auch Giddy (1978), S. 48 f.

in der theoretischen Literatur der internationalen Finanzwirtschaft die Meinung vor, dass Unternehmen ihre strategische Exponiertheit mittels leistungswirtschaftlicher Hedges eindämmen sollten. Leistungswirtschaftliche Hedges sind zwar teurer als ihre finanzwirtschaftlichen Pendants, aber unbefristet und in ihren Beträgen nicht fixiert.[238]

Das folgende Kapitel thematisiert leistungswirtschaftliche Hedging-Instrumente, beschränkt sich indes aber auf deren Fähigkeit strategische Exponiertheit zu reduzieren. Leistungswirtschaftliche Hedges können zwar auch transaktionale Exponiertheit eindämmen, finanzwirtschaftliche Hedges sind hierfür aber das effektivere und effizientere Instrument. Nichtsdestotrotz finden die Erkenntnisse zu leistungswirtschaftlichen Hedges als Instrumente zur Eindämmung transaktionaler Exponiertheit im Folgenden Beachtung, sofern sie zusätzliche relevante Erkenntnisse liefern.

3.2.2 Leistungswirtschaftliche Hedging-Instrumente

In die Kategorie der leistungswirtschaftlichen Hedges fallen in erster Linie drei Instrumente: leistungswirtschaftliches Matching, geographische Diversifikation über nicht perfekt positiv miteinander korrelierte Märkte bzw. Währungsräume und Realoptionen.[239] Mittels leistungswirtschaftlichen Matchings und geographischer Diversifikation können Unternehmen ihre strategische Exponiertheit reduzieren.[240] Darüber hinaus halten Unternehmen, deren operative Zahlungsströme adjustierbar sind, Realoptionen. Realoptionen begrenzen das Verlustpotenzial der strategischen Exponiertheit, steigern aber zugleich das einhergehende Gewinnpotenzial.[241]

3.2.2.1 Leistungswirtschaftliches Matching

Leistungswirtschaftliches Matching ist ein Hedging-Instrument, dessen sich Unternehmen bedienen können, um ihre (direkte) strategische Exponiertheit zu reduzieren oder zu eliminieren. Die Ursache für eine direkte strategische Exponiertheit ist in der Inkongruenz der erwarteten umsatz- und kostenseitigen operativen Zahlungsströme zu sehen. Hier ansetzend, ist das Ziel leistungswirtschaftlichen Matchings, die Aktivitäten der Wertschöpfungskette dergestalt anzu-

---

[238] Vgl. Shapiro (2010), S. 427; Butler (2012), S. 279 und Eun et al. (2014), S. 237.
[239] Vgl. Hutson & Laing (2014), S. 97.
[240] Vgl. Giddy (1977b), S. 31; Logue (1995), S. 40 u. 44 f. und Pringle (1995), S. 80.
[241] Vgl. Lessard & Lightstone (1986), S. 112; Kogut & Kulatilaka (1994), S. 125 und Capel (1997), S. 88 ff.

3 Exponiertheiten und Hedging-Instrumente 73

passen, dass sich die zu- und abfließenden Zahlungsströme in Betrag, Laufzeit und Denomination decken. Indes leisten geographische Absatz-, Produktions- und Bezugsmarktverlagerungen in Fremdmärkte bzw. -währungsräume eine Erhöhung der Kongruenz der erwarteten umsatz- und kostenseitigen operativen Zahlungsströme und folglich eine Reduktion oder gar Elimination der direkten strategischen Exponiertheit.[242]

3.2.2.2 Geographische Diversifikation

Einhergehend mit einer Internationalisierung zwecks leistungswirtschaftlichen Matchings können Unternehmen mittels einer geographischen Diversifikation ihrer umsatz- und kostenseitigen Zahlungsströme über nicht perfekt positiv miteinander korrelierte Währungsräume bzw. deren Währungen die Volatilität ihrer erwarteten operativen Netto-Zahlungsströme reduzieren und somit ihre strategische Exponiertheit reduzieren, nicht jedoch eliminieren.[243] *Reeb et al. (1998)* folgend lässt sich dies anhand der Formel 2 für die Überrendite im CAPM nachvollziehen.[244]

$$r_k - r_o = \beta_k(r_m - r_0) + \varepsilon_k \qquad (2)$$

Mit r_k - r_0 als Überrendite der Aktie des Unternehmens k über der risikolosen Rendite r_0.

Mit r_m - r_0 als Überrendite des Marktportfolios m über der risikolosen Rendite r_0.

Und $\varepsilon_k = E(0)$ als spezifischem Risiko der Aktie des Unternehmens k.

Die Maßzahl β_k steht für das systematische Risiko der Aktie des Unternehmens k. In diesem marktbasierten Einfaktormodell entspricht die Überrendite der Aktie des Unternehmens k dem beta-fachen der Überrendite des Marktportfolios m zuzüglich dem vom Marktportfolio unabhängigen, unternehmensspezifischen stochastischen Einfluss ε_k. β_k lässt sich folgendermaßen berechnen:

---

[242] Vgl. Srinivasulu (1981), S. 18 f.; Logue (1995), S. 40 und Pringle (1995), S. 80. Vgl. hierzu auch Harris et al. (1996), S. 90 f. Leistungswirtschaftliches Matching ist kein adäquater Hedge zur Eindämmung indirekter strategischer Exponiertheit; vgl. Pringle (1991), S. 82.
[243] Vgl. Giddy (1977b), S. 31; Shapiro (1978a), S. 221 f. und Moffett & Karlsen (1994), S. 167.
[244] Vgl. zur Herleitung der Formel für die risikoadjustierten Eigenkapitalkosten und den Beta-Koeffizienten und zu deren Interpretation z.B. Spremann (2010), S. 196 ff. oder Pape (2015), S. 414 ff.

$$\beta_k = \left(\frac{\rho_{k,m}\,\sigma_k}{\sigma_m}\right) \qquad (3)$$

Mit $\rho_{k,m}$ als dem Korrelationskoeffizienten zwischen dem Unternehmen k bzw. dessen Aktie und dem gesamten Marktportfolio m und σ_k als der Standardabweichung der Aktienrendite des Unternehmens k. σ_m ist die auf Rendite bezogene Standardabweichung des Marktportfolios.[245]

Einerseits sollten Diversifikationseffekte aus dem internationalen Engagement eines Unternehmens $\rho_{k,m}$ reduzieren. Dies gilt, falls die aus dem Engagement in den Fremdmärkten bzw. -währungsräumen stammenden operativen Zahlungsströme nicht perfekt positiv mit den operativen Zahlungsströmen korreliert sind, die aus der Geschäftstätigkeit des Unternehmens im Heimatmarkt resultieren.[246] Andererseits kann eine Internationalisierung ein Unternehmen auch gegenüber zusätzlichen Risikofaktoren, wie realen Wechselkursrisiken, exponieren. Solch makroökonomische Risiken lassen die Volatilität der erwarteten operativen Zahlungsströme des Unternehmens ansteigen und erhöhen so die Standardabweichung σ_k. Zusätzliche Risikofaktoren aus einer Internationalisierung erhöhen das systematische Risiko eines Unternehmens demnach immer dann, wenn ein durch die Internationalisierung höher ausfallendes σ_k das durch die Internationalisierung geringer ausfallende $\rho_{k,m}$ überkompensiert.[247] Dies gilt auch, da die dritte Auswirkung einer Internationalisierung, diejenige auf die Standardabweichung der Rendite des Marktportfolios σ_m, gering ausfallen sollte.[248]

Die Unklarheit in Bezug auf die die strategische Exponiertheit mehrende oder mindernde Konsequenz aus einer Internationalisierung kann zudem auf den Ausgangspunkt der jeweiligen Analyse zurückzuführen sein. Hierbei erhöhen Internationalisierungen, die aus einem stabilen makroökonomischen Umfeld heraus in ein instabiles Marktumfeld erfolgen, der Tendenz nach das systematische Risiko und umgekehrt.[249] Ungeachtet des geographischen Ursprungs des jeweiligen Unternehmens dürfte ab einer gewissen Internationalität jedoch ein Diversifikationseffekt einsetzen, der die erwarteten operativen Zahlungsströme eines Unternehmens stabilisiert und damit die strategische Exponiertheit reduziert.

---

[245] Vgl. Reeb et al. (1998), S. 265 f.
[246] Vgl. Reeb et al. (1998), S. 266. Vgl. hierzu auch Nauman-Etienne (1974), S. 869; Shapiro (1978a), S. 221 f. und Capel (1997), S. 90 f.
[247] Vgl. Reeb et al. (1998), S. 266. Vgl. hierzu auch Nauman-Etienne (1974), S. 869; Shapiro (1978a), S. 221 f. und Lee & Kwok (1988), S. 203. Vgl. hierzu ferner Soenen (1988), S. 35.
[248] Vgl. Reeb et al. (1998), S. 266.
[249] Vgl. Kwok & Reeb (2000), S. 613 f.

3.2.2.3 Realoptionen

Bei Realoptionen handelt es sich um die Übertragung der Preismodelle zur Bewertung finanzwirtschaftlicher Optionen auf die leistungswirtschaftlichen Bereiche in Unternehmen.[250] Die Ursprünge dieses Konzepts lassen sich auf *Myers (1977)* zurückführen, der als erster die Analogie zwischen Kaufoptionen in der Finanzwirtschaft und Wachstumsoptionen in der Realwirtschaft beschrieben hat.[251] Realoptionen räumen Unternehmen das Recht ein, bestimmte leistungswirtschaftliche Maßnahmen innerhalb eines zukünftigen Zeitraums oder zu (einem) in der Zukunft liegenden Zeitpunkt(en) durchzuführen.[252] Realoptionen basieren auf der Überlegung, dass operative Zahlungsströme mit Unsicherheit behaftet sind. Die den Zahlungsströmen zugrunde liegende Unsicherheit reduziert sich jedoch mit fortschreitender Zeit und löst sich, gegen Ende des betrachteten Zeitraums hin, auf. Innerhalb dieses Zeitraums haben Realoptionen haltende Unternehmen die Möglichkeit, erst nach Bekanntwerden neuer relevanter Informationen und entsprechend reduzierter Unsicherheit zu agieren bzw. zu reagieren und somit nichtantizipierte, reale Wechselkursbewegungen für sich zu nutzen. Insbesondere können Unternehmen Entscheidungen hinauszögern oder bereits getroffene Entscheidungen im Rahmen der übergeordneten Unternehmensstrategie nachgerade anpassen.[253]

Im Speziellen lassen sich Realoptionen auffassen als die Fähigkeit von Unternehmen, bestimmte Aktivitäten ihrer Wertschöpfungskette zu bestimmten Zeitpunkten oder in bestimmten Zeiträumen zu expandieren, zu kontrahieren, zu konvertieren oder anderweitig zu modifizieren.[254] Laut *Triantis (2000)*, der die zentrale Rolle der Unsicherheit für die Konzeption der Realoptionen betont, handelt es sich bei Realoptionen um „[...] opportunities to delay and adjust investment and operating decisions over time in response to the resolution of uncertainty."[255] Ein solcher Unsicherheitsfaktor der erwarteten operativen Zahlungsströme ist die Entwicklung der realen Wechselkurse.[256]

Unternehmen, deren operative Zahlungsströme adjustierbar sind, können mehrere Realoptionen in Bezug auf nicht-antizipierte reale Wechselkursänderungen halten. Zum einen können diese

---

[250] Vgl. Amram & Kulatilaka (2000), S. 8; Botteron (2001), S. 470 f. und Triantis & Borison (2001), S. 8.
[251] Vgl. Myers (1977), S. 147. Vgl. hierzu auch Kester (1984), S. 154.
[252] Vgl. Bowman & Hurry (1993), S. 761; Luehrman (1997), S. 137 und Wang et al. (2003), S. 54.
[253] Vgl. Trigeorgis (1993), S. 202 f.; Luehrman (1998b), S. 90 und Bowman & Moskowitz (2001), S. 772.
[254] Vgl. Trigeorgis (1993), S. 202 und Homaifar (2004), S. 244.
[255] Triantis (2000), S. 64.
[256] Vgl. Kogut & Kulatilaka (1994), S. 126 und Capel (1997), S. 92 f.

Unternehmen Wachstumsoptionen halten. Wachstumsoptionen stellen die Fähigkeit der Unternehmen zum Eintritt in einen Fremdmarkt bzw. -währungsraum oder zum Ausbau des dortigen Engagements dar, analog einer finanzwirtschaftlichen Kaufoption. Über Wachstumsoptionen lassen sich (unbegrenzte) Gewinnpotenziale heben. Zum anderen können diese Unternehmen Schrumpfungsoptionen halten. Schrumpfungsoptionen stellen die Fähigkeit der Unternehmen zum Austritt aus einem Fremdmarkt bzw. -währungsraum oder zum Abbau des dortigen Engagements dar, analog einer finanzwirtschaftlichen Verkaufsoption. Über Schrumpfungsoptionen lassen sich Verlustpotenziale (begrenzt) senken.[257] Des Weiteren können Unternehmen Wechseloptionen halten. Wechseloptionen stellen die Fähigkeit der Unternehmen zur flexiblen Anpassung der Aktivitäten der Wertschöpfungskette entlang realer Wechselkursbewegungen dar. Zu den umsatzseitig induzierten Maßnahmen zählen Verlagerungen der Absatzmärkte sowie Anpassungen des Mischverhältnisses der abzusetzenden Outputs. Zu den kostenseitig induzierten Maßnahmen zählen Verlagerungen der Produktionsstandorte und Bezugsmärkte sowie Anpassungen des Mischverhältnisses der einzusetzenden Inputs.[258]

Das aus Realoptionen resultierende Verlustbegrenzungs- und Gewinnerzielungspotenzial lässt sich anhand eines *Triantis (2000)* entlehnten Beispiels verdeutlichen. Ausgangspunkt ist ein in der Eurozone beheimatetes Exportunternehmen, das ausschließlich in der Eurozone produziert, sodass seine Kosten in Euro anfallen. Das Unternehmen erzielt Umsätze in US-Dollar durch Exporte in die Vereinigten Staaten von Amerika. Setzt eine reale Überbewertung des Euro gegenüber dem US-Dollar ein, schrumpft die Gewinnmarge und/oder der Marktanteil des Unternehmens. Zur gleichen Zeit können Exportunternehmen aus den Vereinigten Staaten von Amerika, deren Kosten in US-Dollar anfallen, über Preissenkungen ihre Marktanteile in der Eurozone erhöhen. Daher beeinflusst der reale Wechselkurs zwischen Euro und US-Dollar die Wettbewerbsposition des Exportunternehmens aus der Eurozone nicht nur auf dessen Fremdmarkt, sondern auch auf dessen Heimatmarkt. Indes kann das betrachtete Unternehmen seine strategische Exponiertheit über Realoptionen reduzieren, u.a. indem es Produktionsstätten in den Vereinigten Staaten von Amerika errichtet. Hierdurch würden die Währung der Umsätze und die der Kosten einander angepasst und somit die Gewinnmarge aus dem Geschäft in den Vereinig-

---

[257] Vgl. Capel (1997), S. 88 f. und Aabo & Simkins (2005), S. 357. Vgl. hierzu allgemein Damodaran (2000), S. 38 ff.
[258] Vgl. Kulatilaka & Marcus (1992), S. 98 f.; Dhanani (2004), S. 321 f. und Aabo & Simkins (2005), S. 357 f. Vgl. hierzu allgemein Aaker & Mascarenhas (1984), S. 74.

3 Exponiertheiten und Hedging-Instrumente

ten Staaten von Amerika vor realen Überbewertungen des Euro geschützt (leistungswirtschaftliches Matching); das Verlustpotenzial wäre nunmehr begrenzt. Zudem könnte das Unternehmen fortan gewinnbringend auf reale Über- oder Unterbewertungen des Euro reagieren, indem es die Produktion im relativ niedriger bewerteten Währungsraum ausweitet und im relativ höher bewerteten Währungsraum einschränkt (leistungswirtschaftliche Flexibilität).[259]

3.2.2.4 Effektivität und Effizienz leistungswirtschaftlicher Hedging-Instrumente

Leistungswirtschaftliche Hedges sind effektive Instrumente zur Eindämmung strategischer Exponiertheit. Zum einen sind leistungswirtschaftliche Hedges unbefristet. Passend hierzu beruht die strategische Exponiertheit auf unbefristeten Zahlungsströmen. Zum anderen sind leistungswirtschaftliche Hedges in Bezug auf ihre Beträge (und ihre Beginn- und Endzeitpunkte) nicht genau definiert. Passend hierzu sind die der strategischen Exponiertheit zugrunde liegenden Zahlungsströme der betragsmäßigen (und zeitlichen) Entstehung nach unsicher.

Nutzenseitig betrachtet stellen leistungswirtschaftliche Hedges ein adäquates Instrument dar, um strategische Exponiertheit einzudämmen, nicht jedoch kostenseitig betrachtet. Maßnahmen der Absatz-, Produktions- und Bezugsmarktverlagerung sind langwierig in ihrer Umsetzung, gehen mit hohen Erstellungs-, Kontroll- und Koordinationskosten einher und lassen sich generell nicht mit jedem Geschäftsmodell in Einklang bringen.[260] Darüber hinaus entstehen bei bestimmten Technologien hohe Opportunitätskosten in Form entgangener Skalenerträge.[261] Insbesondere führt leistungswirtschaftliche Flexibilität durch die Bereitstellung und -haltung zusätzlicher Produktionskapazitäten zu Redundanzen im Produktionsprozess, zum Beispiel zu mehr Betriebskapital. Letztlich führt die tatsächliche Inanspruchnahme einer bestehenden Flexibilität in der Wertschöpfungskette zu Wechselkosten.[262]

---

[259] Vgl. Triantis (2000), S. 64. Vgl. hierzu auch Mello et al. (1996), S. 18 und Aabo & Simkins (2005), S. 354. *Luehrman (1998a, b)* bespricht die praktische Umsetzung bzw. Übertragung des Preisbewertungsverfahrens für finanzwirtschaftliche Optionen nach *Black & Scholes (1973)* auf realwirtschaftliche Optionen; vgl. Luehrman (1998a), S. 52 ff. und Luehrman (1998b), S. 91 ff. *Bowman & Maskowitz (2001)* und *Copeland & Tufano (2004)* thematisieren die Probleme und Grenzen der Übertragung des Preisbewertungsverfahrens für finanzwirtschaftliche Optionen auf realwirtschaftliche Optionen; vgl. Bowman & Maskowitz (2001), S. 774 ff. und Copeland & Tufano (2004), S. 92 f.
[260] Vgl. Glaum (1990), S. 70 f.; Logue (1995), S. 48 und Capel (1997), S. 103.
[261] Vgl. Lessard & Lightstone (1986), S. 112; Pringle (1991), S. 82 und Grant & Soenen (2004), S. 60. Vgl. hierzu auch die anekdotische Evidenz in Dolde (1993), S. 36 und Lewent & Kearney (1998), S. 481.
[262] Vgl. Grant (1985), S. 91; Rangan (1998), S. 219 und Triantis (2000), S. 71.

3.3 Kritische Einordnung der Hedging-Instrumente

Bei der übergeordneten Entscheidung zwischen finanz- und leistungswirtschaftlichen Hedges gilt es, die mit den Instrumenten einhergehenden Kosten und Nutzen gegenüberzustellen. Ebenso ist bei der untergeordneten Entscheidung zwischen den Instrumenten innerhalb der Kategorie finanz- oder leistungswirtschaftlicher Hedges ein Kosten-Nutzen-Kalkül heranzuziehen. Erst aufbauend hierauf lässt sich das bestmögliche Portfolio an Hedging-Instrumenten zusammenstellen.[263]

Gegen den Einsatz finanzwirtschaftlicher Hedges als Instrument zur Eindämmung strategischer Exponiertheit spricht zweierlei. Zum einen sind finanzwirtschaftliche Hedges, entgegen ihren leistungswirtschaftlichen Pendants, befristet. Die strategische Exponiertheit beruht hingegen auf unbefristeten Zahlungsströmen. Zum anderen sind finanzwirtschaftliche Hedges, ebenfalls entgegen ihren leistungswirtschaftlichen Pendants, in Bezug auf ihre Beträge (und ihre Beginn- und Endzeitpunkte) genau definiert. Die der strategischen Exponiertheit zugrunde liegenden Zahlungsströme sind aber der betragsmäßigen (und zeitlichen) Entstehung nach unsicher (siehe Kapitel 3.2.1.3 und 3.2.2.4).

Gegen den Einsatz leistungswirtschaftlicher Hedges als Instrument zur Eindämmung strategischer Exponiertheit sprechen allerdings die (hohen) hierfür anfallenden (Opportunitäts-)Kosten. Im Gegensatz zu finanzwirtschaftlichen Hedges gehen leistungswirtschaftliche Hedges für gewöhnlich mit (Opportunitäts-)Kosten größer null einher (siehe Kapitel 3.2.2.4).[264]

Im Allgemeinen kann strategische Exponiertheit kaum als die hauptsächliche oder gar alleinige Ursache gelten, weshalb Unternehmen beispielsweise aus bestimmten Bezugsquellen schöpfen oder in einem Fremdmarkt bzw. -währungsraum produzieren und in anderen nicht.[265] Mit hinein in die Entscheidung zu einer Absatz-, Produktions- oder Bezugsmarktanpassung spielen, neben anderem, Überlegungen zu durch Quotierungen und Tarifierungen eingeschränkte Marktzugänge, Fertigungs-, Transport- und Handelskosten oder die genauere Ausrichtung an den Präferenzen lokaler Konsumenten. Erst die Kombination einer oder mehrerer dieser leistungswirt-

---

[263] Vgl. Géczy et al. (1997), S. 1331 f.; Beatty (1999), S. 355 f. und Meulbroek (2002a), S. 64.
[264] Vgl. Lessard & Lightstone (1986), S. 112; Bartram et al. (2005), S. 410 und Butler (2012), S. 275.
[265] Vgl. Hagemann (1977), S. 85; Glaum (1990), S. 70 f. und Logue (1995), S. 40.

schaftlichen Kriterien mit finanzwirtschaftlichen Kriterien (hier: einem Hedging mittels leistungswirtschaftlichen Hedges) kann Unternehmen zu einer Internationalisierung in ein bestimmtes Land veranlassen.[266] Indes ermöglicht der Einsatz finanzwirtschaftlicher Hedges eine schärfere Trennung zwischen leistungs- und finanzwirtschaftlichen Internationalisierungsfaktoren, sodass sich Unternehmen bei ihrer geographischen Internationalisierungsentscheidung im Extremfall rein an leistungswirtschaftlichen Kriterien ausrichten können.[267]

Unter Berücksichtigung aller einhergehenden Kosten ist es daher plausibel anzunehmen, dass zumindest einige Unternehmen finanzwirtschaftlichen Hedges bei der Eindämmung ihrer strategischen Exponiertheit Priorität einräumen, und dies trotz bestehender potenzieller Zeit- und Betragsdifferenzen zwischen finanzwirtschaftlichen Hedges und strategischer Exponiertheit, die den Nutzen finanzwirtschaftlicher Hedges bei der Eindämmung strategischer Exponiertheit schmälern. Entscheiden sich Unternehmen allgemein gegen leistungswirtschaftliche und für finanzwirtschaftliche Hedges, stellt sich ihnen anschließend die Frage nach dem effektivsten finanzwirtschaftlichen Hedging-Instrument.

In Bezug auf das Problem der Inkongruenz in der Fristigkeit zwischen finanzwirtschaftlichen Hedges und strategischer Exponiertheit stellt Fremdwährungsverschuldung gegenüber kurzläufigen Devisentermingeschäften das effektivere Hedging-Instrument dar.[268] Fremdwährungsverschuldung lässt sich längerfristig nutzen, zum Beispiel bis leistungswirtschaftliche Hedges eingesetzt sind, die die strategische Exponiertheit ursächlich, nicht nur oberflächlich, reduzieren.[269]

In Bezug auf das Problem der Inkongruenz in den Beträgen zwischen finanzwirtschaftlichen Hedges und strategischer Exponiertheit sind finanzwirtschaftliche Hedges allgemein problematisch, aber nicht problematischer als leistungswirtschaftliche Hedges. Das Problem, dass sich bei – auf (noch) nicht kontrahierten, unsicheren Zahlungsströmen basierender – strategischer

---

[266] Vgl. Pringle (1991), S. 73; Logue (1995), S. 40 und Butler (2012), S. 280.
[267] Vgl. Pringle (1995), S. 80; Smith (1995), S. 22 und Bradley & Moles (2002), S. 31. Vgl. hierzu auch die empirischen Befunde in Mathur (1985b), S. 8.
[268] Vgl. Huffman & Makar (2004), S. 106; Döhring (2008), S. 6 und Clark & Judge (2009), S. 609. Vgl. hierzu auch Pringle & Connolly (1993), S. 68.
[269] Vgl. Holland (1992), S. 9; Capel (1997), S. 103 und Shapiro (2010), S. 437 f. Die Fristigkeit der strategischen Exponiertheit kann als diejenige Zeitperiode angesehen werden, die Unternehmen benötigen, um leistungswirtschaftliche Hedges zur Eindämmung ebendieser strategischen Exponiertheit einzusetzen; vgl. Srinivasulu (1981), S. 15. Vgl. hierzu auch Srinivasulu (1983), S. 42 und Bartram et al. (2005), S. 405. Vgl. hierzu auch die empirischen Befunde in Aabo (2001), S. 391 f.

Exponiertheit die optimale Hedge Ratio nicht genau ermitteln lässt, besteht für finanz- und leistungswirtschaftliche Hedges gleichermaßen.[270] Bei leistungswirtschaftlichen Hedging-Instrumenten besteht das Problem zum Beispiel bei der Festlegung der bereitzustellenden und -haltenden zusätzlichen Produktionskapazität(en).[271]

Überdies lassen sich betragsmäßige Inkongruenzen, die sich aus dem Einsatz finanzwirtschaftlicher Hedges ergeben, unter niedrigen Kosten über die internationalen Devisen-, Geld- und Fremdkapitalmärkte neutralisieren. Insbesondere lässt sich eine aus Fremdwährungsverschuldung resultierende Unter- oder Übersicherung ex ante über Klauseln zur Prolongation bzw. zur frühzeitigen Tilgung beheben[272] oder ex post mittels Währungsswaps.[273] Hingegen lassen sich leistungswirtschaftliche Hedges nur unter hohen Kosten neutralisieren. Insgesamt sind finanzwirtschaftliche Hedges gegenüber leistungswirtschaftlichen Hedges durch eine höhere Reversibilität und, allgemein, Flexibilität gekennzeichnet:[274] Finanzwirtschaftliche Hedges sind liquider als leistungswirtschaftliche Hedges, sodass sich nachgerade angezeigte Modifikationen schneller durchführen lassen.[275]

Finanzwirtschaftliches Hedging kann der Theorie nach als Ersatz (Substitut) für leistungswirtschaftliches Hedging fungieren (Cross Hedge). Lassen sich leistungswirtschaftliche Hedges nur unter (prohibitiv) hohen Kosten einsetzen, ist Fremdwährungsverschuldung der geeignetste finanzwirtschaftliche Hedge, um unbefristete strategische Exponiertheit einzudämmen. Ob und, wenn ja, wofür Unternehmen Fremdwährungsverschuldung als Hedge tatsächlich einsetzen ist eine empirische Frage.

---

[270] Vgl. Pringle & Connolly (1993), S. 72. Vgl. hierzu auch Cornell & Shapiro (1983), S. 30; Moffett & Karlsen (1994), S. 169 und Pringle (1995), S. 80.
[271] Vgl. Pringle & Connolly (1993), S. 72. Vgl. hierzu auch Aggarwal (1991a), S. 77.
[272] Vgl. Capel (1997), S. 103 und Bradley & Moles (2002), S. 31.
[273] Vgl. Holland (1992), S. 7; Bradley & Moles (2002), S. 31 und Dhanani (2004), S. 329 f.
[274] Vgl. Lessard & Ligthstone (1986), S. 112; Glaum (1990), S. 70 und Döhring (2008), S. 6.
[275] Vgl. Smith (1995), S. 22 und Triantis (2000), S. 71.

4 Empirische Literatur

Die folgenden beiden Kapitel überblicken die bestehende empirische Literatur, aufgeteilt entlang der Frage nach der über- und untergeordneten Nutzung von Fremdwährungsverschuldung (als Hedge). Übergeordnet lässt sich Fremdwährungsverschuldung zwecks Finanzierung, Spekulation oder Hedging einsetzen (Kapitel 4.1); untergeordnet lässt sich Fremdwährungsverschuldung als Hedge heranziehen, um translationale, transaktionale oder strategische Exponiertheit einzudämmen (Kapitel 4.2).

4.1 Nutzungsweise von Fremdwährungsverschuldung

Das vorliegende Kapitel diskutiert die vorhandene empirische Literatur, die der Frage nach der Nutzungsweise von Fremdwährungsverschuldung nachgeht. Es bestehen in erster Linie drei übergeordnete Beweggründe, aus denen heraus Unternehmen ihr Fremdkapital in Fremdwährung denominieren.[276] Der erste Grund ist Hedging. Der zweite Grund ist Finanzierung (Arbitrage) für den Fall, dass sich die gedeckte Zinsparität (GZP)[277] nicht einstellt und der dritte Grund ist Spekulation für den Fall, dass sich die ungedeckte Zinsparität (UZP)[278] nicht einstellt.[279] Die Beantwortung der Frage nach der tatsächlichen Nutzungsweise obliegt der Empirie.

Die Umfragen von *Graham & Harvey (2001)* zu amerikanischen und kanadischen Unternehmen und von *Bancel & Mittoo (2004)* zu europäischen Unternehmen kommen indes zu dem Ergebnis, dass Hedging das dominierende Motiv einer Fremdwährungsverschuldung darstellt; das Finanzierungs- und Spekulationsmotiv spielt nur eine untergeordnete Rolle. Die Umfrage

---

[276] Ferner können steuerliche Gründe Unternehmen zu einer Fremdkapitalaufnahme in Fremdwährung bewegen; vgl. hierzu grundlegend Shapiro (1984), S. 15 ff. und Rhee et al. (1985), S. 143 ff. Dieser potenzielle Beweggrund findet im Folgenden keine Berücksichtigung. Für empirische Belege, die für steuerliche Beweggründe sprechen siehe González et al. (2010), S. 694 ff. und Nandy (2010), S. 596 ff. Für empirische Belege, die gegen steuerliche Beweggründe sprechen, siehe Keloharju & Niskanen (2001), S. 487 ff.
[277] Stellt sich die GZP ein, so sind die Kapitalkosten einer gegenüber Wechselkursrisiken abgesicherten, risiko- und laufzeitgleichen Fremdkapitalaufnahme überall gleich; vgl. Logue (1995), S. 46; Esho et al. (2007), S. 199 und McBrady & Schill (2007), S. 146. Vgl. hierzu auch Deardorff (1979), S. 353 ff. und Callier (1981), S. 1177 ff. Vgl. hierzu auch die empirischen Befunde zum generellen Einstellen der GZP in Popper (1993), S. 442 ff.; Takezawa (1995), S. 183 f. und Fletcher & Taylor (1996), S. 533 ff. Vgl. spezifisch zur Denominierungsentscheidung bei gedeckten Unternehmensanleihen: McBrady et al. (2010), S. 709 ff.
[278] Stellt sich die UZP ein, so sind die Kapitalkosten einer nicht gegenüber Wechselkursrisiken abgesicherten, risiko- und laufzeitgleichen Fremdkapitalaufnahme überall gleich; vgl. Logue (1995), S. 41 f.; Esho et al. (2007), S. 200 und McBrady & Schill (2007), S. 146. Vgl. hierzu auch die empirischen Befunde zum generellen Nicht-Einstellen der UZP in Fama (1984), S. 325 ff. und Froot & Frankel (1989), S. 142 ff. Vgl. hierzu allgemein Froot & Thaler (1990), S. 181 ff. und Logue (1995), S. 42 f. u. 45 ff. Vgl. spezifisch zur Denominierungsentscheidung bei ungedeckten Unternehmensanleihen: McBrady et al. (2010), S. 709 ff.
[279] Vgl. Beidleman et al. (1983), S. 47 f.; Logue (1995), S. 45 ff. und Gehmlich & Hartlieb (2015), S. 2401.

von *Graham & Harvey (2001)* unter 392 Finanzmanagern amerikanischer und kanadischer Unternehmen zeigt, dass Hedging für die befragten Unternehmen der triftigste Grund für eine Fremdwährungsverschuldung ist: „Among the 31% of respondents who seriously considered issuing foreign debt, the most popular reason they did so is to provide a natural hedge against foreign currency devaluation [...]."[280] *Bancel & Mittoo (2004)* überprüfen die soeben diskutierten Ergebnisse mittels einer Umfrage unter 87 Finanzmanagern aus 16 europäischen Ländern und bestätigen die Resultate von *Graham & Harvey (2001)* weitgehend: „Sixty-seven percent of managers [...] cite providing a natural hedge and matching sources and uses of funds as important or very important."[281] Ferner werden steuerlichen Ungleichbehandlungen in den unterschiedlichen Rechtsrahmen und besseren Marktumfeldern eine Rolle in der Entscheidung zur Fremdwährungsverschuldung zugesprochen: „Favorable tax treatment relative to Europe and better market conditions are also ranked modestly important [...]."[282] Interessant in Bezug auf die relative Bedeutung der Motive, die Unternehmen zu einer Fremdkapitalaufnahme in Fremdwährung bewegen, ist folgende Aussage: „We are surprised to find that managers consider the level of interest rates as important when issuing debt on the domestic market, but not when issuing it in foreign markets [...]."[283] Dass der Zinssatz bei Fremdkapitalaufnahmen auf Heimatmärkten bedeutsam ist, nicht jedoch bei Fremdkapitalaufnahmen auf nicht-heimischen Finanzmärkten, spricht gegen Finanzierungs- und auch gegen Spekulationsmotive bei der Fremdkapitalaufnahme auf nicht-heimischen Finanzmärkten.

Parallel zu den soeben diskutierten, auf Primärdaten beruhenden empirischen Ergebnissen, bestehen auf Sekundärdaten beruhende empirische Ergebnisse, die ebenfalls der Frage nach den übergeordneten Gründen nachgehen, die Unternehmen zur teilweisen oder vollständigen Denomination ihres Fremdkapitals in Fremdwährung bewegen. Letzterer Typus an Untersuchung nutzt multivariate Regressionsanalysen und bei deren Modellierung zwei Arten von Variablen. Hierbei handelt es sich zum einen um Variablen, die die Exponiertheit(en) der Unternehmen gegenüber Wechselkursrisiken direkt abbilden sollen (Internationalisierungsvariablen). Die Internationalisierungsvariablen beruhen regelmäßig grundlegend auf Auslandsumsätzen und -vermögenswerten.[284] Letztere Variablen sind allerdings aus zweierlei Gründen problematisch. Erstens stellt Fremdwährungsverschuldung nur eine Kategorie an Hedging-Instrumenten dar,

---

[280] Graham & Harvey (2001), S. 228.
[281] Bancel & Mittoo (2004), S. 119.
[282] Bancel & Mittoo (2004), S. 119.
[283] Bancel & Mittoo (2004), S. 119.
[284] Vgl. Bartram et al. (2005), S. 407.

4 Empirische Literatur 83

auf die Unternehmen zur Eindämmung bestehender Exponiertheit gegenüber Wechselkursrisiken zurückgreifen können. Unternehmen können zu diesem Zweck auch Devisentermingeschäfte und leistungswirtschaftliche Instrumente nutzen. Zweitens stellt die Exponiertheit gegenüber Wechselkursrisiken nur eine Kategorie an Exponiertheit gegenüber Finanzpreisrisiken dar, der Unternehmen mittels Hedging-Instrumenten begegnen können. Unternehmen können auch gegenüber Zins- und Rohstoffpreisänderungen exponiert sein. Insofern besteht nur ein partieller theoretischer Zusammenhang zwischen den aus der allgemeinen Hedging-Theorie abgeleiteten Variablen und Fremdwährungsverschuldung als Hedge: Fremdwährungsverschuldung ist lediglich ein (potenzieller) Hedge zur Reduktion lediglich einer (potenziellen) Kategorie an Exponiertheit gegenüber Finanzpreisrisiken. Ebendeshalb liegt der Fokus der beiden nachfolgenden Überblicke der vorhandenen empirischen Literatur auf den Ergebnissen zu Internationalisierungsvariablen als den approximativen Maßen für die Exponiertheit gegenüber nicht-antizipierten Wechselkursänderungen. Ungeachtet dessen finden die aus der allgemeinen Hedging-Theorie abgeleiteten approximativen Maße Beachtung, sofern sie zusätzliche relevante Erkenntnisse liefern.

Keloharju & Niskanen (2001) analysieren 44 börsennotierte finnische Nicht-Finanzunternehmen zwischen den Jahren 1985 und 1991 im Hinblick auf deren generelle Entscheidung, Fremdwährungsverschuldung zu nutzen. Hierin zeigt sich, dass ein signifikant positiver Zusammenhang besteht zwischen der generellen Nutzung von Fremdwährungsverschuldung und den prozentualen Exportumsätzen. Zudem zeigt sich, dass ein signifikant positiver Zusammenhang besteht zwischen der generellen Nutzung von Fremdwährungsverschuldung und der durchweg positiven nominalen Zinsdifferenz (durchschnittlich: 3%). Die Zinsdifferenz wird hier als Differenz zwischen der finnischen Markka und einem Zinsindex gebildet, der aus den Zinssätzen anderer Währungsräume besteht, sodass eine positive Zinsdifferenz höhere Zinssätze im Heimatwährungsraum anzeigt. Dass Währungsswaps in dem Beobachtungszeitraum nur selten eingesetzt werden, spricht laut *Keloharju & Niskanen (2001)*, neben anderem, dafür, dass die betrachteten Unternehmen Fremdwährungsverschuldung ungedeckt, d.h. aus spekulativen Beweggründen heraus, aufnehmen.[285]

---

[285] Vgl. Keloharju & Niskanen (2001), S. 487 ff.

Allayannis et al. (2003) untersuchen 327 börsennotierte Nicht-Banken mit Hauptsitz in acht ostasiatischen Ländern (China [inklusive Hong Kong], Indonesien, Malaysia, Philippinen, Singapur, Südkorea, Taiwan und Thailand) für den Zeitraum zwischen den Jahren 1996 und 1998 im Hinblick auf deren Nutzungsausmaß an natürlicher Heimatwährungsverschuldung, natürlicher Fremdwährungsverschuldung und synthetischer Heimatwährungsverschuldung. Hierin zeigt sich erstens ein signifikanter Zusammenhang zwischen dem mittels dem Unternehmenswert skalierten in Fremdwährung erzielten Ergebnis (vor Zinsen und Steuern) und dem Nutzungsausmaß an natürlicher Fremdwährungsverschuldung (positiver Zusammenhang) sowie dem Nutzungsausmaß an synthetischer Heimatwährungsverschuldung (negativer Zusammenhang). Dieses Ergebnis spricht laut *Allayannis et al. (2003)* dafür, dass Hedging ein Beweggrund für natürliche Fremdwährungsverschuldung darstellt. Zweitens zeigt sich ein signifikanter Zusammenhang zwischen den mittels dem Unternehmenswert skalierten in Fremdwährung gehaltenen Kassenbeständen und dem Nutzungsausmaß an natürlicher Heimatwährungsverschuldung (negativer Zusammenhang) sowie dem Nutzungsausmaß an natürlicher Fremdwährungsverschuldung (positiver Zusammenhang). Dieses Ergebnis spricht laut *Allayannis et al. (2003)* ebenfalls dafür, dass Hedging ein Beweggrund für natürliche Fremdwährungsverschuldung darstellt. Drittens zeigt sich ein signifikanter Zusammenhang zwischen der Zinsdifferenz und dem Nutzungsausmaß an natürlicher Heimatwährungsverschuldung (negativer Zusammenhang), dem Nutzungsausmaß an natürlicher Fremdwährungsverschuldung (positiver Zusammenhang) und dem Nutzungsausmaß an synthetischer Heimatwährungsverschuldung (negativer Zusammenhang). Die Zinsdifferenz bemisst sich als Differenz zwischen dem jeweiligen kurzfristigen heimischen Zinssatz und dem LIBOR (London Interbank Offered Rate), sodass eine positive Zinsdifferenz höhere Zinssätze in der Heimat anzeigt. *Allayannis et al. (2003)* interpretieren dieses Ergebnis als Indiz für das Finanzierungsmotiv bei natürlicher Fremdwährungsverschuldung.[286] Darüber hinaus stellen *Allayannis et al. (2003)* fest, dass ein signifikant negativer Zusammenhang besteht zwischen dem Nutzungsausmaß an natürlicher und synthetischer Heimatwährungsverschuldung. Hieraus ergibt sich die Indikation einer ersatzweisen Nutzung von natürlicher und synthetischer Heimatwährungsverschuldung. Im Einklang mit dem Finanzierungsmotiv sind natürliche und synthetische Heimatwährungsverschuldung demzufolge Substitute. Letztlich zeigt sich, dass ein signifikant positiver Zusammenhang besteht zwi-

---

[286] Vgl. Allayannis et al. (2003), S. 2685 ff.

schen dem Nutzungsausmaß an natürlicher Fremdwährungsverschuldung und dem Nutzungsausmaß sowohl an natürlicher als auch an synthetischer Heimatwährungsverschuldung. Hieraus ergibt sich die Indikation einer parallelen Nutzung von natürlicher Fremdwährungsverschuldung und (natürlicher sowie synthetischer) Heimatwährungsverschuldung. Im Einklang mit dem Hedging-Motiv sind natürliche Fremdwährungsverschuldung und (natürliche sowie synthetische) Heimatwährungsverschuldung demzufolge Komplemente.[287]

Gelos (2003) untersucht 565 mexikanische Nicht-Finanzunternehmen im Jahr 1994 hinsichtlich deren Nutzungsgrad an Fremdwährungsverschuldung. Die Ergebnisse zeigen erstens einen signifikant positiven Zusammenhang zwischen dem Nutzungsgrad an Fremdwährungsverschuldung und den mittels der Gesamtumsätze skalierten prozentualen Exporten. Zweitens zeigen die Ergebnisse einen signifikant positiven Zusammenhang zwischen dem Nutzungsgrad an Fremdwährungsverschuldung und den mittels der Gesamtumsätze skalierten prozentualen Importen. *Gelos (2003)* interpretiert diese Zusammenhänge dahingehend, dass Unternehmen zum einen ihre Exporteinnahmen als Kreditsicherheit einsetzen (können), um (günstigeres) Fremdkapital in Fremdwährung aufzunehmen und dass Unternehmen zum anderen Fremdwährungsverschuldung benötigen, um Zwischen- und Endprodukte über internationale Gütermärkten beziehen zu können. Das erste Resultat steht aber auch im Einklang mit der Nutzung von Fremdwährungsverschuldung als Hedge.[288]

Kedia & Mozumdar (2003) untersuchen 523 börsennotierte amerikanische Nicht-Finanzunternehmen und Nicht-Energieunternehmen im Jahr 1996 hinsichtlich deren genereller Entscheidung, Fremdwährungsverschuldung zu nutzen. Hierbei zeigt sich zunächst, dass die generelle Nutzung von Fremdwährungsverschuldung in einem signifikant positiven Zusammenhang steht mit den prozentualen Auslandsumsätzen. In einer zweiten Regressionsanalyse ergibt sich, dass die generelle Nutzung von Fremdwährungsverschuldung in einem signifikant positiven Zusammenhang steht mit den prozentualen Auslandsvermögenswerten. In einer dritten Regressionsanalyse zeigt sich, dass die generelle Nutzung von Fremdwährungsverschuldung in einem signifikant positiven Zusammenhang steht mit der Anzahl der in Fremdmärkten befindlichen Tochterunternehmen in Relation zu den gesamten Tochterunternehmen.[289] In zwei nachfolgenden Regressionsanalysen, die den Zusammenhang zwischen der generellen Nutzung von

---

[287] Vgl. Allayannis et al. (2003), S. 2705 f.
[288] Vgl. Gelos (2003), S. 325 f.
[289] Vgl. Kedia & Mozumdar (2003), S. 535 f.

Fremdwährungsverschuldung und ausländischen Tochterunternehmen auf Ebene individueller Währungen näher untersuchen, zeigen *Kedia & Mozumdar (2003)* zudem, dass ein signifikant positiver Zusammenhang besteht zwischen der generellen Entscheidung, Fremdkapital in einer bestimmten Fremdwährung zu denominieren und der Anzahl der in Fremdmärkten befindlichen Tochterunternehmen in Relation zu den gesamten Tochterunter-nehmen. In der hieran anschließenden Regressionsanalyse zeigt sich, dass in sechs von zehn betrachteten Fällen ein signifikant positiver Zusammenhang besteht zwischen der generellen Entscheidung, Fremdkapital in einer bestimmten Fremdwährung zu denominieren, und der Anzahl der in dem bezüglichen Fremdmarkt befindlichen Tochterunternehmen in Relation zu den gesamten Tochterunternehmen.[290]

Chiang & Lin (2005) betrachten börsennotierte taiwanesische Nicht-Finanzunternehmen in den Jahren zwischen 1998 und 2002 u.a. hinsichtlich deren genereller Nutzung von Fremdwährungsverschuldung. Hierbei zeigt sich, dass die generelle Nutzung von Devisentermingeschäften in einem signifikanten positiven Zusammenhang steht mit der generellen Nutzung von Fremdwährungsverschuldung. *Chiang & Lin (2005)* interpretieren dies als Beleg für das Finanzierungsmotiv; angeführter anekdotischer Evidenz zufolge begeben zahlreiche größere Unternehmen aus Taiwan Wandelanleihen in US-Dollar auf den Eurobond-Märkten und reduzieren die resultierende Exponiertheit mittels Devisentermingeschäften. Diese Interpretation erscheint auch deshalb plausibel, weil die generelle Nutzung von Devisentermingeschäften die nach *Jorion (1990)* errechnete absolute ökonomische Exponiertheit signifikant senkt und die generelle Nutzung von Fremdwährungsverschuldung die ökonomische Exponiertheit signifikant steigert (sowohl getrennt betrachtet als auch in einer gemeinsamen Regressionsanalyse).[291]

Nguyen & Faff (2006) betrachten eine Stichprobe bestehend aus 481 Unternehmensjahren an der australischen Börse notierter Nicht-Finanzunternehmen in den Jahren 1999 und 2000, sowohl im Hinblick auf die generelle Entscheidung, Fremdwährungsverschuldung zu nutzen, als auch im Hinblick auf den Nutzungsgrad bzw. das -ausmaß an Fremdwährungsverschuldung. Hierbei zeigt sich zunächst, dass der Nutzungsgrad an Fremdwährungsverschuldung in einem signifikant negativen Zusammenhang steht mit der auf Basis eines marktbasierten Zweifaktorenmodells errechneten ökonomischen Exponiertheit bei Industrieunternehmen. Ein solcher Zusammenhang besteht aber nicht bei Unternehmen, die zum Primärsektor zählen, und dass, obwohl die Unternehmen des primären Sektors um ein Mehrfaches häufiger zu den Nutzern

---

[290] Vgl. Kedia & Mozumdar (2003), S. 537 f.
[291] Vgl. Chiang & Lin (2005), S. 599 ff.

4 Empirische Literatur 87

von Fremdwährungsverschuldung zählen.[292] Für Industrieunternehmen zeigt sich anschließend, dass sowohl die generelle Nutzung von Fremdwährungsverschuldung als auch das Nutzungsausmaß an Fremdwährungsverschuldung in einem signifikant positiven Zusammenhang steht mit den prozentualen Auslandsumsätzen.[293] Parallel dazu zeigt sich für Unternehmen des Primärsektors, dass zwar die generelle Nutzung von Fremdwährungsverschuldung in einem signifikant positiven Zusammenhang steht mit den prozentualen Auslandsumsätzen. Es besteht aber ein signifikant negativer Zusammenhang zwischen der generellen Nutzung von Fremdwährungsverschuldung sowie dem Nutzungsausmaß an Fremdwährungsverschuldung und dem Nutzungsausmaß an Heimatwährungsverschuldung. Hieraus und aus der Tatsache, dass Unternehmen des primären Sektors ihre ökonomische Exponiertheit über Fremdwährungsverschuldung nicht signifikant senken, leiten *Nguyen & Faff (2006)* Finanzierungsmotive bei Unternehmen aus dem Primärsektor ab.[294]

Chiang & Lin (2007) untersuchen 99 börsennotierte taiwanesische Nicht-Finanzunternehmen in den Jahren zwischen 1998 und 2005. Hierbei errechnen sie zunächst die ökonomische Exponiertheit nach dem marktbasierten Zweifaktorenmodell von *Jorion (1990)*, anschließend nutzen sie die ermittelte absolute ökonomische Exponiertheit als abhängige Variable. In der hierauf aufbauenden Regressionsanalyse besteht ein signifikant positiver Zusammenhang zwischen der ökonomischen Exponiertheit und der generellen Nutzung von Fremdwährungsverschuldung. *Chiang & Lin (2007)* interpretieren dieses Ergebnis dahingehend, dass Fremdwährungsverschuldung kein effektiver Hedge ist. Dieses Resultat lässt sich jedoch auch in dem Sinne interpretieren, dass Fremdwährungsverschuldung für taiwanesische Unternehmen in erster Linie ein Finanzierungsinstrument darstellt. Letztere Überlegung steht zudem im Einklang mit einer zweiten Regressionsanalyse der Untersuchung, in der die generelle Nutzung von Fremdwährungsverschuldung gemeinsam mit der generellen Nutzung von Devisentermingeschäften modelliert wird. Hierin zeigt sich zum einen ein signifikant positiver Zusammenhang zwischen der ökonomischen Exponiertheit und der generellen Nutzung von Fremdwährungsverschuldung und zum anderen ein signifikant negativer Zusammenhang zwischen der ökonomischen Exponiertheit und der generellen Nutzung von Devisentermingeschäften.[295]

---

[292] Vgl. Nguyen & Faff (2006), S. 194 f.
[293] Vgl. Nguyen & Faff (2006), S. 196 ff.
[294] Vgl. Nguyen & Faff (2006), S. 194 ff.
[295] Vgl. zur Diskussion potenzieller Finanzierungsmotive: Chiang & Lin (2007), S. 98 f. u. 103 f.

Esho et al. (2007) analysieren 203 börsennotierte Nicht-Finanzunternehmen aus Australien, Neuseeland und acht asiatischen Staaten (China, Hong Kong, Indonesien, Malaysia, Philippinen, Singapur, Südkorea und Thailand) hinsichtlich deren genereller Nutzung von Fremdwährungsverschuldung in den Jahren zwischen 1989 und 1998. In den nicht nach Ländern differenzierenden Regressionsanalysen zeigt sich zunächst, dass die generelle Nutzung von Fremdwährungsverschuldung in einem signifikant positiven Zusammenhang steht mit erstens den prozentualen Auslandsumsätzen (in zwei von vier Regressionsanalysen) und zweitens den prozentualen Auslandsvermögenswerten (in vier von vier Regressionsanalysen). *Esho et al. (2007)* interpretieren dies als Indiz dafür, dass Fremdwährungsverschuldung als Hedge fungiert. Zudem zeigt sich hierin ein signifikant negativer Zusammenhang zwischen der generellen Nutzung von Fremdwährungsverschuldung und der Zinsdifferenz (in vier von vier Regressionsanalysen), gemessen als Differenz zwischen dem Zinssatz für kurzläufige amerikanische Staatsanleihen (US-Treasury Bills) und dem jeweiligen kurzfristigen heimischen Zinssatz, sodass eine positive Zinsdifferenz niedrigere Zinssätze in der Heimat anzeigt. *Esho et al. (2007)* interpretieren dies als Indiz dafür, dass Fremdwährungsverschuldung zwecks Finanzierung begeben wird.[296] *Esho et al. (2007)* zeigen darüber hinaus in nach Ländern differenzierenden Regressionsanalysen (beschränkt auf den Zeitraum vor dem Ausbruch der Asienkrise), dass die generelle Nutzung von Fremdwährungsverschuldung in einem signifikant positiven Zusammenhang steht mit erstens den prozentualen Auslandsumsätzen (in zwei von zwei Regressionsanalysen) und zweitens den prozentualen Auslandsvermögenswerten (in zwei von zwei Regressionsanalysen) in der Unter-Stichprobe bestehend aus australischen und neuseeländischen Unternehmen, nicht aber in der Unter-Stichprobe der asiatischen Unternehmen. *Esho et al. (2007)* interpretieren dies als Indiz dafür, dass australische und neuseeländische Unternehmen Fremdwährungsverschuldung zwecks Hedging begeben. Zudem zeigt sich ein signifikant negativer Zusammenhang zwischen der generellen Nutzung von Fremdwährungsverschuldung und der Zinsdifferenz (in vier von vier Regressionsanalysen), sowohl für die aus asiatischen Unternehmen gebildete Unter-Stichprobe (in zwei von zwei Regressionsanalysen) als auch für die Unter-Stichprobe bestehend aus australischen und neuseeländischen Unternehmen (in zwei von zwei Regressionsanalysen). *Esho et al. (2007)* interpretieren dies als Indiz dafür, dass Fremdwährungsverschuldung zwecks Finanzierung begeben wird.[297]

---

[296] Vgl. Esho et al. (2007), S. 205 ff.
[297] Vgl. Esho et al. (2007), S. 207 ff.

4 Empirische Literatur

González et al. (2010) analysieren 96 börsennotierte Nicht-Finanzunternehmen aus Spanien hinsichtlich erstens deren genereller Nutzungsentscheidung zu Fremdwährungsverschuldung und zweitens deren Nutzungsausmaß an Fremdwährungsverschuldung im Jahr 2004. Hierin zeigt sich zunächst, dass die generelle Nutzungsentscheidung zu Fremdwährungsverschuldung in einem signifikant positiven Zusammenhang steht mit den prozentualen Auslandsumsätzen. Dieser Zusammenhang ist beständig in drei Unter-Stichproben. Erstens in einer Unter-Stichprobe, die Unternehmen ausschließt, die allgemein Währungsswaps nutzen. Zweitens in einer Unter-Stichprobe, die Unternehmen ausschließt, die mittels Währungsswaps Fremdwährungsverschuldung synthetisch herstellen. Und drittens in einer Unter-Stichprobe, die Unternehmen ausschließt, die mittels Währungsswaps Heimatwährungsverschuldung synthetisch herstellen. Zudem zeigt sich, dass das Nutzungsausmaß an Fremdwährungsverschuldung in einem signifikant positiven Zusammenhang steht mit den prozentualen Auslandsumsätzen. Dieser Zusammenhang ist ebenfalls in allen drei Unter-Stichproben beständig.[298]

Nandy (2010) untersucht 99 in US-Dollar denominierte Bankkredite britischer und kanadischer Unternehmen zwischen den Jahren 1987 und 1995 im Hinblick auf deren generelle Nutzung. Hierin zeigt sich, dass in sämtlichen acht Regressionsanalysen ein signifikant positiver Zusammenhang besteht zwischen der generellen Nutzung von Fremdwährungsverschuldung in US-Dollar und den in den Vereinigten Staaten von Amerika erzielten prozentualen Auslandsumsätzen. Zudem besteht ein signifikant negativer Zusammenhang zwischen der generellen Nutzung von Fremdwährungsverschuldung in US-Dollar und der Zinsdifferenz, gemessen als Differenz zwischen dem jeweiligen kurzfristigen Heimatzinssatz und dem Zinssatz für kurzläufige amerikanische Staatsanleihen (US-Treasury Bills), sodass eine positive Zinsdifferenz höhere Zinssätze in der Heimat anzeigt (in drei von drei Regressionsanalysen). Dieses Ergebnis widerspricht dem Finanzierungs- und auch dem Spekulationsmotiv.[299] Für die Unter-Stichprobe kanadischer Unternehmen (64 Bankkredite) zeigt sich, dass ein signifikant positiver Zusammenhang besteht zwischen der generellen Nutzung von Fremdwährungsverschuldung in US-Dollar und den in den Vereinigten Staaten von Amerika erzielten prozentualen Auslandsumsätzen (in acht von acht Regressionsanalysen).[300] Für die Unter-Stichprobe britischer Unternehmen (35 Bankkredite) zeigt sich ebenfalls, dass ein signifikant positiver Zusammenhang besteht zwischen der generellen Nutzung von Fremdwährungsverschuldung in US-Dollar und den in den

---

[298] Vgl. González et al. (2010), S. 694 ff.
[299] Vgl. Nandy (2010), S. 598 f.
[300] Vgl. Nandy (2010), S. 593 ff.

Vereinigten Staaten von Amerika erzielten prozentualen Auslandsumsätzen (in acht von acht Regressionsanalysen). Darüber hinaus besteht bei britischen Unternehmen ein signifikant negativer Zusammenhang zwischen der generellen Nutzung von Fremdwährungsverschuldung in US-Dollar und der Zinsdifferenz (in drei von drei Regressionsanalysen). Letzteres Ergebnis widerspricht dem Finanzierungs- und dem Spekulationsmotiv.[301]

Zusammenfassend lässt sich erstens festhalten: Die empirischen Ergebnisse von *Allayannis et al. (2003), Gelos (2003)* und *Chiang & Lin (2005, 2007)* zu Unternehmen aus Nicht-Industrieländern und deren Interpretation stehen im Einklang mit der These, nach der die jeweiligen Finanzmärkte als überwiegend illiquide einzustufen sind. Diese Finanzmärkte weisen nicht genügend Tiefe auf, um die unternehmensseitige Nachfrage nach Fremdkapital, speziell für langfristige Fremdkapitalaufnahmen, zu annehmbaren Konditionen zu befriedigen. Bei minder-integrierten heimischen Finanzmärkten besteht für Unternehmen ein starker Anreiz, nicht-heimische Finanzmärkte zu betreten, um sich (langfristig) zu finanzieren und/oder hierüber die Fremdkapitalkosten zu senken.[302] Die Nutzung nicht-heimischer Finanzmärkte kann (muss aber nicht) mit einer Denomination des Fremdkapitals in Fremdwährung einhergehen. In der Regel handelt es sich bei der Denomination um eine der gängigen Handelswährungen (siehe Abbildung 28).[303]

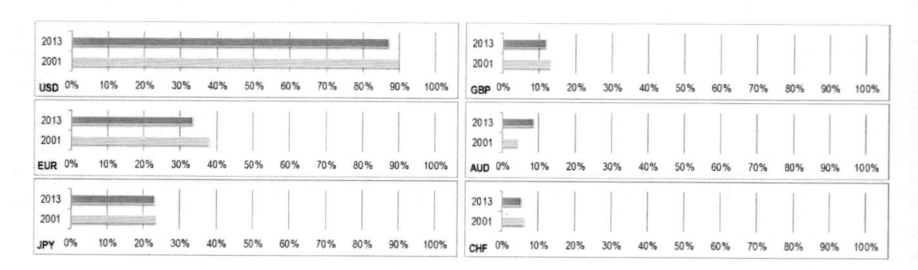

Abbildung 28: Devisenmarktumschlag nach Währungen
(Quelle: Eigene Darstellung nach Daten der Bank for International Settlements, 2013)

Auf nicht-integrierten, d.h. segmentierten, Finanzmärkten bestimmen das lokale Kapitalangebot und die lokale Kapitalnachfrage die Kapitalkosten und nicht das globale Kapitalangebot

---

[301] Vgl. Nandy (2010), S. 596 ff.
[302] Vgl. Lessard (1991), S. 61 u. 63 f.; Jacque & Hawawini (1993), S. 83 f. und Habib & Joy (2010), S. 604 f. Vgl. hierzu auch die empirischen Befunde in Henderson et al. (2006), S. 76 ff.
[303] Vgl. Allayannis et al. (2003), S. 2672; Habib & Joy (2010), S. 604 und Munro & Wooldridge (2010), S. 156.

und die globale Kapitalnachfrage.[304] *Munro & Wooldridge (2010)* fassen die Konsequenzen segmentierter Finanzmärkte für Fremdkapitalnehmer prägnant zusammen: „In liquid, complete markets, prices can adjust to new information without any trading taking place and so arbitrage is unlikely to explain why issuers engage in swap-covered borrowing. In less liquid markets, prices are slower to adjust and thus arbitrage opportunities may exist, but probably only temporarily. In illiquid, incomplete markets, arbitrage opportunities may be substantial and persistent."[305]

Zusammenfassend lässt sich zweitens festhalten: Die empirischen Ergebnisse von *Keloharju & Niskanen (2001)*, *Kedia & Mozumdar (2003)*, *Nguyen & Faff (2006)*, *Esho (2007)*, *González et al. (2010)* und *Nandy (2010)* zu Unternehmen aus Industrieländern und deren Interpretation stehen im Einklang mit der These, nach der die jeweiligen heimischen Finanzmärkte als überwiegend liquide einzustufen sind. Diese Finanzmärkte weisen genügend Tiefe auf, um die unternehmensseitige Nachfrage nach Fremdkapital, speziell für langfristige Fremdkapitalaufnahmen, zu annehmbaren Konditionen zu befriedigen. Bei integrierten heimischen Finanzmärkten besteht für Unternehmen ein schwacher Anreiz, nicht-heimische Finanzmärkte zu betreten, um sich (langfristig) zu finanzieren oder hierüber die Fremdkapitalkosten zu senken.[306] Ungeachtet dessen finden sich auch bei Nicht-Finanzunternehmen aus Industrieländern Belege für Finanzierungsmotive und ferner für Spekulationsmotive. *Nguyen & Faff (2006)* und *Esho (2007)* liefern Indizien für Finanzierungsmotive, *Keloharju & Niskanen (2001)* weisen Spekulationsmotive nach.

4.2 Nutzungsweise von Fremdwährungsverschuldung als Hedge

Das vorliegende Kapitel diskutiert die vorhandene empirische Literatur, die der Frage nach der Nutzungsweise von Fremdwährungsverschuldung als Hedge nachgeht. Es bestehen in erster Linie drei untergeordnete Beweggründe, aus denen heraus Unternehmen Fremdkapital in Fremdwährung denominieren: Mittels Fremdwährungsverschuldung können Unternehmen ihrer translationalen, transaktionalen oder strategischen Exponiertheit begegnen. Die Beantwortung der Frage nach der tatsächlichen Nutzungsweise obliegt der Empirie.

---

[304] Vgl. Shapiro (2010), S. 160. Vgl. hierzu auch Stulz (1999), S. 10 ff. und Damodaran (2003), S. 63 f.
[305] Munro & Wooldridge (2010), S. 149. Vgl. hierzu auch Black & Munro (2010), S. 100 f.
[306] Vgl. Lessard (1991), S. 61 u. 63 f.; Jacque & Hawawini (1993), S. 83 und Habib & Joy (2010), S. 604. Vgl. hierzu auch die empirischen Befunde in Henderson et al. (2006), S. 76 ff.

Die theoretische Literatur der internationalen Finanzwirtschaft unterscheidet zwischen drei untergeordneten Exponiertheiten gegenüber Wechselkursrisiken (siehe Kapitel 3.1). Zunächst zwischen der am Buchwert orientierten translationalen Exponiertheit und der am Marktwert orientierten ökonomischen Exponiertheit. Im Rahmen der ökonomischen Exponiertheit unterscheidet die Literatur der internationalen Finanzwirtschaft zudem zwischen transaktionaler und strategischer Exponiertheit. Transaktionale Exponiertheit basiert auf preislich fixierten, in der Regel kurzfristigen und befristeten Zahlungsströmen. Strategische Exponiertheit basiert auf preislich (noch) nicht fixierten, in der Regel langfristigen und unbefristeten Zahlungsströmen.

Der theoretischen Literatur zufolge sind unbedingte Devisentermingeschäfte effektive Instrumente zur Eindämmung transaktionaler Exponiertheit. Zum einen sind unbedingte Devisentermingeschäfte befristet. Passend hierzu beruht die transaktionale Exponiertheit auf befristeten Zahlungsströmen. Zum anderen sind unbedingte Devisentermingeschäfte in Bezug auf ihre Beträge (und ihre Beginn- und Endzeitpunkte) genau definiert. Passend hierzu sind die der transaktionalen Exponiertheit zugrunde liegenden Zahlungsströme der betragsmäßigen (und zeitlichen) Entstehung nach sicher (siehe Kapitel 3.2.1). Im Einklang hierzu kommen die Umfragen von *Bodnar et al. (1998)*, *Joseph (2000)* und *Marshall (2000)* zu dem Ergebnis, dass Nicht-Finanzunternehmen ihrer transaktionalen Exponiertheit primär mittels unbedingten Devisentermingeschäften, insbesondere mittels Devisenforwardgeschäften, begegnen.[307] Letzteres zeigen *Bodnar & Gebhardt (1999)*, *Fatemi & Glaum (2000)* und *Glaum (2002)* spezifisch für deutsche Nicht-Finanzunternehmen.[308]

Demgegenüber sind leistungswirtschaftliche Hedges der theoretischen Literatur zufolge effektive Instrumente zur Eindämmung strategischer Exponiertheit. Zum einen sind leistungswirtschaftliche Hedges unbefristet. Passend hierzu beruht die strategische Exponiertheit auf unbefristeten Zahlungsströmen. Zum anderen sind leistungswirtschaftliche Hedges in Bezug auf ihre Beträge (und ihre Beginn- und Endzeitpunkte) nicht genau definiert. Passend hierzu sind die der strategischen Exponiertheit zugrunde liegenden Zahlungsströme der betragsmäßigen (und zeitlichen) Entstehung nach unsicher (siehe Kapitel 3.2.2).

Den theoretischen Überlegungen zu den adäquaten Hedging-Instrumenten bei transaktionaler und strategischer Exponiertheit entsprechend, schlussfolgern empirische Untersuchungen, dass

---

[307] Vgl. Bodnar et al. (1998), S. 75 ff.; Joseph (2000), S. 167 f. und Marshall (2000), S. 200 f.
[308] Vgl. Bodnar & Gebhardt (1999), S. 167 ff.; Fatemi & Glaum (2000), S. 7 ff. und Glaum (2002), S. 117 ff.

Unternehmen Devisentermingeschäfte und leistungswirtschaftliche Hedges parallel einsetzen, um ihre ökonomische Exponiertheit zu reduzieren. Hierbei dienen die Devisentermingeschäfte der Eindämmung transaktionaler Exponiertheit und damit der kurzfristigen Komponente der ökonomischen Exponiertheit; die leistungswirtschaftlichen Hedges dienen der Eindämmung strategischer Exponiertheit und damit der langfristigen Komponente der ökonomischen Exponiertheit.

Empirische Belege für solch einen komplementären Einsatz finden sich u.a. bei *Huffman & Makar (2004)*, die 74 börsennotierte amerikanische Industrieunternehmen – die Fremdwährungsverschuldung nutzen – im Zeitraum zwischen 1994 und 1999 in Bezug auf deren zeitliche Nutzung von Devisentermingeschäften und leistungswirtschaftlichen Hedges betrachten. Im Zuge dessen ermitteln *Huffman & Makar (2004)* zuerst die absolute ökonomische Exponiertheit mittels eines marktbasierten Zweifaktorenmodells über acht unterschiedlich lange Zeithorizonte (1, 3, 6, 9, 12, 24, 48 und 60 Monate). Die ermittelten ökonomischen Exponiertheiten nutzen sie anschließend als unabhängige Variablen. In den hierauf aufbauenden Regressionsanalysen zeigt sich zweierlei. Erstens zeigt sich ein signifikant negativer Zusammenhang zwischen dem Nutzungsausmaß an Devisentermingeschäften und der absoluten ökonomischen Exponiertheit in der ein- und dreimonatigen Exponiertheitsfrist. Zweitens zeigt sich ein signifikant positiver Zusammenhang zwischen der nach *Martin et al. (1999)* ermittelten absoluten Differenz zwischen den prozentualen Auslandsumsätzen und den prozentualen Auslandsvermögenswerten und der absoluten ökonomischen Exponiertheit für die Exponiertheitsfristen zwischen sechs und 48 Monaten. *Martin et al. (1999)* und, ihnen folgend, *Huffman & Makar (2004)* nutzen die absolute Differenz zwischen den prozentualen Auslandsumsätzen und den prozentualen Auslandsvermögenswerten, um (potenzielles) leistungswirtschaftliches Matching zu approximieren. Ein höheres Maß an absoluter Differenz steht für eine inkongruentere geographische Allokation zwischen den prozentualen Auslandsumsätzen und den prozentualen Auslandsvermögenswerten und liefert eine Indikation für einen niedrigeren Umfang an leistungswirtschaftlichem Matching. Im Umkehrschluss gilt: Ein niedrigeres Maß an absoluter Differenz steht für eine kongruentere geographische Allokation zwischen den prozentualen Auslandsumsätzen und den prozentualen Auslandsvermögenswerten und liefert eine Indikation für einen höheren Umfang an leistungswirtschaftlichem Matching.[309] Zudem stehen in beiden Regressionsanaly-

---

[309] Vgl. Martin et al. (1999), S. 23 u. 29 und Huffman & Makar (2004), S. 109.

sen die jeweiligen (abhängigen) approximativen Maße für das Nutzungsausmaß an Devisentermingeschäften und das (mangelnde) leistungswirtschaftliche Matching in einem signifikant positiven Zusammenhang mit den (unabhängigen) prozentualen Auslandsumsätzen.[310]

Da demzufolge Devisentermingeschäfte der Eindämmung transaktionaler Exponiertheit dienen und leistungswirtschaftliche Hedges der Eindämmung strategischer Exponiertheit, stellt sich die Frage nach den Einsatzgebieten für Fremdwährungsverschuldung als Hedge. Unternehmen können mittels Fremdwährungsverschuldung allen drei Kategorien an Exponiertheit begegnen (siehe Kapitel 3.1.2 und 3.2.1.2). Entweder fungiert Fremdwährungsverschuldung als Hedge zur Eindämmung translationaler Exponiertheit (Balance Sheet Hedge) oder zur Eindämmung transaktionaler Exponiertheit (Money Market Hedge) oder aber zur Eindämmung strategischer Exponiertheit. Die Umfrageergebnisse von *Joseph (2000)*, *Pramborg (2005)* und *Servaes et al. (2009)* zeigen diesbezüglich, dass Nicht-Finanzunternehmen Fremdwährungsverschuldung tatsächlich zur Eindämmung aller drei Kategorien an Exponiertheit nutzen.

Die Umfrageergebnisse von *Joseph (2000)* unter 75 börsennotierten britischen Industrieunternehmen im Jahr 1994 zeigen, dass Unternehmen Fremdwährungsverschuldung zur Eindämmung aller drei Komponenten der Exponiertheit zum Einsatz bringen. Insbesondere zeigt sich, dass Fremdwährungsverschuldung bzw. -währungsanlage das am häufigsten genutzte Hedging-Instrument darstellt, um ökonomische Exponiertheit einzudämmen.[311] Die Umfrageergebnisse von *Pramborg (2005)* unter 163 börsennotierten südkoreanischen und schwedischen Nicht-Finanzunternehmen und Nicht-Energieunternehmen im Jahr 2000 zeigen ebenfalls, dass Unternehmen allen drei Komponenten der Exponiertheit mittels Fremdwährungsverschuldung begegnen. Allerdings zielen südkoreanische Unternehmen mittels Fremdwährungsverschuldung in erster Linie auf die Eindämmung der beiden Komponenten der ökonomischen Exponiertheit; schwedische Unternehmen zielen hingegen primär auf die Eindämmung translationaler Exponiertheit.[312] Letztlich zeigen auch die Umfrageergebnisse von *Servaes et al. (2009)* unter 334 Nicht-Finanzunternehmen aus 49 Ländern im Jahr 2005, dass Unternehmen Fremdwährungsverschuldung zur Eindämmung einer jeder der drei Komponenten der Exponiertheit nutzen,

---

[310] Vgl. Huffman & Makar (2004), S. 110 ff.
[311] Vgl. Joseph (2000), S. 167 f.
[312] Vgl. Pramborg (2005), S. 359.

Fremdwährungsverschuldung jedoch vor allem der Eindämmung translationaler Exponiertheit dient.[313]

Parallel zu den soeben diskutierten, auf Primärdaten beruhenden empirischen Ergebnissen, bestehen auf Sekundärdaten beruhende empirische Ergebnisse, die ebenfalls der Frage nach den untergeordneten Gründen nachgehen, die Unternehmen zur teilweisen oder vollständigen Denomination ihres Fremdkapitals in Fremdwährung bewegen. Letzterer Typus an Untersuchung nutzt regelmäßig multivariate Regressionsanalysen und bei deren Interpretation die theoretisch schlüssige und empirisch belegte Erkenntnis, dass Unternehmen Devisentermingeschäfte einsetzen, um ihre transaktionale Exponiertheit einzudämmen. Devisentermingeschäfte fungieren hierbei als interpretatorischer Angelpunkt, von dem ausgehend anderweitige Hedging-Instrumente ihrer Nutzung nach eingeordnet werden. Zeigen die Ergebnisse einer Regressionsanalyse, dass ein signifikant positiver Zusammenhang besteht zwischen Devisentermingeschäften und Fremdwährungsverschuldung, gilt dies als Indikation für eine parallele Nutzung dieser Hedging-Instrumente. Die beiden finanzwirtschaftlichen Hedges sind als Komplemente anzusehen. Hieraus folgt, dass Fremdwährungsverschuldung *nicht* als Hedge zur Eindämmung transaktionaler Exponiertheit fungiert. Zeigen die Ergebnisse einer Regressionsanalyse hingegen, dass ein signifikant negativer Zusammenhang besteht zwischen Devisentermingeschäften und Fremdwährungsverschuldung, gilt dies als Indikation für eine ersatzweise Nutzung dieser Hedging-Instrumente. Die beiden finanzwirtschaftlichen Hedges sind als Substitute anzusehen. Hieraus folgt, dass Fremdwährungsverschuldung (ebenfalls) als Hedge zur Eindämmung transaktionaler Exponiertheit fungiert.

Géczy et al. (1997) untersuchen 372 börsennotierte amerikanische Nicht-Finanzunternehmen im Jahr 1991 im Hinblick auf deren generelle Nutzungsentscheidung zu Devisentermingeschäften. Hierbei zeigt sich, dass *kein* signifikanter Zusammenhang besteht zwischen der generellen Nutzung von Devisentermingeschäften und den, mittels der Umsätze skalierten, Ausgaben für Forschung und Entwicklung und dass *kein* signifikanter Zusammenhang besteht zwischen der generellen Nutzung von Devisentermingeschäften und der Liquidität zweiten Grades für Unternehmen,[314] die sowohl Erträge aus ausländischen Tochterunternehmen und damit Tochterunternehmen als auch Fremdwährungsverschuldung aufweisen, d.h. für Unternehmen mit natür-

---

[313] Vgl. Servaes et al. (2009), S. 70 f.
[314] Beide Approximationen dienen der Überprüfung des Koordinationsproblems (siehe Kapitel 2.3.5).

lichen Hedges. Hingegen besteht ein signifikant positiver Zusammenhang zwischen der generellen Nutzung von Devisentermingeschäften und den, mittels der Umsätze skalierten, Ausgaben für Forschung und Entwicklung und ein signifikant negativer Zusammenhang zwischen der generellen Nutzung von Devisentermingeschäften und der Liquidität zweiten Grades für Unternehmen, die zwar Erträge aus ausländischen Tochterunternehmen und damit Tochterunternehmen aber keine Fremdwährungsverschuldung aufweisen. Diese Ergebnisse sprechen laut *Géczy et al. (1997)* für eine ersatzweise Nutzung von Devisentermingeschäften und Fremdwährungsverschuldung als Hedge.[315]

Allayannis & Ofek (2001) untersuchen 378 börsennotierte amerikanische Nicht-Finanzunternehmen im Hinblick auf erstens deren generell Nutzungsentscheidung zu natürlicher und synthetischer Fremdwährungsverschuldung (214 Unternehmen) und zweitens deren Nutzungsausmaß an natürlicher und synthetischer Fremdwährungsverschuldung unter den Nutzern (62 Unternehmen) im Jahr 1993. In einer ersten Regressionsanalyse zeigt sich, dass die generelle Nutzungsentscheidung zu Fremdwährungsverschuldung in einem signifikant positiven Zusammenhang steht mit den prozentualen Auslandsumsätzen, die ausländische Tochterunternehmen erzielen. In einer zweiten Regressionsanalyse zeigt sich, dass das Nutzungsausmaß an Fremdwährungsverschuldung in einem signifikant positiven Zusammenhang steht mit den prozentualen Auslandsumsätzen, die ausländische Tochterunternehmen erzielen.[316] In einer dritten Regressionsanalyse modellieren *Allayannis & Ofek (2001)* die Entscheidung zwischen der generellen Nutzung von Devisentermingeschäften und der generellen Nutzung von Fremdwährungsverschuldung (94 Unternehmen). In dieser Regressionsanalyse zeigt sich ein signifikant positiver Zusammenhang zwischen der generellen Nutzung von Devisentermingeschäften und den auf Industrieklassen-Ebene ermittelten anteiligen Exporten; nicht jedoch zwischen der generellen Nutzung von Devisentermingeschäften und den prozentualen Auslandsumsätzen, die ausländische Tochterunternehmen erzielen. Hieraus folgern *Allayannis & Ofek (2001)*, dass Exportunternehmen eine Präferenz für die Nutzung von Devisentermingeschäften gegenüber der Nutzung von Fremdwährungsverschuldung haben; eine Präferenz, die Unternehmen mit ausländischen Tochterunternehmen nicht aufweisen. Insofern interpretieren *Allayannis & Ofek*

---

[315] Vgl. Géczy et al. (1997), S. 1337 ff.
[316] Vgl. Allayannis & Ofek (2001), S. 292 ff.

4 Empirische Literatur

(2001) ihre Resultate als Indiz für einen ersatzweisen Einsatz dieser beiden finanzwirtschaftlichen Hedging-Instrumente bei Unternehmen mit internationaler Tätigkeit, die über eine reine Export-Tätigkeit hinausgeht.[317]

Elliott et al. (2003) analysieren 88 börsennotierte amerikanische Industrieunternehmen (ohne Erdölunternehmen) in den Jahren zwischen 1994 und 1997 hinsichtlich deren Nutzungsausmaß an Fremdwährungsverschuldung. Die Resultate zeigen erstens einen positiven Zusammenhang zwischen dem Nutzungsausmaß an Fremdwährungsverschuldung und den prozentualen Auslandsumsätzen. Zweitens besteht ein negativer Zusammenhang zwischen dem Nutzungsausmaß an Fremdwährungsverschuldung und dem Nutzungsausmaß an Devisentermingeschäften. *Elliott et al. (2003)* interpretieren dies als Indiz für eine ersatzweise Nutzung von Fremdwährungsverschuldung und Devisentermingeschäften. Drittens besteht ein negativer Zusammenhang zwischen dem Nutzungsausmaß an Fremdwährungsverschuldung und der geographischen Konzentration der Umsätze. *Elliott et al. (2003)* interpretieren dies als Indiz für eine parallele Nutzung von Fremdwährungsverschuldung und geographischer Diversifikation, d.h. leistungswirtschaftlichem Hedging – je niedriger die geographische Konzentration eines Unternehmens, desto breiter ist es geographisch gestreut und desto mehr Fremdwährungsverschuldung nutzt es.[318]

Die empirischen Ergebnisse in *Géczy et al. (1997)*, *Allayannis & Ofek (2001)* und *Elliott et al. (2003)* stehen im Einklang mit der These, nach der Unternehmen Devisentermingeschäfte und Fremdwährungsverschuldung als Hedge ersatzweise, d.h. als Substitute nutzen. In Kombination mit theoretischen Überlegungen und Umfrageergebnissen, denen zufolge Nicht-Finanzunternehmen Devisentermingeschäfte primär als Hedge zur Eindämmung ihrer transaktionalen Exponiertheit nutzen, folgt hieraus, dass Unternehmen Fremdwährungsverschuldung (ebenfalls) als Hedge bei transaktionaler Exponiertheit einsetzen. Dementgegen gelangen jüngere empirische Untersuchungen zu dem Schluss, dass Nicht-Finanzunternehmen Devisentermingeschäfte und Fremdwährungsverschuldung parallel, d.h. als Komplemente nutzen.

Nguyen & Faff (2006) betrachten 481 Unternehmensjahre an der australischen Börse notierter Nicht-Finanzunternehmen in den Jahren 1999 und 2000, sowohl im Hinblick auf erstens die

---

[317] Vgl. Allayannis & Ofek (2001), S. 293 f.
[318] Vgl. Elliott et al. (2003), S. 132 ff.

generelle Nutzungsentscheidung zu Fremdwährungsverschuldung als auch zweitens das Nutzungsausmaß an Fremdwährungsverschuldung. Hierin zeigt sich, dass bei Industrieunternehmen ein signifikant positiver Zusammenhang besteht zwischen der generellen Nutzung von Fremdwährungsverschuldung und dem Nutzungsausmaß an Devisentermingeschäften. *Nguyen & Faff (2006)* interpretieren dies als Indiz für eine komplementäre Nutzung von Devisentermingeschäften und Fremdwährungsverschuldung als Hedge.[319]

Clark & Judge (2009) untersuchen 412 britische Nicht-Finanzunternehmen im Jahr 1995 hinsichtlich deren genereller Nutzungsentscheidung zu langfristiger Fremdwährungsverschuldung anhand fünf erstellter Unter-Stichproben, bestehend erstens aus Unternehmen, die ausschließlich natürliche Fremdwährungsverschuldungen als Hedges nutzen (46 Unternehmen) zweitens aus Unternehmen, die ausschließlich kurzläufige Devisentermingeschäfte als Hedges nutzen (28 Unternehmen) und drittens aus Unternehmen, die sowohl Devisentermingeschäfte als auch natürliche Fremdwährungsverschuldung als Hedges nutzen (144 Unternehmen). In der ersten Unter-Stichprobe zeigt sich *kein* signifikanter Zusammenhang zwischen der generellen Nutzung natürlicher Fremdwährungsverschuldung und der generellen Export-Tätigkeit, jedoch zeigt sich ein signifikant positiver Zusammenhang zwischen der generellen Nutzung natürlicher Fremdwährungsverschuldung und den prozentualen Auslandsumsätzen, die ausländische Tochterunternehmen erzielen. In der zweiten Unter-Stichprobe zeigt sich ein signifikant positiver Zusammenhang zwischen der generellen Nutzung kurzläufiger Devisentermingeschäfte und der generellen Export-Tätigkeit, jedoch zeigt sich *kein* signifikanter Zusammenhang zwischen der generellen Nutzung kurzläufiger Devisentermingeschäfte und den prozentualen Auslandsumsätzen, die ausländische Tochterunternehmen erzielen. *Clark & Judge (2009)* interpretieren diese Ergebnisse als Beleg für eine parallele Nutzung kurzläufiger Devisentermingeschäfte und langfristiger natürlicher Fremdwährungsverschuldung. In der dritten Unter-Stichprobe zeigt sich im Einklang zu dieser Interpretation sowohl ein signifikant positiver Zusammenhang zwischen der generellen Nutzung finanzwirtschaftlicher Hedges und der generellen Export-Tätigkeit als auch zwischen der generellen Nutzung finanzwirtschaftlicher Hedges und den prozentualen Auslandsumsätzen, die ausländische Tochterunternehmen erzielen.[320] *Clark und Judge (2009)* bilden darüber hinaus Unter-Stichproben bestehend viertens aus Unterneh-

---

[319] Vgl. Nguyen & Faff (2006), S. 197 f.
[320] Vgl. Clark & Judge (2009), S. 617 ff.

men, die ausschließlich synthetische Heimatwährungsverschuldungen nutzen (14 Unternehmen) und fünftens aus Unternehmen, die ausschließlich synthetische Fremdwährungsverschuldungen nutzen (10 Unternehmen). In der vierten Unter-Stichprobe zeigt sich *kein* signifikanter Zusammenhang zwischen der generellen Nutzung synthetischer Heimatwährungsverschuldung und den prozentualen Auslandsumsätzen, die ausländische Tochterunternehmen erzielen. Hingegen zeigt sich in der fünften Unter-Stichprobe ein signifikant positiver Zusammenhang zwischen der generellen Nutzung synthetischer Fremdwährungsverschuldung und den prozentualen Auslandsumsätzen, die ausländische Tochterunternehmen erzielen. *Clark & Judge (2009)* interpretieren diese Ergebnisse als Beleg für eine Nutzung synthetischer Fremdwährungsverschuldung als Hedge zur Eindämmung langfristiger Exponiertheit.[321]

Aabo et al. (2015) betrachten 186 dänische Nicht-Finanzunternehmen ohne Börsennotierung im Hinblick auf erstens deren generelle Nutzungsentscheidung zu Fremdwährungsverschuldung und zweitens deren Nutzungsgrad an Fremdwährungsverschuldung. Hierbei zeigt sich, dass die generelle Nutzungsentscheidung zu Fremdwährungsverschuldung in einem signifikant positiven Zusammenhang steht zum Logarithmus der Anzahl der Länder, in denen das Unternehmen Tochterunternehmen unterhält (plus 1). In der anschließenden Betrachtung einer Unter-Stichprobe, bestehend aus den 129 Unternehmen, die Fremdwährungsverschuldung generell nutzen, steht der Nutzungsgrad an Fremdwährungsverschuldung in einem signifikant positivem Zusammenhang zu den prozentualen Auslandsvermögenswerten.[322]

Die empirischen Ergebnisse in *Nguyen & Faff (2006)*, *Clark & Judge (2009)* und *Aabo et al. (2015)* stehen im Einklang mit der These, nach der Unternehmen Devisentermingeschäfte und Fremdwährungsverschuldung als Hedge parallel, d.h. als Komplemente nutzen. In Kombination mit theoretischen Überlegungen und Umfrageergebnissen, denen zufolge Nicht-Finanzunternehmen Devisentermingeschäfte primär als Hedge zur Eindämmung ihrer transaktionalen Exponiertheit nutzen, folgt hieraus, dass Unternehmen Fremdwährungsverschuldung nicht als Hedge bei transaktionaler Exponiertheit einsetzen, sondern zur Eindämmung translationaler oder strategischer Exponiertheit. Hierbei schlussfolgern *Clark & Judge (2009)* und *Aabo et al. (2015)*, dass Unternehmen Fremdwährungsverschuldung zur Eindämmung translationaler Exponiertheit nutzen, d.h. im statischen Sinne eines am Buchwert orientierten Hedgings (Balance

---

[321] Vgl. Clark & Judge (2009), S. 617 ff.
[322] Vgl. Aabo et al. (2015), S. 599 ff.

Sheet Hedge).[323] *Nguyen & Faff (2006)* interpretieren ihre Ergebnisse dementgegen dahingehend, dass Unternehmen Fremdwährungsverschuldung zur Eindämmung ihrer langfristigen ökonomischen Exponiertheit nutzen, d.h. im dynamischen Sinne eines am Marktwert orientierten Hedgings.[324] Letzteres legt nahe, dass Unternehmen Fremdwährungsverschuldung einsetzen, um ihre strategische Exponiertheit zu reduzieren. Dass Unternehmen Fremdwährungsverschuldung mitunter einsetzen, um ihrer strategischen Exponiertheit zu begegnen, belegen die bereits diskutierten Ergebnisse der Umfragen von *Joseph (2000)*, *Pramborg (2005)* und *Servaes et al. (2009)*. Die Umfrageergebnisse von *Aabo (2006)* verdeutlichen darüber hinaus die Bedeutsamkeit von Fremdwährungsverschuldung als Hedge zur Eindämmung strategischer Exponiertheit.

Aabo (2006) befragt 47 börsennotierte dänische Nicht-Finanzunternehmen bezüglich der relativen Wichtigkeit der generellen Nutzung von Fremdwährungsverschuldung (Bankkredite) als Hedge gegenüber Devisentermingeschäften. Hierbei gibt die Mehrheit der Hedging betreibenden Unternehmen (64%) an, dass Fremdwährungsverschuldung als Hedge generell eine mindestens ebenso wichtige Rolle spielt wie Devisentermingeschäfte. Indes nimmt die Bedeutung von Fremdwährungsverschuldung als Hedge mit Länge des Zeithorizonts zu. Zwar geben 84% der Hedging betreibenden Unternehmen an, dass Devisentermingeschäfte genauso wichtig wie oder gar wichtiger sind als Fremdwährungsverschuldung für das Hedging transaktionaler Exponiertheit; 77% der Hedging betreibenden Unternehmen berichten aber, dass Fremdwährungsverschuldung genauso wichtig wie oder gar wichtiger ist als Devisentermingeschäfte für das Hedging strategischer Exponiertheit.[325] In drei anschließenden Regressionsanalysen ergibt sich, dass die relative Wichtigkeit der Nutzung von Fremdwährungsverschuldung in einem signifikant positiven Zusammenhang steht mit der Anzahl der Fremdländer, in denen das Unternehmen Tochterunternehmen unterhält, skaliert mittels der gesamten Vermögenswerte des Unternehmens.[326]

---

[323] Vgl. Clark & Judge (2009), S. 620 und Aabo (2015), S. 608. Vgl. hierzu auch die Alternativinterpretation von Fremdwährungsverschuldung als Hedge zur Eindämmung strategischer Exponiertheit in Aabo et al. (2015), S. 609.
[324] Vgl. Nguyen & Faff (2006), S. 198.
[325] Vgl. Aabo (2006), S. 637 f.
[326] Vgl. Aabo (2006), S. 642 f. *Aabo (2006)* bemerkt zu seinen empirischen Befunden: „The significance of number of countries and the insignificance of the foreign sales ratio highlights the importance of commitment and time horizon in understanding the difference between the corporate use of foreign debt and the corporate use of currency derivatives (Aabo, 2006, S. 644)."

Zusammenfassend lässt sich festhalten, dass die empirischen Ergebnisse nicht eindeutig sind. Die Ergebnisse in *Géczy et al. (1997)*, *Allayannis & Ofek (2001)* und *Elliott et al. (2003)* stehen im Einklang mit der These, nach der Unternehmen Devisentermingeschäfte und Fremdwährungsverschuldung als Substitute nutzen. Hingegen stehen die Ergebnisse in *Nguyen & Faff (2006)*, *Clark & Judge (2009)* und *Aabo et al. (2015)* im Einklang mit der These, nach der Unternehmen Devisentermingeschäfte und Fremdwährungsverschuldung als Komplemente nutzen. *Clark & Judge (2009)* und *Aabo et al. (2015)* schlussfolgern indes, dass Unternehmen Fremdwährungsverschuldung zur Eindämmung translationaler Exponiertheit einsetzen. *Nguyen & Faff (2006)* interpretieren ihre Ergebnisse dahingehend, dass Unternehmen Fremdwährungsverschuldung zur Eindämmung ihrer langfristigen ökonomischen Exponiertheit einsetzen. Letztlich belegt *Aabo (2006)* explizit die Bedeutsamkeit von Fremdwährungsverschuldung als Hedge zur Eindämmung strategischer Exponiertheit.

Die Mehrdeutigkeit der Ergebnisse der vorhandenen empirischen Literatur zu den untergeordneten Motiven, aus denen Unternehmen ihr Fremdkapital teilweise oder vollständig in Fremdwährung denominieren, kann mehrere Gründe haben. Ein in den Studien in der Regel explizit adressierter und insofern unproblematischer Grund könnte darin liegen, dass die vorhandenen empirischen Untersuchungen auf unterschiedliche Industrieländer mit unterschiedlichen Öffnungsgraden fokussieren, zum Teil unterschiedliche Branchen ein- und ausschließen und Unternehmen mit unterschiedlichen Größen und Rechtsformen in ihre Stichproben aufnehmen. Ein anderer in den Studien in der Regel nicht explizit adressierter und insofern problematischer Grund könnte darin liegen, dass die vorhandenen empirischen Untersuchungen Maßzahlen in unterschiedlicher Quantität und Qualität heranziehen, um die Kategorien an Exponiertheit zu approximieren. Daher erscheint es geboten, ebendiese approximativen Maße und deren Interpretation kritisch zu diskutieren.

5 Messung der Exponiertheiten

Das folgende Kapitel diskutiert die in der empirischen Literatur herangezogenen approximativen Maße für Exponiertheit. Zum einen handelt es sich hierbei um Internationalisierungsmaße, die auf Auslandsumsätzen und -vermögenswerten basieren (Kapitel 5.1); zum anderen um Internationalisierungsmaße, die Auslandstochterunternehmen zur Grundlage haben (Kapitel 5.2). Das Kapitel beschließt mit einer kritischen Einordnung der Maßzahlen im Hinblick auf potenzielle Fehlinterpretationen (Kapitel 5.3).

5.1 Auslandsumsätze und -vermögenswerte

Der Theorie nach entsteht die (direkte) ökonomische Exponiertheit eines Unternehmens aus dessen in Übersee erzielten oder erwarteten Netto-Zahlungsströmen, d.h. den umsatzseitigen abzüglich der kostenseitigen Zahlungsströme. Da jedoch die meisten Unternehmen gemäß den internationalen Rechnungslegungsstandards lediglich die überseeischen Umsätze und nicht die überseeischen Erträge offen legen (müssen), greifen zahlreiche empirische Untersuchungen behelfsmäßig auf die prozentualen Auslandsumsätze zurück, um die Internationalität und damit die ökonomische Exponiertheit zu approximieren.[327] Für den Fall, dass die in Übersee erzielte Ertragsmarge der in der Heimat erzielten Ertragsmarge gleicht, gilt allerdings, dass die prozentualen Auslandsumsätze eine recht akkurate Approximation für die prozentualen Auslandserträge darstellen und damit auch eine recht akkurate Approximation für die (direkte) ökonomische Exponiertheit: In diesem Fall stimmen die Proportionen der prozentualen Auslandsumsätze mit denen der prozentualen Auslandserträge überein.[328]

Der Ursprung der Internationalisierungsvariable prozentuale Auslandsumsätze ist auf *Jorion (1990)* zurückzuführen, der für eine Stichprobe bestehend aus 287 amerikanischen Nicht-Erdölunternehmen mit Börsennotierung im Zeitraum zwischen den Jahren 1971 und 1987 zeigt, dass für einige Unternehmen (15) ein signifikanter Zusammenhang besteht zwischen der Aktienrendite und der Preisänderungsrate für einen nominalen, handelsgewichteten Fremdwährungskorb. Hieraus folgt, dass Unternehmen ökonomisch exponiert sind. In einer nachfolgen-

---

[327] Vgl. Allayannis et al. (2001), S. 392; Bartram & Bodnar (2007), S. 659 und Aabo et al. (2015), S. 591. Vgl. hierzu auch Sullivan (1994), S. 327 ff.
[328] Vgl. Allayannis & Ofek (2001), S. 275; Clark & Judge (2008), S. 453 und Nandy (2010), S. 581.

den Regressionsanalyse zeigt *Jorion (1990)* darüber hinaus, dass die ökonomische Exponiertheit in einem signifikant positiven Zusammenhang steht mit den prozentualen Auslandsumsätzen, die als Näherung für die prozentualen Auslandserträge dienen.[329]

Die prozentualen Auslandsumsätze sind zwar einfach zu erheben, bringen aber den Nachteil mit sich, dass sie keine Unterscheidung nach dem geographischen Ursprung der Umsätze zulassen. Entweder handelt es sich hierbei um Auslandsumsätze, die aus der Export-Tätigkeit des Mutterunternehmens stammen, oder um Auslandsumsätze, die ein Unternehmen über seine im Ausland befindlichen Tochterunternehmen erzielt.[330] In Bezug auf die empirische Frage nach der untergeordneten Exponiertheit, der Unternehmen mittels Fremdwährungsverschuldung als Hedge begegnen, besteht daher das Problem, dass das Internationalisierungsmaß prozentuale Auslandsumsätze nicht in der Lage ist, zwischen ökonomischer bzw. transaktionaler Exponiertheit und nicht-transaktionaler Exponiertheit zu unterscheiden. Ausländische Umsätze können zwar ökonomische bzw. transaktionale Exponiertheit entstehen lassen, aber auch nicht-transaktionale Exponiertheit in Form ökonomischer bzw. strategischer und/oder translationaler Exponiertheit. Daher bedarf es mehr als eines approximativen Maßes für die Internationalität, um ökonomische bzw. transaktionale und auch nicht-transaktionale Exponiertheit abzubilden.

Dementsprechend nehmen *Allayannis & Ofek (2001)* und *Clark & Judge (2008, 2009)* zwei Internationalisierungsmaße in ihre Regressionsmodelle auf. Das eine der beiden Internationalisierungsmaße basiert auf Auslandsumsätzen, die die Mutterunternehmen über Exporte erzielen.[331] Hierüber bilden *Allayannis & Ofek (2001)* und *Clark & Judge (2008, 2009)* transaktionale Exponiertheit ab. Das andere der beiden Internationalisierungsmaße basiert auf Auslandsumsätzen, die ausländische Tochterunternehmen generieren.[332] Konkret nutzen *Clark & Judge (2008, 2009)* die Auslandsumsätze, die ausländische Tochterunternehmen erzielen in Relation zu den Gesamtumsätzen, um translationale Exponiertheit abzubilden.[333]

---

[329] Vgl. Jorion (1990), S. 335 ff. Vgl. hierzu auch die empirischen Befunde in Allayannis & Ofek (2001), S. 278 ff. und Bartram (2004), S. 691 ff.
[330] In der Diktion des internationalen Managements handelt es sich bei ausländischen Umsätzen um Außenhandel und bei ausländischen Tochterunternehmen um ausländische Direktinvestitionen; vgl. Lee & Kwok (1988), S. 205 f.; Burgman (1996), S. 558 und Miller & Reuer (1998), S. 497.
[331] Vgl. Allayannis & Ofek (2001), S. 277; Clark & Judge (2008), S. 453 f. und Clark & Judge (2009), S. 615.
[332] Vgl. Allayannis & Ofek (2001), S. 277; Clark & Judge (2008), S. 453 f. und Clark & Judge (2009), S. 615.
[333] Vgl. Clark & Judge (2008), S. 469 und Clark & Judge (2009), S. 615.

In einer empirischen Untersuchung mit ähnlicher Fragestellung bilden Aabo et al. *(2015)* transaktionale Exponiertheit über die prozentualen Auslandsumsätze ab; translationale Exponiertheit wird über die prozentualen Auslandsvermögenswerte abgebildet.[334] Diese Herangehensweise löst zwar (zum Teil) das Problem der mangelnden Trennschärfe zwischen transaktionaler und nicht-transaktionaler Exponiertheit,[335] ist jedoch in sich problematisch, da Vermögenswerte im Ausland nicht ausschließlich in einem statischen, am Buchwert orientierten Sinne betrachtet werden können: Vermögenswerte im Ausland lassen (in der Regel als Daseinszweck) Zahlungsströme in Fremdwährung erwarten und darüber strategische Exponiertheit.[336] Betrachtet man ausländische Vermögenswerte in solch einem dynamischen, am Marktwert orientierten Sinne, ist außerdem zu beachten, dass Vermögenswerte im Ausland sowohl umsatzseitige als auch kostenseitige Zahlungsströme in Fremdwährung entstehen lassen können, sodass neben der zeitlichen Länge und der betragsmäßigen Höhe auch die Richtung der aus Vermögenswerten resultierenden strategischen Exponiertheit unklar ist. Noch dazu können Unternehmen über ihre ausländischen Vermögenswerte leistungswirtschaftliches Hedging betreiben. Ausländische Vermögenswerte mehren die strategische Exponiertheit in diesem Fall nicht, sondern mindern sie.[337] Daher bedarf es mehr als zwei approximativer Maße für die Internationalität, um neben der transaktionalen und translationalen auch die strategische Exponiertheit abzubilden und, darüber hinaus, leistungswirtschaftliches Hedging.

Neben den bisher diskutierten auf Auslandsumsätzen und -vermögenswerten beruhenden approximativen Maßen, finden sich in der empirischen Literatur Maßzahlen, die auf Auslandstochterunternehmen beruhen. Diese Maße lassen sich dahingehend unterscheiden, ob sie die Existenz, Expansion oder Konzentration überseeischer Tochterunternehmen zur Grundlage haben.

---

[334] Vgl. Aabo et al. (2015), S. 596. Die prozentualen Auslandsumsätze und -vermögenswerte sind generell die populärsten Internationalisierungsmaße; vgl. Bartram et al. (2005), S. 407.
[335] Vgl. Reeb et al. (1998), S. 269.
[336] Vgl. Aabo et al. (2015), S. 591 f. u. 609.
[337] Vgl. Martin et al. (1999), S. 23 f.; Bartram (2004), S. 680 und Bartram et al. (2005), S. 407.

5.2 Auslandstochterunternehmen

5.2.1 Existenz ausländischer Tochterunternehmen

Die Literatur der internationalen Finanzwirtschaft unterscheidet nach nationalen Unternehmen als Unternehmen ohne internationales Engagement und multinationalen Unternehmen als Unternehmen mit internationalem Engagement, in der einfachsten Form mit Exporten oder Importen. Die Literatur des internationalen Managements unterscheidet nach nationalen Unternehmen als Unternehmen ohne internationales Engagement, internationalen Unternehmen als Unternehmen mit Außenhandel, aber ohne ausländische Direktinvestitionen und multinationalen Unternehmen als Unternehmen mit ausländischen Direktinvestitionen.[338] Darüber hinaus findet sich in der Literatur bei internationalen Unternehmen die Unterscheidung nach Exportunternehmen als Unternehmen mit ausschließlich heimischen Bezugsquellen, aber überseeischen Absatzmärkten, und Importunternehmen als Unternehmen mit überseeischen Bezugsquellen, aber ausschließlich heimischen Absatzmärkten.[339] Abbildung 29 führt die Differenzierungen zusammen und erfasst diese in Kategorien.

	keine Importe; keine Tochterunternehmen im Ausland	Importe; keine Tochterunternehmen im Ausland	Importe; Tochterunternehmen im Ausland
keine Exporte; keine Tochterunternehmen im Ausland	Nationales Unternehmen	Internationales (Import-) Unternehmen / Außenhandel	Multinationales Unternehmen / Ausländische Direktinvestition
Exporte; keine Tochterunternehmen im Ausland	Internationales (Export-) Unternehmen / Außenhandel	Internationales (Ex- und Import-) Unternehmen / Außenhandel	Multinationales Unternehmen / Ausländische Direktinvestition
Exporte; Tochterunternehmen im Ausland	Multinationales Unternehmen / Ausländische Direktinvestition	Multinationales Unternehmen / Ausländische Direktinvestition	Multinationales Unternehmen / Ausländische Direktinvestition

Abbildung 29: Systematisierung in nationale, internationale und multinationale Unternehmen (Quelle: Eigene Darstellung)

---

[338] Vgl. Choi & Jiang (2009), S. 1978 f.; Aabo & Ploeen (2014), S. 114 f. und Hutson & Laing (2014), S. 99. Vgl. hierzu allgemein Sullivan (1994), S. 326.
[339] Vgl. Flood & Lessard (1986), S. 34 und Pringle (1991), S. 76.

Den unterschiedlichen Definitionen für Multinationalität in der betriebswirtschaftlichen Literatur entsprechend, bestehen in der empirischen Literatur mehrere operationalisierbare Definitionen für multinationale Unternehmen nebeneinander.[340] Indes spricht sich *Dunning (1973)* in seiner Diskussion der unterschiedlichen Konzeptualisierungen für eine möglichst unzweideutige und pragmatische Definition multinationaler Unternehmen aus.[341] *Adler (1974)* argumentiert, dass Unternehmen mit einem nicht-heimischen Tochterunternehmen als binationale Unternehmen die einfachste Konzeption multinationaler Unternehmen darstellen.[342] *Pantzalis et al. (2001)* und andere empirische Untersuchungen klassifizieren dementsprechend Unternehmen mit bereits einem in Mehrheitsbesitz befindlichen ausländischen Tochterunternehmen als multinationale Unternehmen.[343]

Bei *Pantzalis et al. (2001)* dient die dergestalte Klassifizierung multinationaler Unternehmen der Stichprobenbildung.[344] Nehmen empirische Untersuchungen solch ein diskretes Maß für die Multinationalität eines Unternehmens stattdessen in ihre Regressionsmodelle auf, besteht das Problem, dass sich Multinationalität zwar als zusätzliche ökonomische bzw. strategische Exponiertheit, aber auch als leistungswirtschaftliches Hedging interpretieren lässt. Ersterem entsprechend nutzen *Keloharju & Niskanen (2001)* eine binäre Indikatorvariable für die Multinationalität als approximatives Maß für die ökonomische Exponiertheit eines Unternehmens.[345] Letzterem entsprechend nutzen *Fok et al. (1997)* eine binäre Indikatorvariable für die Multinationalität als approximatives Maß für leistungswirtschaftliches Hedging.[346]

Die bloße Existenz ausländischer Tochterunternehmen lässt sich allerdings nicht per se als Indikator für ökonomische bzw. strategische Exponiertheit oder leistungswirtschaftliches Hedging betrachten: Tatsächlich kommt es auf die Long- oder Short-Position eines Unternehmens in einem Fremdmarkt bzw. -währungsraum an. Die Long- oder Short-Position eines Unternehmens leitet sich maßgeblich aus der Funktion der im Fremdmarkt bzw. -währungsraum befindlichen Tochterunternehmen ab.[347] Abbildung 30 macht die (potenzielle) Doppelrolle ausländischer Tochterunternehmen in Bezug auf ökonomische bzw. (direkte) strategische Exponiertheit

---

[340] Vgl. Allen & Pantzalis (1996), S. 636 f. und Aggarwal et al. (2011), S. 558.
[341] Vgl. Dunning (1973), S. 290 ff.
[342] Vgl. Adler (1974), S. 120. Vgl. hierzu auch Eckert & Engelhard (1999), S. 106.
[343] Vgl. Pantzalis et al. (2001), S. 797.
[344] Vgl. Pantzalis et al. (2001), S. 797.
[345] Vgl. Keloharju & Niskanen (2001), S. 487 ff.
[346] Vgl. Fok et al. (1997), S. 575.
[347] Vgl. Miller & Reuer (1998), S. 502 und Aabo & Simkins (2005), S. 366.

deutlich. Hierbei wird jeweils der Fall einer zu etablierenden Vertriebs-, Produktions- und Beschaffungstochter diskutiert, die auf eine bestehende Long- oder Short-Position in einem Fremdmarkt bzw. -währungsraum trifft. Indes wird deutlich, dass Tochterunternehmen die ökonomische bzw. strategische Exponiertheit mehren können, sie aber auch in Form leistungswirtschaftlicher Hedges (hier: leistungswirtschaftliches Matching) mindern können.

	Umsätze in Fremdwährung	Kosten in Fremdwährung
Vertriebstochter (zusätzliche Umsätze)	Tochterunternehmen steigert die ökonomische bzw. strategische Exponiertheit (Fall 1)	Tochterunternehmen senkt die ökonomische bzw. strategische Exponiertheit (Fall 4)
Produktionstochter (zusätzliche Kosten)	Tochterunternehmen senkt die ökonomische bzw. strategische Exponiertheit (Fall 2)	Tochterunternehmen steigert die ökonomische bzw. strategische Exponiertheit (Fall 5)
Beschaffungstochter (zusätzliche Kosten)	Tochterunternehmen senkt die ökonomische bzw. strategische Exponiertheit (Fall 3)	Tochterunternehmen steigert die ökonomische bzw. strategische Exponiertheit (Fall 6)

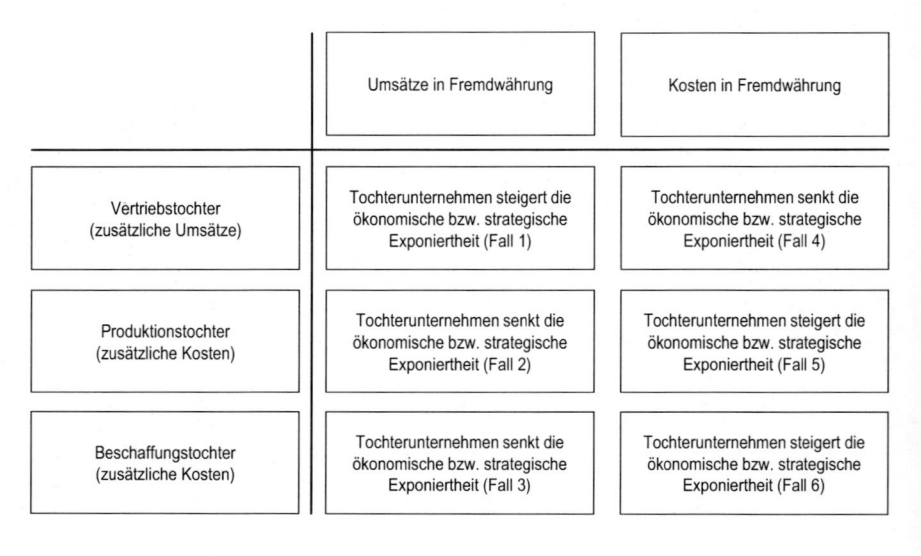

**Abbildung 30: (Potenzielle) Doppelrolle ausländischer Tochterunternehmen
(Quelle: Eigene Darstellung)**[348]

(1) Ein Mutterunternehmen, das Umsätze in einem Fremdmarkt in der dortigen Fremdwährung erwartet und ein Tochterunternehmen mit Vertriebsaufgaben in diesem Fremdmarkt gründet, das fortan zusätzliche Umsätze in der dortigen Fremdwährung generiert, steigert seine ökonomische bzw. strategische Exponiertheit in dieser Fremdwährung. In diesem Fall trifft eine alte Long-Position auf eine neue Long-Position.

(2) Ein Mutterunternehmen, das Umsätze in einem Fremdmarkt in der dortigen Fremdwährung erwartet und ein Tochterunternehmen mit Produktionsaufgaben in diesem Fremdmarkt gründet, das fortan Kosten in der dortigen Fremdwährung generiert, senkt seine ökonomische bzw. strategische Exponiertheit in dieser Fremdwährung. In diesem Fall trifft eine alte Long-Position auf eine neue Short-Position.

---

[348] Die Darstellung nimmt Bezug auf leistungswirtschaftliche (nicht auf finanzwirtschaftliche) Tochterunternehmen.

(3) Ein Mutterunternehmen, das Umsätze in einem Fremdmarkt in der dortigen Fremdwährung erwartet und ein Tochterunternehmen mit Beschaffungsaufgaben in diesem Fremdmarkt gründet, das fortan Kosten in der dortigen Fremdwährung generiert, senkt seine ökonomische bzw. strategische Exponiertheit in dieser Fremdwährung. In diesem Fall trifft eine alte Long-Position auf eine neue Short-Position.

(4) Ein Mutterunternehmen, das Kosten in einem Fremdmarkt in der dortigen Fremdwährung erwartet und ein Tochterunternehmen mit Vertriebsaufgaben in diesem Fremdmarkt gründet, das fortan Umsätze in der dortigen Fremdwährung generiert, senkt seine ökonomische bzw. strategische Exponiertheit in dieser Fremdwährung. In diesem Fall trifft eine alte Short-Position auf eine neue Long-Position.

(5) Ein Mutterunternehmen, das Kosten in einem Fremdmarkt in der dortigen Fremdwährung erwartet und ein Tochterunternehmen mit Produktionsaufgaben in diesem Fremdmarkt gründet, das fortan zusätzliche Kosten in der dortigen Fremdwährung generiert, steigert seine ökonomische bzw. strategische Exponiertheit in dieser Fremdwährung. In diesem Fall trifft eine alte Short-Position auf eine neue Short-Position.

(6) Ein Mutterunternehmen, das Kosten in einem Fremdmarkt in der dortigen Fremdwährung erwartet und ein Tochterunternehmen mit Beschaffungsaufgaben in diesem Fremdmarkt gründet, das fortan zusätzliche Kosten in der dortigen Fremdwährung generiert, steigert seine ökonomische bzw. strategische Exponiertheit in dieser Fremdwährung. In diesem Fall trifft eine alte Short-Position auf eine neue Short-Position.

In Bezug auf die empirische Frage nach der untergeordneten Exponiertheit, der Unternehmen mittels Fremdwährungsverschuldung als Hedge begegnen, besteht daher das Problem, dass ein diskretes Internationalisierungsmaß, das die Existenz ausländischer Tochterunternehmen anzeigt, nicht in der Lage ist, zwischen ökonomischer bzw. strategischer Exponiertheit und leistungswirtschaftlichem Hedging zu unterscheiden. Ausländische Tochterunternehmen können ökonomische bzw. strategische Exponiertheit entstehen lassen, aber auch als leistungswirtschaftliche Hedges fungieren. Der Mangel an Trennschärfe zwischen ökonomischer bzw. strategischer Exponiertheit und leistungswirtschaftlichem Hedging kann potenziell zu Fehlinterpretationen führen. *Fok et al. (1997)* stellen beispielsweise fest, dass die (abhängige) binäre Indikatorvariable zur generellen Derivatenutzung in einem signifikant positiven Zusammenhang steht mit der (unabhängigen) binären Indikatorvariablen für Multinationalität. *Fok et al. (1997)* schließen hieraus auf einen komplementären Einsatz derivativer und leistungswirtschaftlicher Hedges.[349] Jedoch kann die so approximierte Multinationalität alternativ für ein höheres Maß an (makro-)ökonomischer Exponiertheit stehen, der die Unternehmen mittels derivativer Hedging-Instrumente begegnen. Bildet die Multinationalität nicht leistungswirtschaftliches Hedging ab, sondern (makro-)ökonomische Exponiertheit, so lassen diese Ergebnisse nicht den Schluss zu, dass derivative und leistungswirtschaftliche Hedges Komplemente sind.

5.2.2 Expansion ausländischer Tochterunternehmen

Multinationalität lässt sich nicht nur diskret, sondern auch stetig approximativ abbilden. Die diskrete Messung der Multinationalität erfolgt über binäre Indikatorvariablen, die die Existenz ausländischer Tochterunternehmen anzeigen. Die stetige Messung der Multinationalität erfolgt über skalierte Internationalisierungsmaße, die die Expansion ausländischer Tochterunternehmen anzeigen. Interpretatorisch gilt hierbei zumeist, dass die ökonomische Exponiertheit der Unternehmen mit der Maßzahl für die Multinationalität zunimmt.[350] Beispielsweise argumentieren *Kedia & Mozumdar (2003)*, dass die prozentualen Auslandstochterunternehmen ein approximatives Maß für die Höhe der ökonomischen Exponiertheit darstellen.[351] Im Einzelnen untersuchen *Kedia & Mozumdar (2003)* 523 börsennotierte amerikanische Nicht-Finanzunternehmen und Nicht-Energieunternehmen im Jahr 1996 hinsichtlich deren genereller Entscheidung, Fremdwährungsverschuldung zu nutzen. Hierbei zeigt sich, dass die generelle Nutzung von Fremdwährungsverschuldung in einem signifikant positiven Zusammenhang steht mit der Anzahl der in Fremdmärkten befindlichen Tochterunternehmen in Relation zu den gesamten Tochterunternehmen.[352] Dieses Ergebnis steht im Einklang mit der These, nach der eine höhere Multinationalität zu einer höheren ökonomischen Exponiertheit führt.

Dementgegen zeigen *Miller & Reuer (1998)* anhand 126 amerikanischer Industrieunternehmen in den Jahren zwischen 1988 und 1992, dass die mittels prozentualer Auslandsvermögenswerte approximierte Multinationalität mit einer niedrigeren, aufbauend auf *Jorion (1990)* errechneten, absoluten ökonomischen Exponiertheit einhergeht, wobei ausländische Vermögenswerte Auslandstochterunternehmen beinhalten. *Miller & Reuer (1998)* zufolge agieren bzw. reagieren

---

[349] Vgl. Fok et al. (1997), S. 578 ff.
[350] Vgl. Choi & Jiang (2009), S. 1973 und Bartram et al. (2005), S. 407.
[351] Vgl. Kedia & Mozumdar (2003), S. 528 f.
[352] Vgl. Kedia & Mozumdar (2003), S. 535 f.

5 Messung der Exponiertheiten 111

multinationalere Unternehmen leistungswirtschaftlich flexibler, sodass zunehmende Multinationalität zu abnehmender ökonomischer bzw. strategischer Exponiertheit führt.[353] *Miller & Reuer (1998)* folgen der Theorie zu Realoptionen, nach der jedes dem Portfolio an Realoptionen hinzugefügte Tochterunternehmen im Ausland die ökonomische bzw. strategische Exponiertheit eines Unternehmens senkt (siehe Kapitel 3.2.2.3). Die theoretischen Überlegungen zu Realoptionen ignorieren jedoch diejenigen Einflüsse ausländischer Tochterunternehmen, die die ökonomische bzw. strategische Exponiertheit eines Unternehmens steigern.[354]

In Bezug auf die empirische Frage nach der untergeordneten Exponiertheit, der Unternehmen mittels Fremdwährungsverschuldung als Hedge begegnen, besteht daher das Problem, dass ein stetiges Internationalisierungsmaß, das die Expansion ausländischer Tochterunternehmen anzeigt, nicht in der Lage ist, zwischen ökonomischer bzw. strategischer Exponiertheit und leistungswirtschaftlichem Hedging zu unterscheiden. Ausländische Tochterunternehmen können ökonomische bzw. strategische Exponiertheit entstehen lassen, aber auch als leistungswirtschaftliche Hedges fungieren: Ein Unternehmen mit 60% seiner Tochterunternehmen im Ausland kann diese in einem Fremdmarkt bzw. -währungsraum bündeln; ein anderes Unternehmen mit 60% seiner Tochterunternehmen im Ausland kann diese über mehrere Fremdmärkte bzw. -währungsräume streuen. In der Folge hält das zweite Unternehmen ein umfänglicheres Portfolio an Realoptionen und erzielt eher Diversifikationseffekte als das erste Unternehmen, und das bei gleich hoher Multinationalität.[355] Zunehmende Multinationalität führt daher nicht per se zu abnehmender ökonomischer bzw. strategischer Exponiertheit aufgrund zunehmenden leistungswirtschaftlichen Hedgings. Entgegen den theoretischen Überlegungen zu Realoptionen kann zunehmende Multinationalität in Form einer zunehmenden Konzentration in bestimmten Fremdmärkten bzw. -währungsräumen zu zunehmender ökonomischer bzw. strategischer Exponiertheit führen.[356]

---

[353] Vgl. Miller & Reuer (1998), S. 506 ff.
[354] Vgl. Miller & Reuer (1998), S. 495 u. 502. Insofern ist die ausschließliche Argumentation über Realoptionen konsistent zur Interpretation der über ausländische Tochterunternehmen approximierten Multinationalität als leistungswirtschaftliches Hedging, wie bei *Fok et al. (1997)* oder *Miller & Reuer (1998)*. Hingegen ist die ausschließliche Argumentation über Realoptionen inkonsistent zur Interpretation der über ausländische Tochterunternehmen approximierten Multinationalität als ökonomische Exponiertheit, wie bei *Keloharju & Niskanen (2001)* oder *Kedia & Mozumdar (2003)*.
[355] Vgl. Hutson & Laing (2014), S. 99 und Miller & Reuer (1998), S. 511.
[356] Vgl. Miller & Reuer (1998), S. 496 u. 506 f.

5.2.3 Konzentration und Dispersion ausländischer Tochterunternehmen

Trotz ihrer (potenziell) höheren Informations-[357], Koordinations- und Kontrollkosten[358] erklärt die Literatur des internationalen Managements die Existenz multinationaler Unternehmen mit bestimmten Mehrwerten, die dieser Unternehmenstypus qua seiner Multinationalität generiert.[359] Einer dieser Mehrwerte, den ein adäquates approximatives Maß für die Multinationalität eines Unternehmens erfassen können muss, ist leistungswirtschaftliches Hedging.[360] Hierbei lässt sich allerdings argumentieren, dass nicht die Expansion des Fremdmärkte bzw. -währungsräume überspannenden Netzwerks, d.h. die Multinationalität, per se, sondern dessen Konfiguration den Mehrwert bestimmt: Nur mittels der Erfassung der einzelnen Komponenten des transnationalen Netzwerks lassen sich die Faktoren der Konfiguration identifizieren und kontrollieren, die die ökonomische Exponiertheit mehren und mindern. Insofern sind mehrdimensionale Messgrößen eindimensionalen überlegen.[361]

Um der gebotenen Trennung der Komponenten des translationalen Netzwerks Rechnung tragen zu können, empfehlen *Allen & Pantzalis (1996)* und *Pantzalis et al. (2001)* zwei Internationalisierungsmaße für die Multinationalität eines Unternehmens. Hierbei handelt es sich zum einen um die Dispersion, die die Netzwerkbreite abbildet. Geographisch gestreutere Unternehmen unterliegen in niedrigerem Maße ökonomischer Exponiertheit, primär aufgrund leistungswirtschaftlicher Flexibilität, aber auch aufgrund geographischer Diversifikation. Die Dispersion bemisst sich als der (natürliche) Logarithmus der Anzahl der Länder, in denen das Unternehmen Tochterunternehmen unterhält. Zum anderen handelt es sich um die Konzentration, die die Netzwerktiefe abbildet. Geographisch gebündeltere Unternehmen sind in höherem Maße ökonomisch exponiert. Die Konzentration bemisst sich als Anzahl der Tochterunternehmen in den zwei Ländern mit den meisten Tochterunternehmen in Relation zur Anzahl aller Tochterunternehmen des Unternehmens.[362]

---

[357] Vgl. Lee & Kwok (1988), S. 200 ff.; Burgman (1996), S. 557 und Reeb et al. (1998), S. 267. Vgl. hierzu auch Caves (1971), S. 13.
[358] Vgl. Kogut & Kulatilaka (1994), S. 123; Rangan (1998), S. 219 f. und Tong & Reuer (2007), S. 218.
[359] Eine Übersicht zu den Erklärungsansätzen für die Entstehung multinationaler Unternehmen aus Perspektive des internationalen Managements findet sich u.a. bei Forsgren (2013).
[360] Vgl. Allen & Pantzalis (1996), S. 633 f.
[361] Vgl. Allen & Pantzalis (1996), S. 634.
[362] Vgl. Allen & Pantzalis (1996), S. 638; Pantzalis et al. (2001), S. 795 und Homaifar (2004), S. 244. *Pantzalis et al. (2001)* berichten eine hohe negative Korrelation ihres Dispersions- und Konzentrationsmaßes; vgl. Pantzalis et al. (2001), S. 809.

Indes betrachten *Pantzalis et al. (2001)* 220 börsennotierte multinationale Industrieunternehmen aus den Vereinigten Staaten von Amerika im Jahr 1993. Erstens zeigt sich hierbei, dass ein signifikant positiver Zusammenhang besteht zwischen der Konzentration und der absoluten ökonomischen Exponiertheit, deren Ermittlung auf Basis des Zweifaktorenmodells von *Jorion (1990)* erfolgt. Zweitens zeigt sich hierbei, dass ein signifikant negativer Zusammenhang besteht zwischen der Dispersion und der absoluten ökonomischen Exponiertheit. Ferner besteht ein signifikant positiver Zusammenhang zwischen den prozentualen Auslandsumsätzen und der absoluten ökonomischen Exponiertheit.[363]

Allen & Pantzalis (1996) und *Pantzalis et al. (2001)* ziehen zwei Internationalisierungsmaße heran. Hierbei bildet die Dispersion leistungswirtschaftliches Hedging ab. Empirische Untersuchung wie *Allayannis et al. (2001)* oder *Kim et al. (2006)*, die einer ähnlichen Fragestellung nachgehen, ziehen dieses Dispersionsmaß ebenfalls heran und zudem noch drei Dispersionsmaße, um leistungswirtschaftliches Hedging abzubilden. Im Einzelnen ermitteln *Allayannis et al. (2001)* folgende Dispersionsmaße:[364]

(1) Der (natürliche) Logarithmus der Anzahl der Länder, in denen das Unternehmen Tochterunternehmen unterhält.

(2) Der (natürliche) Logarithmus der Anzahl der Regionen, in denen das Unternehmen Tochterunternehmen unterhält.

(3) Die geographische Streuung der Tochterunternehmen über die unterschiedlichen Länder hinweg (Dispersionsindex I).

(4) Die geographische Streuung der Tochterunternehmen über die unterschiedlichen Regionen hinweg (Dispersionsindex II).[365]

Kim et al. (2006) nutzen eine Mischung der Maßzahlen aus *Allen & Pantzalis (1996)* und *Pantzalis et al. (2001)* einerseits und *Allayannis et al. (2001)* andererseits. Im Einzelnen ermitteln *Kim et al. (2006)* folgende Dispersionsmaße:[366]

---

[363] Vgl. Pantzalis et al. (2001), S. 802 ff.
[364] Vgl. Allayannis et al. (2001), S. 391 f.
[365] *Allayannis et al. (2001)* berichten eine hohe positive Korrelation ihrer Dispersionsmaße; vgl. Allayannis et al. (2001), S. 391 f.
[366] Vgl. Kim et al. (2006), S. 839.

(1) Der Logarithmus der Anzahl der Länder, in denen das Unternehmen Tochterunternehmen unterhält.
(2) Die Anzahl der Regionen, in denen das Unternehmen Tochterunternehmen unterhält.
(3) Die geographische Streuung der Tochterunternehmen über die unterschiedlichen Länder hinweg (Dispersionsindex I).
(4) Die geographische Streuung der Tochterunternehmen über die unterschiedlichen Regionen hinweg (Dispersionsindex II).[367]

Ein zentraler Unterschied zwischen *Allen & Pantzalis (1996)* und *Pantzalis et al. (2001)* auf der einen und *Allayannis et al. (2001)* und *Kim et al. (2006)* auf der anderen Seite besteht in der Nutzung von Konzentrationsindices. *Allen & Pantzalis (1996)* und *Pantzalis et al. (2001)* nutzen ihr Konzentrationsmaß als direkte Approximation für ökonomische Exponiertheit; hingegen nutzen *Allayannis et al. (2001)* und *Kim et al. (2006)* Konzentrationsmaße als indirekte Approximationen für leistungswirtschaftliches Hedging. Der aus der indirekten Approximation resultierende Unterschied in der Interpretation lässt sich am Beispiel des Dispersionsindex I zeigen. Ihren Dispersionsindex I errechnen *Allayannis et al. (2001)* und *Kim et al. (2006)* folgendermaßen: 1 - Hirschman-Herfindahl-Konzentrationsindex. Formel 4 zeigt die Berechnung des Dispersionsindex I:

$$\text{Dispersionsindex}_i = 1 - \sum_{j=1}^{K} \left[\frac{(\text{Anzahl der Tochtergesellschaften})_j}{(\text{Gesamtanzahl der Tochtergesellschaften})_i} \right]^2 \quad (4)$$

Hierbei ist K die Gesamtanzahl der Länder, in denen das Unternehmen i Tochterunternehmen unterhält. Der Dispersionsindex I berechnet sich über die Anzahl der Tochterunternehmen, die ein Unternehmen i in Land j unterhält.[368] Dieses Dispersionsmaß hat laut *Allayannis et al. (2001)* und *Kim et al. (2006)* einen Wert nahe eins, wenn das Unternehmen Tochterunternehmen in zahlreichen Ländern unterhält, und einen Wert nahe null, wenn das Unternehmen lediglich in einem Land physisch präsent ist.[369]

---

[367] Kim et al. (2006) berichten eine hohe positive Korrelation ihrer Dispersionsmaße; vgl. Kim et al. (2006), S. 843 ff.
[368] Vgl. Allayannis et al. (2001), S. 392 und Kim et al. (2006), S. 839.
[369] Vgl. Allayannis et al. (2001), S. 392 und Kim et al. (2006), S. 839.

Der für den Dispersionsindex I grundlegende Hirschman-Herfindahl-Konzentrationsindex (HHI) dient der Messung der Konzentration:[370] Je höher der HHI ausfällt, umso konzentrierter engagiert sich ein Unternehmen über Tochterunternehmen im Ausland.[371] *Allayannis et al. (2001)* und *Kim et al. (2006)* führen diese Interpretation fort und folgern, dass ein hohes Maß an Konzentration (hoher HHI) gleichbedeutend ist mit einem niedrigen Maß an Dispersion (1 - hoher HHI) und damit einem niedrigen Maß an leistungswirtschaftlichem Hedging, das die ökonomische Exponiertheit reduziert: „[..] if a firm is more operationally diversified, then this dispersion index measure also increases."[372]

Diese Interpretation des Dispersionsindex I ist jedoch problematisch, wie folgendes Rechenbeispiel zeigt. Ein multinationales Unternehmen kontrolliert 20 Tochterunternehmen: zwölf im Heimatmarkt bzw. -währungsraum und acht in vier unterschiedlichen Fremdmärkten bzw. -währungsräumen. Über den HHI errechnet sich eine Konzentration in Höhe von 0,4. Dieses Ergebnis spricht für ein relativ niedriges Maß an Konzentration. *Allayannis et al. (2001)* und *Kim et al. (2006)* ermitteln hierauf aufbauend ihren Dispersionsindex I als 1 - HHI. Im Beispiel folglich als: 1 - 0,4 = 0,6. Dieses Ergebnis spricht für ein relativ hohes Maß an Dispersion.

$$\text{HHI} = \left(\frac{12}{20}\right)^2 + \left(\frac{2}{20}\right)^2 + \left(\frac{2}{20}\right)^2 + \left(\frac{2}{20}\right)^2 + \left(\frac{2}{20}\right)^2 = 0{,}4$$

$$1 - \text{HHI} = 1 - \left[\left(\frac{12}{20}\right)^2 + \left(\frac{2}{20}\right)^2 + \left(\frac{2}{20}\right)^2 + \left(\frac{2}{20}\right)^2 + \left(\frac{2}{20}\right)^2\right] = 1 - 0{,}4 = 0{,}6$$

Hierbei gilt es zweierlei zu beachten. Erstens spricht das relativ niedrige Maß an Konzentration für ein relativ niedriges Maß an ökonomischer Exponiertheit und folglich einen relativ niedrigen Hedging-Bedarf. Im Einklang hierzu assoziieren *Allen & Pantzalis (1996)* und *Pantzalis et al. (2001)* ihre Konzentration mit ökonomischer Exponiertheit; je niedriger die Konzentration ausfällt, umso geringer ist die ökonomische Exponiertheit.[373] Bei *Allen & Pantzalis (1996)* und *Pantzalis et al. (2001)* ist das Gegenteil von Konzentration nicht Dispersion, sondern *keine* Konzentration. Zweitens spricht ein relativ niedriges Maß an Konzentration nicht per se für ein

---

[370] Vgl. Hirschman (1964), S. 761.
[371] Vgl. Makar et al. (1999), S. 232 f.
[372] Kim et al. (2006), S. 839.
[373] Vgl. Allen & Pantzalis (1996), S. 639 und Pantzalis et al. (2001), S. 797.

relativ hohes Maß an leistungswirtschaftlichem Hedging. Es bleibt fraglich, ob ein Unternehmen mit mehrheitlich heimischen Tochterunternehmen bereits Diversifikationseffekte erzielt und leistungswirtschaftlich so flexibel agiert bzw. reagiert, dass dies die aus der Multinationalität resultierende, zusätzliche ökonomische Exponiertheit überkompensiert. Im Einklang zu letzterem argumentieren *Reeb et al. (1998)* und *Kwok & Reeb (2000)* entlang des CAPM, dass eine Internationalisierung die ökonomische Exponiertheit eines Unternehmens zunächst erhöht (siehe Kapitel 3.2.2.2).[374]

In ihrer Untersuchung betrachten *Allayannis et al. (2001)* 265 börsennotierte amerikanische Nicht-Finanzunternehmen im Zeitraum zwischen den Jahren 1996 und 1998. Hierbei werden zunächst Devisentermingeschäfte und Fremdwährungsverschuldung zu finanzwirtschaftlichen Hedges zusammengefasst; leistungswirtschaftliche Hedges werden über die vier oben diskutierten Maßzahlen der Dispersion abgebildet. Die Ergebnisse zeigen erstens (in den Regressionsmodellen 1 bis 4) einen signifikant negativen Zusammenhang zwischen der, auf Basis des Zweifaktorenmodells von *Jorion (1990)* errechneten, ökonomischen Exponiertheit und generellem finanzwirtschaftlichen Hedging und einen, im Fall bestehender Signifikanz, signifikant positiven Zusammenhang zwischen der ökonomischen Exponiertheit und der Dispersion. Zweitens zeigen die Ergebnisse (in den Regressionsmodellen 5 bis 8) einen signifikant positiven Zusammenhang zwischen generellem finanzwirtschaftlichen Hedging und den prozentualen Auslandsumsätzen sowie zwischen generellem finanzwirtschaftlichen Hedging und jedem der vier approximativen Maßen für die Dispersion.[375]

Allayannis et al. (2001) kommen auf Basis der Ergebnisse ihrer Regressionsanalysen 1 bis 4 zu folgendem Schluss:[376] „This indicates, that firms that are geographically dispersed have higher exposures."[377] Obwohl die Ergebnisse nahe legen, dass die Dispersionsmaße ökonomische Exponiertheit messen, interpretieren *Allayannis et al. (2001)* die Dispersionsmaße ausschließlich als leistungswirtschaftliches Hedging, das jedoch ineffektiv ist: „Overall, our results suggest that operational hedging is not an effective substitute for financial risk management."[378] Und: Da die generelle Nutzung finanzwirtschaftlicher Hedges und die Dispersionen in einem signifikant positiven Zusammenhang stehen, schließen *Allayannis et al. (2001)* letztlich auf eine

---

[374] Vgl. Reeb et al. (1998), S. 265 f. und Kwok & Reeb (2000), S. 613 f.
[375] Vgl. Allayannis et al. (2001), S. 392 ff.
[376] Allayannis et al. (2001), S. 392.
[377] Allayannis et al. (2001), S. 393.
[378] Allayannis et al. (2001), S. 393.

5 Messung der Exponiertheiten 117

parallele Nutzung dieser beiden Kategorien an Hedging-Instrumenten.[379] Bildet Dispersion jedoch nicht leistungswirtschaftliches Hedging ab, sondern ökonomische Exponiertheit, so lassen diese Ergebnisse nicht den Schluss zu, dass finanz- und leistungswirtschaftliche Hedges Komplemente sind.

Die Kritik an den Interpretationen in *Allayannis et al. (2001)* lässt sich auch auf die Schlussfolgerungen in *Kim et al. (2006)* übertragen. *Kim et al. (2006)* untersuchen 424 börsennotierte amerikanische Nicht-Finanzunternehmen und Nicht-Energieunternehmen im Jahr 1998. Die Ergebnisse zeigen, dass ein signifikant positiver Zusammenhang besteht zwischen der generellen Nutzungsentscheidung zu und dem Nutzungsausmaß an Devisentermingeschäften auf der einen Seite und den prozentualen Auslandsumsätzen sowie den vier oben diskutierten approximativen Maßen für die Dispersion auf der anderen Seite. *Kim et al. (2006)* interpretieren ihre Ergebnisse dahingehend, dass Unternehmen finanz- und leistungswirtschaftliche Hedges komplementär einsetzen. Darüber hinaus zeigen *Kim et al. (2006)*, dass zwar das Nutzungsausmaß an Devisentermingeschäften die, auf Basis des Zweifaktorenmodells von *Jorion (1990)* errechnete, absolute ökonomische Exponiertheit signifikant senkt – die Dispersionsmaße stehen jedoch in keinem signifikanten Zusammenhang mit der ökonomischen Exponiertheit.[380]

Insgesamt zeigt sich anhand der Diskussion der approximativen Maße für die Dispersion, dass Teile der empirischen Literatur eine geographische Expansion uneingeschränkt als leistungswirtschaftliches Hedging interpretieren und damit jedwede internationale Expansion über Tochterunternehmen mit einer geminderten ökonomischen Exponiertheit assoziieren. Diese Position ist zwar konsistent zu theoretischen Überlegungen zu leistungswirtschaftlichem Hedging, aber inkonsistent zu theoretischen Überlegungen zu ökonomischer Exponiertheit. Demgegenüber assoziiert der in Kapitel 5 überblickte Teil der empirischen Literatur jedwede geographische Expansion mit einer gemehrten Exponiertheit. Diese Position ist zwar konsistent zu theoretischen Überlegungen zu ökonomischer Exponiertheit, aber inkonsistent zu theoretischen Überlegungen zu leistungswirtschaftlichem Hedging. Die beiden Theoriestränge sind jedoch nicht inkommensurabel, sondern lassen sich zusammenführen. Insbesondere lässt sich die (po-

---

[379] Vgl. Allayannis et al. (2001), S. 393.
[380] Vgl. Kim et al. (2006), S. 843 ff.

tenzielle) Doppelrolle einer Internationalisierung (unter Nicht-Berücksichtigung etwaiger finanzwirtschaftlicher Hedges) anhand der *Hutson & Laing (2014)* entlehnten Abbildung 31 bis Abbildung 33 diskutieren.[381]

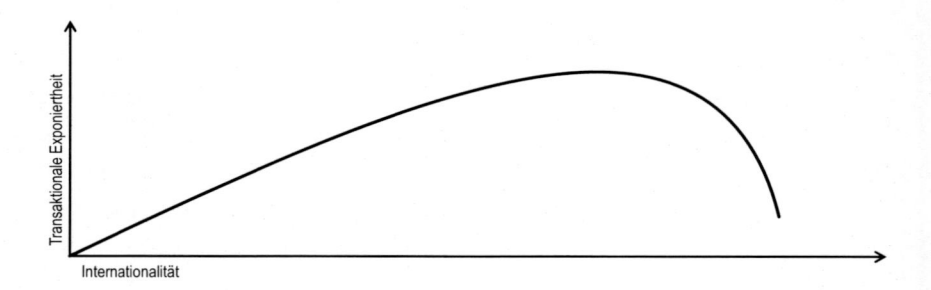

Abbildung 31: Transaktionale Exponiertheit in Abhängigkeit der Internationalität
(Quelle: Eigene Darstellung in Anlehnung an Hutson & Laing, 2014, S. 100)

Abbildung 31 beschreibt den theoretischen Zusammenhang zwischen transaktionaler Exponiertheit und der Internationalität eines Unternehmens. Hierbei zeigt sich, dass nicht-internationalisierte Unternehmen auf der linken Seite nicht transaktional exponiert sind, da sie keine grenzübergreifenden Transaktionen durchführen. Internationalisieren sich diese rein nationalen Unternehmen über Export- oder Importgeschäfte, entstehen grenzübergreifende Transaktionen und infolgedessen entsteht transaktionale Exponiertheit. Dies gilt auch für multinationale Unternehmen auf der rechten Seite. Entgegen internationalen Unternehmen können multinationale Unternehmen aber über das aus Tochterunternehmen bestehende transnationale Netzwerk ihre transaktionale Exponiertheit reduzieren oder gar eliminieren. Insgesamt sollte internationaleren Unternehmen demnach eine höhere transaktionale Exponiertheit inhärent sein als rein nationalen Unternehmen – moderat internationalisierte Unternehmen haben jedoch nach Berücksichtigung leistungswirtschaftlicher Hedges tendenziell eine höhere transaktionale Exponiertheit als in hohem Maße internationalisierte multinationale Unternehmen.[382]

---

[381] Vgl. hierzu auch Jesswein et al. (1995), S. 81 und Bartram (2004), S. 680.
[382] Vgl. Choi & Jiang (2009), S. 1973 f. und Hutson & Laing (2014), S. 100.

5 Messung der Exponiertheiten 119

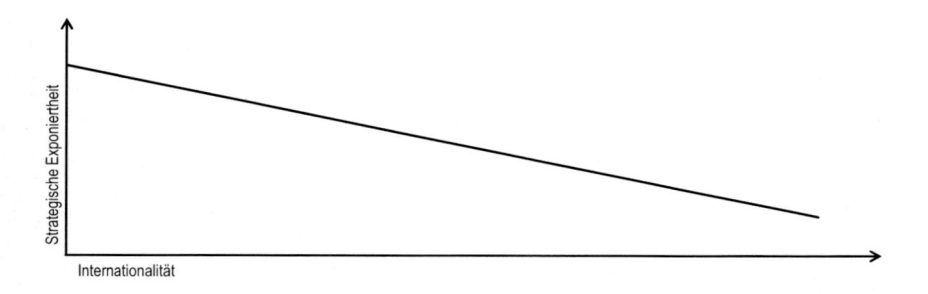

[Diagramm: Abfallende Linie in einem Koordinatensystem mit y-Achse "Strategische Exponiertheit" und x-Achse "Internationalität"]

Abbildung 32: Strategische Exponiertheit in Abhängigkeit der Internationalität
(Quelle: Eigene Darstellung in Anlehnung an Hutson & Laing, 2014, S. 100)

Abbildung 32 beschreibt den theoretischen Zusammenhang zwischen strategischer Exponiertheit und der Internationalität eines Unternehmens. Strategisch exponiert sind nicht nur multinationale Unternehmen, sondern auch internationale und nationale Unternehmen. Für rein nationale Unternehmen besteht eine (indirekte) strategische Exponiertheit, sofern diese in Konkurrenz zu strategisch exponierten Unternehmen stehen oder Beziehungen zu strategisch exponierten Abnehmern und Zulieferern unterhalten (siehe Kapitel 3.1.1).[383] Im Gegensatz zu internationalen und insbesondere multinationalen Unternehmen können rein nationale Unternehmen jedoch per Definition keine leistungswirtschaftlichen Hedging-Instrumente zum Einsatz bringen. Nach Berücksichtigung leistungswirtschaftlicher Hedges ist rein nationalen Unternehmen demnach eine höhere strategische Exponiertheit inhärent als internationaleren Unternehmen. Insgesamt nimmt die strategische Exponiertheit mit zunehmender Internationalisierung der Tendenz nach ab, sodass multinationale Unternehmen eine geringere strategische Exponiertheit aufweisen als in geringerem Maße internationalisierte Unternehmen.[384]

---

[383] Vgl. Adler & Dumas (1984), S. 41; Grant & Soenen (1991), S. 3 und Pringle (1995), S. 76 f. Vgl. hierzu auch die empirischen Befunde in Aggarwal & Harper (2010), S. 1627 ff.
[384] Vgl. Burgman (1996), S. 556 f.; Choi & Jiang (2009), S. 1973 f. und Hutson & Laing (2014), S. 100.

[Diagram: Kurve in inverser U-Form mit y-Achse "Ökonomische Exponiertheit" und x-Achse "Internationalität"]

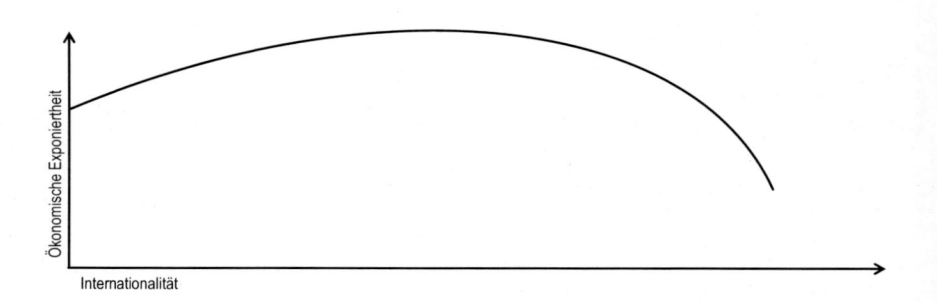

Abbildung 33: Ökonomische Exponiertheit in Abhängigkeit der Internationalität
(Quelle: Eigene Darstellung in Anlehnung an Hutson & Laing, 2014, S. 100)

Abbildung 33 stellt die Kombination aus Abbildung 31 und Abbildung 32 dar und damit den theoretischen Zusammenhang zwischen ökonomischer Exponiertheit und der Internationalität eines Unternehmens.[385] Hierbei zeigt sich ein nicht-linearer Zusammenhang (hier: inverse U-Form) zwischen der ökonomischen Exponiertheit und der Internationalität eines Unternehmens. Der nicht-lineare Zusammenhang zwischen ökonomischer Exponiertheit und Internationalität bedeutet, dass internationale Unternehmen als Zwischenformen aus nationalen und multinationalen Unternehmen durch die höchste ökonomische Exponiertheit gekennzeichnet sind. Darüber hinaus zeigt sich, dass multinationalen Unternehmen nach Berücksichtigung leistungswirtschaftlicher Hedges eine geringere ökonomische Exponiertheit inhärent sein kann als rein nationalen Unternehmen:[386] Multinationale Unternehmen haben durch ihre leistungswirtschaftliche Konfiguration mehr Freiheitsgrade, u.a. bei leistungswirtschaftlichen Hedging-Maßnahmen, als nicht-multinationale Unternehmen.[387]

Im Einklang zu dem soeben diskutierten theoretischen Zusammenhang zwischen ökonomischer Exponiertheit und der Internationalität findet sich in der Literatur der internationalen Finanzwirtschaft anekdotische Evidenz zu Unternehmen, die aufgrund ihrer breiten geographischen Streuung nicht oder nur in geringem Umfang auf finanzwirtschaftliche Hedges zurückgreifen.[388]

---

[385] Die Kombination erfolgt in etwa zu gleichen Teilen aus transaktionaler und strategischer Exponiertheit; vgl. Hutson & Laing (2014), S. 100.
[386] Vgl. Holland (1992), S. 7; Choi & Jiang (2009), S. 1973 f. und Hutson & Laing (2014), S. 100.
[387] Vgl. Dunning & Rugman (1985), S. 230.
[388] Vgl. Pringle (1991), S. 81; Moffett & Karlsen (1994), S. 168 und Kim et al. (2006), S. 836.

5 Messung der Exponiertheiten 121

Die Ergebnisse in *Aabo & Ploeen (2014)* und *Hutson & Laing (2014)* bestätigen den theoretischen Zusammenhang zudem empirisch, indem sie zeigen, dass moderat internationalisierte Unternehmen finanzwirtschaftliche Hedges generell eher nutzen als in hohem Maße internationalisierte Unternehmen. Die Ergebnisse in *Aabo & Ploeen (2014)* und *Hutson & Laing (2014)* lassen auf leistungswirtschaftliches Hedging schließen, das finanzwirtschaftliches Hedging für Unternehmen mit einer hohen Internationalität überflüssig macht.[389]

Aabo & Ploeen (2014) untersuchen 198 börsennotierte deutsche Nicht-Finanzunternehmen im Jahr 2010, u.a. hinsichtlich deren genereller Nutzungsentscheidung zu Fremdwährungsverschuldung. Hierin zeigt sich, dass der bestehende signifikante Zusammenhang zwischen der generellen Nutzung von Fremdwährungsverschuldung und der Exponiertheit (gemessen zum einen durch die prozentualen Auslandsumsätze (signifikant positiv) sowie die quadrierten prozentualen Auslandsumsätze (signifikant negativ) außerhalb Europas und zum anderen durch die prozentualen Auslandsvermögenswerte (signifikant positiv) sowie die quadrierten prozentualen Auslandsvermögenswerte (signifikant negativ) außerhalb Europas) keinem linearen Verlauf folgt, sondern graphisch einer umgedrehten U-Form gleicht; der Scheitelpunkt liegt bei 50% der Umsätze im Ausland respektive 45% der Vermögenswerte im Ausland. Basierend auf den Ergebnissen einer zusätzlichen Modellspezifikation mit der generellen Nutzungsentscheidung zu Fremdwährungsverschuldung als abhängiger Variable und sowohl den prozentualen Auslandsumsätzen als auch den prozentualen Auslandsvermögenswerten (linear, quadriert und interagiert) als unabhängigen Variablen, berichten *Aabo & Ploeen (2014)*, dass die generelle Nutzungsentscheidung zu Fremdwährungsverschuldung primär im Zusammenhang mit den Auslandsvermögenswerten steht.[390]

Hutson & Laing (2014) untersuchen 953 börsennotierte amerikanische Nicht-Finanzunternehmen im Zeitraum zwischen den Jahren 1999 und 2006 hinsichtlich deren genereller Nutzungsentscheidung zu Devisentermingeschäften. Hierbei zeigt sich zunächst, dass die nach *Aggarwal et al. (2011)* approximierte Internationalität nach Regionen (quadrierte Internationalität nach Regionen) in einem signifikant positiven (negativen) Zusammenhang steht mit der generellen Nutzung von Devisentermingeschäften.[391] In einem zweiten Regressionsmodell ergibt sich, dass

---

[389] Vgl. hierzu auch die empirischen Befunde in Mathur (1985b), S. 9 f.
[390] Vgl. Aabo & Ploeen (2014), S. 120 ff.
[391] *Aggarwal et al. (2011)* unterscheiden zwischen nationalen, regionalen, (mehreren Abstufungen von) transregionalen und globalen Unternehmen; vgl. Aggarwal et al. (2011), S. 561 ff. Vgl. hierzu auch Hutson & Laing (2014), S. 99.

die logarithmierte Anzahl der ausländischen Tochterunternehmen (quadrierte logarithmierte Anzahl der ausländischen Tochterunternehmen) in einem signifikant positiven (negativen) Zusammenhang steht mit der generellen Nutzung von Devisentermingeschäften. In einem dritten Regressionsmodell zeigt sich, dass die logarithmierte Anzahl der Länder, in denen das Unternehmen Tochterunternehmen unterhält (quadrierte logarithmierte Anzahl der Länder, in denen das Unternehmen Tochterunternehmen unterhält) in einem signifikant positiven (negativen) Zusammenhang steht mit der generellen Nutzung von Devisentermingeschäften. Diese Ergebnisse liefern laut *Hutson & Laing (2014)* eine Indikation dafür, dass die generelle Nutzung von Devisentermingeschäften einem nicht-linearen Verlauf folgt; moderat internationalisierte Unternehmen nutzen Devisentermingeschäfte mit einer höheren Wahrscheinlichkeit als in hohem Maße internationale Unternehmen, die bereits leistungswirtschaftlich abgesichert sind.[392] *Hutson & Laing (2014)* berichten zudem, dass bei einer Erweiterung der eingesetzten binären Indikatorvariable zur generellen Nutzung von Devisentermingeschäften um die generelle Nutzung von Fremdwährungsverschuldung die zentralen Resultate aller Regressionsmodelle beständig sind.[393]

In nachfolgenden Regressionsmodellen, die die auf Basis des Zweifaktorenmodells von *Jorion (1990)* errechnete absolute ökonomische Exponiertheit als abhängige Variable beinhalten, zeigen *Hutson & Laing (2014)* darüber hinaus, dass alle drei genutzten approximativen Maße für die Internationalität (Internationalität nach Regionen, logarithmierte Anzahl der ausländischen Tochterunternehmen und logarithmierte Anzahl der Länder, in denen das Unternehmen Tochterunternehmen unterhält) in einem signifikant negativen Zusammenhang stehen zur absoluten ökonomischen Exponiertheit. Unternehmen mit einem höheren Maß an Internationalität weisen demnach eine geringere absolute ökonomische Exponiertheit auf als Unternehmen mit einem niedrigeren Maß an Internationalität, was wiederum für leistungswirtschaftliches Hedging spricht. Die binäre Indikatorvariable zur generellen Nutzung von Devisentermingeschäften steht ebenfalls in einem signifikant negativen Zusammenhang mit der absoluten ökonomischen Exponiertheit, sodass von einem komplementären Einsatz von Devisentermingeschäften und leistungswirtschaftlichen Hedges ausgegangen werden kann.[394]

---

[392] Vgl. Hutson & Laing (2014), S. 104 f.
[393] Vgl. Hutson & Laing (2014), S. 101.
[394] Vgl. Hutson & Laing (2014), S. 105 f.

Insgesamt lässt sich auf Basis der obigen theoretischen Überlegungen und empirischen Belege folgendes festhalten: In Bezug auf die empirische Frage nach der untergeordneten Exponiertheit, der Unternehmen mittels Fremdwährungsverschuldung als Hedge begegnen, besteht das Problem, dass ein stetiges Internationalisierungsmaß, das die Dispersion ausländischer Tochterunternehmen anzeigt, nicht in der Lage ist, zwischen ökonomischer bzw. strategischer Exponiertheit und leistungswirtschaftlichem Hedging zu unterscheiden. Ausländische Tochterunternehmen können ökonomische bzw. strategische Exponiertheit entstehen lassen, aber auch als leistungswirtschaftliche Hedges fungieren. Der Mangel an Trennschärfe zwischen ökonomischer bzw. strategischer Exponiertheit und leistungswirtschaftlichem Hedging kann potenziell zu Fehlinterpretationen führen. Bildet Dispersion ökonomische Exponiertheit ab und stehen Devisentermingeschäfte in einem signifikant positiven und Fremdwährungsverschuldung in einem signifikant negativen Zusammenhang hierzu, lässt sich dieses Ergebnis als ersatzweise Nutzung der beiden finanzwirtschaftlichen Hedging-Instrumente interpretieren. Bildet Dispersion allerdings nicht ökonomische Exponiertheit ab, sondern leistungswirtschaftliches Hedging und stehen Devisentermingeschäfte in einem signifikant positiven und Fremdwährungsverschuldung in einem signifikant negativen Zusammenhang hierzu, lässt sich dieses Ergebnis ebenfalls, aber fälschlich, als ersatzweise Nutzung der beiden finanzwirtschaftlichen Hedging-Instrumente interpretieren. In diesem Fall sind Devisentermingeschäfte und Fremdwährungsverschuldung keine Substitute, dafür aber Fremdwährungsverschuldung und leistungswirtschaftliche Hedges. Hieraus folgt zudem, dass Fremdwährungsverschuldung und Devisentermingeschäften Komplemente sind.

5.3 Kritische Einordnung der Exponiertheitsmaße

Die prozentualen Auslandsumsätze sind traditionell das gebräuchlichste approximative Maß, das empirische Untersuchungen zur Abbildung der Exponiertheit eines Unternehmens heranziehen.[395] Ein alleiniger Einsatz der prozentualen Auslandsumsätze ist jedoch problematisch, sofern die empirischen Untersuchungen der untergeordneten Frage nach der Kategorie an Exponiertheit nachgehen, der Unternehmen mittels Fremdwährungsverschuldung als Hedge begegnen. Problematisch ist hierbei, dass ein auf Auslandsumsätzen basierendes Internationali-

---

[395] Vgl. Allayannis et al. (2001), S. 392; Bartram & Bodnar (2007), S. 659 und Aabo et al. (2015), S. 591. Vgl. hierzu auch Sullivan (1994), S. 327 ff.

sierungsmaß nicht in der Lage ist, zwischen ökonomischer bzw. transaktionaler und translationaler Exponiertheit zu unterscheiden, da ausländische Umsätze zwar ökonomische bzw. transaktionale, aber auch translationale Exponiertheit entstehen lassen können. Die fehlende Unterscheidbarkeit zwischen diesen zwei Kategorien an Exponiertheit ist eine Quelle für potenzielle Fehlinterpretationen: Betrachten empirische Untersuchungen ausländische Umsätze ausschließlich als transaktionale Exponiertheit, folgt aus einem signifikant positiven Zusammenhang zwischen Fremdwährungsverschuldung und Auslandsumsätzen die Interpretation, dass Unternehmen Fremdwährungsverschuldung als kurzfristigen, am Marktwert orientierten Hedge einsetzen. Dabei kann Fremdwährungsverschuldung tatsächlich als am Buchwert orientierter Hedge dienen.

Um diesem ersten Problem potenzieller Falschzuordnungen zu begegnen, ziehen einige empirische Untersuchungen, neben einem auf ausländischen Umsätzen basierenden approximativen Internationalisierungsmaß, ein approximatives Internationalisierungsmaß heran, das auf ausländischen Vermögenswerten basiert. Dieses Vorgehen löst zwar (teilweise) das Problem der mangelnden Trennschärfe zwischen ökonomischer bzw. transaktionaler und translationaler Exponiertheit, ist jedoch in sich problematisch: Ein auf ausländischen Vermögenswerten basierendes Internationalisierungsmaß kann nicht zwischen translationaler und ökonomischer bzw. strategischer Exponiertheit unterscheiden, da ausländische Vermögenswerte zwar translationale, aber auch ökonomische bzw. strategische Exponiertheit entstehen lassen können. Die fehlende Unterscheidbarkeit zwischen diesen zwei Kategorien an Exponiertheit ist eine zweite Quelle für potenzielle Fehlinterpretationen: Betrachten empirische Untersuchungen ausländische Vermögenswerte ausschließlich als translationale Exponiertheit, folgt aus einem signifikant positiven Zusammenhang zwischen Fremdwährungsverschuldung und Auslandsvermögenswerten die Interpretation, dass Unternehmen Fremdwährungsverschuldung als am Buchwert orientierten Hedge einsetzen. Dabei kann Fremdwährungsverschuldung tatsächlich als langfristiger, am Marktwert orientierter Hedge dienen.

Um diesem zweiten Problem potenzieller Falschzuordnungen zu begegnen, ziehen empirische Untersuchungen bisweilen, neben einem auf ausländischen Umsätzen und einem auf ausländischen Vermögenswerten basierenden approximativen Internationalisierungsmaß, ein auf ausländischen Tochterunternehmen basierendes approximatives Internationalisierungsmaß heran. Hierbei besteht nun aber das Problem, dass ein auf ausländischen Tochterunternehmen basie-

5 Messung der Exponiertheiten

rendes Internationalisierungsmaß nicht zwischen ökonomischer bzw. strategischer Exponiertheit und leistungswirtschaftlichem Hedging unterscheiden kann, da ausländische Tochterunternehmen zwar ökonomische bzw. strategische Exponiertheit entstehen lassen, aber auch als leistungswirtschaftliche Hedges fungieren. Der Mangel an Trennbarkeit zwischen ökonomischer bzw. strategischer Exponiertheit und leistungswirtschaftlichem Hedging ist eine dritte Quelle für potenzielle Fehlinterpretationen: Betrachten empirische Untersuchungen ausländische Tochterunternehmen ausschließlich als leistungswirtschaftliche Hedges, folgt aus einem signifikant positiven Zusammenhang zwischen Fremdwährungsverschuldung und Auslandstochterunternehmen die Interpretation, dass Unternehmen Fremdwährungsverschuldung komplementär zu leistungswirtschaftlichen Hedges einsetzen, als kurzfristigen, am Marktwert orientierten Hedge. Dabei kann Fremdwährungsverschuldung tatsächlich der Eindämmung der ökonomischen bzw. strategischen Exponiertheit dienen und damit als Substitut für leistungswirtschaftliche Hedges fungieren.

Zusammenfassend lässt sich festhalten: Empirische Untersuchungen, die der Frage nach der untergeordneten Nutzung von Fremdwährungsverschuldung als Hedge nachgehen, sollten in ihren Regressionsmodellen dreierlei approximative Internationalisierungsmaße berücksichtigen. Erstens ein Maß für die ökonomische bzw. transaktionale Exponiertheit, das auf Auslandsumsätzen basiert. Zweitens ein Maß für die translationale Exponiertheit, das auf Auslandsvermögenswerten basiert und drittens ein Maß für die ökonomische bzw. strategische Exponiertheit, das auf Auslandstochterunternehmen basiert. Neben einem Maß für jede der Kategorien an Exponiertheit bedarf es letztlich eines ebenfalls auf ausländischen Tochterunternehmen fußenden Maßes für leistungswirtschaftliches Hedging.

Kapitel 6.2 ermittelt Regressionsmodelle zur Beantwortung der empirischen Fragen nach der über- und untergeordneten Nutzungsweise von Fremdwährungsverschuldung (als Hedge). Diese Regressionsmodelle beinhalten (stetige) approximative Maße für jede Kategorie an Exponiertheit und zudem eine Maßzahl für leistungswirtschaftliches Hedging. Nicht zuletzt aufgrund der Komplexität in der approximativen Messung der Internationalität und, in der Folge, in der Interpretation der Ergebnisse, schließt sich hieran eine Überprüfung der durch den Einsatz einer quantitativen Forschungsmethode (multivariate Regressionsanalyse) erlangten Erkenntnisse mittels einer qualitativen Forschungsmethode (Experteninterviews) an (Kapitel 6.3). Charakteristisch für ein solches Mixed-Methods-Forschungsdesign erfolgt die Besprechung der ermittelten empirischen Ergebnisse (Kapitel 6.4) und deren Limitationen (Kapitel 6.5) integriert, wobei der Fokus auf der quantitativen Hauptuntersuchung liegt. Zunächst erfolgt allerdings eine Darstellung des methodologischen Rahmens, in den die beiden Teiluntersuchungen fallen (Kapitel 6.1).

6 Empirische Untersuchung

6.1 Forschungsdesign der Mixed Methods

Bei Mixed Methods handelt es sich um eine Kombination qualitativer und quantitativer Forschungsmethoden innerhalb eines Forschungsprojekts.[396] Dabei unterscheidet sich das qualitative von dem quantitativen Forschungsparadigma in ontologischer (Lehre vom Sein, vom Seienden), epistemologischer, d.h. erkenntnistheoretischer, und methodologischer Hinsicht. Traditionell ist die qualitative Forschungsmethode assoziiert mit dem konstruktivistischen Forschungsparadigma. Ontologisch betrachtet gibt es hier mehrere Wahrheiten als subjektive Realitäten, die abhängig von der menschlichen Wahrnehmung existieren. Epistemologisch bestehen im konstruktivistischen Forschungsparadigma das Beobachtete und der Beobachtende nicht getrennt; Forscher/-innen können Phänomene entsprechend nicht analysieren, ohne dass die Phänomene sie beeinflussen und ohne dass sie die Phänomene beeinflussen. Zeit- und kontextunabhängige Generalisierungen sind nicht möglich; der Erkenntnisgewinn folgt einer induktiven Logik. Hingegen ist die quantitative Forschungsmethode traditionell assoziiert mit dem positivistischen Forschungsparadigma. Ontologisch betrachtet gibt es hier nur eine Wahrheit als objektive Realität, die unabhängig von der menschlichen Wahrnehmung existiert. Epistemologisch bestehen im positivistischen Forschungsparadigma das Beobachtete und der Beobachtende getrennt; Forscher/-innen können Phänomene entsprechend analysieren, ohne dass die Phänomene sie beeinflussen und ohne dass sie die Phänomene beeinflussen. Zeit- und kontextunabhängige Generalisierungen sind möglich; der Erkenntnisgewinn folgt einer deduktiven Logik.[397]

Mixed Methods ist eine eigenständige Forschungsmethode und als solche assoziiert mit dem Forschungsparadigma des Pragmatismus. Dem Pragmatismus zufolge können und müssen epistemologische Überzeugungen und Forschungsmethoden getrennt und letztere dem Forschungsziel untergeordnet werden;[398] Pragmatiker lehnen die von konstruktivistischen und positivistischen Puristen postulierte Inkommensurabilität der Forschungsmethoden ab, stattdessen treten sie für einen bedarfsgesteuerten Einsatz induktiver und deduktiver Methoden ein.[399] Gemäß der

---

[396] Vgl. Johnson et al. (2007), S. 123; Tashakkori & Creswell (2007), S. 4 und Wrona & Fandel (2010), S. 2.
[397] Vgl. Sale et al. (2002), S. 44 f.; Johnson & Onwuegbuzie (2004), S. 14 und Shah & Corley (2006), S. 1822 f.
[398] Vgl. Bryman (1984), S. 89 f.; Onwuegbuzie & Leech (2005), S. 376 und Bryman (2006b), S. 113 ff.
[399] *Onwuegbuzie & Leech (2005)* plädieren beispielsweise dafür, die Demarkationslinie nicht entlang induktiver und deduktiver Methoden zu ziehen, sondern eine Trennung zwischen explorativen und konfirmativen Methoden vorzunehmen; vgl. Onwuegbuzie & Leech (2005), S. 382 f.

pragmatischen Maxime, nach der (auch) Forschungsfragen und -methoden durch den potenziell zu erzielenden Nutzen getrieben sein sollten, bedienen sich pragmatische Forscher/-innen der Methoden nach dem Baukastenprinzip auf der Suche nach dem geeignetsten Instrument. Hieraus folgt auch, dass die Forschungsfragen die Forschungsmethoden bestimmen und dass die Forschungsmethoden nicht die Forschungsfragen einschränken im Sinne eines „[…] the means eats the ends […]."[400] Für Pragmatiker gilt vielmehr: „[...] the end justifies the means […]."[401]

Die Methodenkombination lässt sich anhand zweier Dimensionen betrachten. Zum einen anhand der inhaltlichen Dimension und zum anderen anhand der prozessualen Dimension. In inhaltlicher Hinsicht handelt es sich bei der Methodenmischung entweder um eine qualitative Forschungsmethode mit quantitativer Beimischung oder um eine quantitative Forschungsmethode mit qualitativer Beimischung. In prozessualer Hinsicht kann die Methodenmischung entweder nach- oder nebeneinander erfolgen.[402] Im Rahmen einer sequentiellen Nutzung kann die quantitative der qualitativen Forschungsmethode folgen. Diese Reihenfolge dominiert bei abstrakten Fragestellungen und niedrigem Vorwissensstand. Alternativ kann die qualitative der quantitativen Forschungsmethode folgen. Diese Reihenfolge ist bei konkreten Fragestellungen und hohem Vorwissensstand vorherrschend.[403] Bei dem der vorliegenden Untersuchung zugrunde liegenden Mixed-Methods-Forschungsdesign handelt es sich inhaltlich betrachtet um ein quantitatives Forschungsdesign (multivariate Regressionsanalysen) mit qualitativer Beimischung (Experteninterviews). Prozessual betrachtet handelt es sich um ein sequentielles Forschungsdesign, in dem die qualitative Untersuchung der quantitativen Untersuchung folgt.

Grundsätzlich gilt, dass Mixed Methods ihre potenzielle Überlegenheit gegenüber Mono Methods nur entfalten können, soweit sich die jeweiligen Stärken qualitativer und quantitativer Forschungsmethoden komplementieren und die jeweiligen Schwächen kompensieren.[404] Dieses Fundamentalprinzip der Mixed Methods ist zugleich Handlungsanweisung und elementare Rechtfertigung für eine Methodenmischung.[405] *Kelle (2010)* bemerkt spezifisch zu den Potenzialen sequentieller Forschungsdesigns, in denen die qualitative Methode auf die quantitative

---

[400] Webb (2012), S. 67. Vgl. Johnson & Onwuegbuzie (2004), S. 16 f.; Plano Clark & Badiee (2010), S. 278 f. und Tashakkori & Teddlie (2010), S. 10 u. 17 f.
[401] Hurmerinta-Peltomäki & Nummela (2004), S. 164.
[402] Vgl. Johnson & Onwuegbuzie (2004), S. 19 f. und Wrona & Fandel (2010), S. 4. Für eine mehrdimensionalere Klassifizierung der Mixed-Methods-Forschungsdesigns; vgl. Nastasi et al. (2010), S. 311 ff.
[403] Vgl. Hurmerinta-Peltomäki & Nummela (2004), S. 165 f. und Cronholm & Hjalmarsson (2011), S. 88 ff.
[404] Vgl. Jick (1979), S. 604; Bryman (2006a), S. 106 und Wrona & Fandel (2010), S. 5.
[405] Vgl. Johnson & Onwuegbuzie (2004), S. 18.

Methode folgt: „In einem sequentiellen quantitativ-qualitativen Mixed Methods-Design […] kann eine initiale quantitative Studie der Identifikation von statistischen Zusammenhängen und unaufgeklärten Varianzen dienen […]. Eine daran anschließend [sic!] qualitative Untersuchung kann dann genutzt werden, um Informationen zu erheben, die eine Interpretation der statistischen Befunde oder die Aufklärung unerklärter Varianz der abhängigen Variablen erlauben."[406] Zudem lassen sich über sequentielle quantitativ-qualitative Methodenkombinationen spezifische Methodenprobleme und Validitätsbedrohungen adressieren.[407]

6.2 Quantitative Untersuchung
6.2.1 Hypothesen, Methode und Stichprobe

Nutzenseitig betrachtet ist leistungswirtschaftliches Hedging das geeignetste Instrument, um strategische Exponiertheit zu reduzieren. Leistungswirtschaftliche Hedges sind jedoch langwierig in ihrer Umsetzung, gehen mit hohen Erstellungs-, Kontroll- und Koordinationskosten einher und lassen sich generell nicht mit jedem Geschäftsmodell in Einklang bringen.[408] Darüber hinaus entstehen bei bestimmten Technologien hohe Opportunitätskosten in Form entgangener Skalenerträge (siehe Kapitel 3.2.2.4).[409] Der Theorie nach kann finanzwirtschaftliches Hedging als Substitut für leistungswirtschaftliches Hedging fungieren (Cross Hedge). Lassen sich leistungswirtschaftliche Hedges nur unter (prohibitiv) hohen Kosten einsetzen, ist Fremdwährungsverschuldung aufgrund der Laufzeitlänge der geeignetste finanzwirtschaftliche Hedge, um strategische Exponiertheit einzudämmen (siehe Kapitel 3.3).

Die auf Sekundärdaten beruhende empirische Literatur, die der Frage nach der untergeordneten Exponiertheit nachgeht, der Unternehmen mittels Fremdwährungsverschuldung als Hedge begegnen, kommt zu dem Schluss, dass es sich bei Fremdwährungsverschuldung entweder um einen Hedge für transaktionale Exponiertheit handelt oder um einen Hedge für translationale Exponiertheit (siehe Kapitel 4.2). Lediglich *Nguyen & Faff (2006)* liefern Belege dafür, dass Fremdwährungsverschuldung als Hedge der Eindämmung langfristiger ökonomischer Exponiertheit dient.[410]

---

[406] Kelle (2010), S. 33 f.
[407] Vgl. Kelle (2010), S. 34.
[408] Vgl. Glaum (1990), S. 70 f.; Logue (1995), S. 48 und Capel (1997), S. 103.
[409] Vgl. Lessard & Lightstone (1986), S. 112; Pringle (1991), S. 82 und Grant & Soenen (2004), S. 60.
[410] Vgl. Nguyen & Faff (2006), S. 197 f.

Da die Heterogenität der Ergebnisse der empirischen Literatur auf Messprobleme zurückzuführen sein kann (siehe Kapitel 5.3), erscheint es geboten, die Frage nach der Nutzungsweise von Fremdwährungsverschuldung (als Hedge) erneut zu stellen. Zu diesem Zweck wird ein grundlegendes Regressionsmodell aufgestellt, das (stetige) approximative Maße für die transaktionale, die translationale und auch die strategische Exponiertheit beinhaltet. Hinzu kommt noch ein (stetiges) approximatives Maß für leistungswirtschaftliches Hedging. Die Grundgesamtheit besteht aus deutschen multinationalen Nicht-Finanzunternehmen mit Börsennotierung im Jahr 2013. Im Einzelnen werden die folgenden drei Forschungsfragen gestellt.

Die erste Forschungsfrage lautet: Nutzen deutsche multinationale Nicht-Finanzunternehmen Fremdwährungsverschuldung als Hedging-Instrument?

Die Untersuchung der ersten Forschungsfrage erfolgt anhand der ersten Hypothese (H1):

H1: Deutsche multinationale Nicht-Finanzunternehmen nutzen Fremdwährungsverschuldung als Hedging-Instrument.

Die zweite Forschungsfrage lautet: Nutzen deutsche multinationale Nicht-Finanzunternehmen Fremdwährungsverschuldung als Hedging-Instrument zur Eindämmung ihrer (langfristigen) ökonomischen Exponiertheit?

Die Untersuchung der zweiten Forschungsfrage erfolgt anhand der zweiten Hypothese (H2):

H2: Deutsche multinationale Nicht-Finanzunternehmen nutzen Fremdwährungsverschuldung als Hedging-Instrument zur Eindämmung ihrer (langfristigen) ökonomischen Exponiertheit.

Die dritte Forschungsfrage lautet: Nutzen deutsche multinationale Nicht-Finanzunternehmen Fremdwährungsverschuldung als Substitut für leistungswirtschaftliche Hedging-Instrumente?

Die Untersuchung der dritten Forschungsfrage erfolgt anhand der dritten Hypothese (H3):

H3: Deutsche multinationale Nicht-Finanzunternehmen nutzen Fremdwährungsverschuldung als Substitut für leistungswirtschaftliche Hedging-Instrumente.

Empirisch-quantitative Untersuchungen, die Forschungsfragen nach dem Einsatz einzelner Hedging-Instrumente nachgehen, nutzen die theoretisch schlüssige und empirisch belegte Er-

6 Empirische Untersuchung

kenntnis, dass Unternehmen Devisentermingeschäfte einsetzen, um ihre kurzfristige ökonomische und insbesondere transaktionale Exponiertheit einzudämmen. Devisentermingeschäfte fungieren hierbei als interpretatorischer Angelpunkt, von dem ausgehend anderweitige Hedging-Instrumente ihrer Nutzung nach eingeordnet werden. Zeigen die Ergebnisse einer Regressionsanalyse, dass ein signifikant positiver Zusammenhang besteht zwischen Devisentermingeschäften und Fremdwährungsverschuldung, gilt dies als Indikation für eine parallele Nutzung dieser Hedging-Instrumente. Die beiden finanzwirtschaftlichen Hedges sind als Komplemente anzusehen. Hieraus folgt, dass Fremdwährungsverschuldung *nicht* als Hedge zur Eindämmung kurzfristiger ökonomischer und insbesondere transaktionaler Exponiertheit fungiert. Zeigen die Ergebnisse einer Regressionsanalyse hingegen, dass ein signifikant negativer Zusammenhang besteht zwischen Devisentermingeschäften und Fremdwährungsverschuldung, gilt dies als Indikation für eine ersatzweise Nutzung dieser Hedging-Instrumente. Die beiden finanzwirtschaftlichen Hedges sind als Substitute anzusehen. Hieraus folgt, dass Fremdwährungsverschuldung (ebenfalls) als Hedge zur Eindämmung kurzfristiger ökonomischer und insbesondere transaktionaler Exponiertheit dient.

Den interpretatorischen Angelpunkt der vorliegenden empirisch-quantitativen Untersuchung stellen nicht Devisentermingeschäfte dar, sondern leistungswirtschaftliche Hedges. Die Untersuchung nutzt die theoretisch schlüssige und empirisch belegte Erkenntnis, dass Unternehmen leistungswirtschaftliche Hedges einsetzen, um hierüber ihre (langfristige) ökonomische und insbesondere strategische Exponiertheit einzudämmen. Zeigen die Ergebnisse der Regressionsanalysen, dass ein signifikant positiver Zusammenhang besteht zwischen leistungswirtschaftlichem Hedging und Fremdwährungsverschuldung, gilt dies als Beleg für eine parallele Nutzung dieser Hedging-Instrumente. Die beiden natürlichen Hedges sind als Komplemente anzusehen. Hieraus folgt, dass Fremdwährungsverschuldung *nicht* als Hedge zur Eindämmung langfristiger ökonomischer und insbesondere strategischer Exponiertheit fungiert. Zeigen die Regressionsanalysen hingegen, dass ein signifikant negativer Zusammenhang besteht zwischen leistungswirtschaftlichem Hedging und Fremdwährungsverschuldung, gilt dies als Beleg für eine ersatzweise Nutzung dieser Hedging-Instrumente. Die beiden natürlichen Hedges sind als Substitute anzusehen. Hieraus folgt, dass Fremdwährungsverschuldung (ebenfalls) als Hedge zur Eindämmung langfristiger ökonomischer und insbesondere strategischer Exponiertheit dient.

Die Regressionsanalysen erfolgen nach der Methode der kleinesten Quadrate (MKQ).[411] Die abhängige Variable des Regressionsmodells, prozentuale Fremdwährungsverschuldung, errechnet sich als das Nominalvolumen der festverzinslichen Anleihen, die das Unternehmen in Fremdwährung denominiert in Relation zum gesamten Nominalvolumen festverzinslicher Anleihen im Jahr 2013. Mittels Bildung solch einer stetigen abhängigen Variablen lassen sich Beeinflussungsfaktoren des Nutzungsgrads bzw. -ausmaßes an (natürlicher) Fremdwährungsverschuldung identifizieren.[412] Daher liefern die Ergebnisse der folgenden Regressionsanalysen mehr als nur Indikationen zu den Beeinflussungsfaktoren der binären Entscheidung über die Nutzung einzelner finanzwirtschaftlicher Hedging-Instrumente.[413]

Die grundlegende Regressionsgleichung lautet:

$$\% \, Fremdwährungsverschuldung_i = \alpha + \beta_1 \, (Unternehmensgröße)_i +$$
$$\beta_2 \, (Industrieklasse)_i + \beta_3 \, (Verschuldungsgrad)_i +$$
$$\beta_4 \, (Währungsswaps)_i + \beta_5 \, (\% \, Auslandsumsatz)_i + \quad (5)$$
$$\beta_6 (\% \, Auslandsvermögen)_i + \beta_7 (Konzentration)_i + \beta_8 \, (Dispersion)_i + \varepsilon_i$$

Neben der abhängigen Variablen, prozentuale Fremdwährungsverschuldung, beinhaltet das grundlegende Regressionsmodell acht unabhängige Variablen. Zum einen handelt es sich hierbei um vier Kontrollvariablen zu Unternehmenscharakteristika (namentlich: Unternehmensgröße, Industrieklasse, Verschuldungsgrad und Währungsswaps). Zum anderen handelt es sich hierbei um vier Variablen zu Internationalisierungscharakteristika (namentlich: prozentuale Auslandsumsätze, prozentuale Auslandsvermögenswerte, Konzentration und Dispersion). Letztere sollen die Internationalität der Unternehmen in ihrer mehrdimensionalen Komplexität abbilden.

Unternehmensgröße

Die erste Kontrollvariable, Unternehmensgröße, errechnet sich als Logarithmus der Bilanzsumme der Unternehmen im Jahr 2013. Hierin folgt die Untersuchung u.a. *Aabo & Ploeen*

---

[411] Die Durchführung der Regressionsanalyse(n) erfolgte unter Zuhilfenahme der Software Stata 11.
[412] Vgl. Allayannis & Ofek (2001), S. 276; Nguyen & Faff (2006), S. 190 und Aabo & Ploeen (2014), S. 117.
[413] *Aabo & Ploeen (2014)* und *Hutson & Laing (2014)* sind Beispiele für empirische Untersuchungen, die sich auf abhängige binäre Indikatorvariablen beschränken und folglich auf Fragestellungen zur Nutzung oder Nicht-Nutzung bestimmter finanzwirtschaftlicher Hedging-Instrumente; vgl. Aabo & Ploeen (2014), S. 118 und Hutson & Laing (2014), S. 104.

(2014).[414] Zum einen weisen größere Unternehmen niedrigere Kosten auf bezüglich Hedging allgemein und bezüglich Fremdwährungsverschuldung als Hedge im Besonderen, da sie hierbei administrative, informationale und transaktionale Skalenerträge generieren.[415] Diese Theorie lässt einen positiven Zusammenhang zwischen der Unternehmensgröße und der prozentualen Fremdwährungsverschuldung erwarten. Zum anderen aber weisen kleinere Unternehmen einen höheren Nutzen auf bezüglich Hedging allgemein und bezüglich Fremdwährungsverschuldung als Hedge im Besonderen, da sie hierüber überproportional ihre erwarteten Insolvenzkosten und Steuerlasten senken können.[416] Diese Theorie lässt einen negativen Zusammenhang zwischen der Unternehmensgröße und der prozentualen Fremdwährungsverschuldung erwarten.

Die theoretische Literatur der internationalen Finanzwirtschaft geht in Bezug auf Fremdwährungsverschuldung zudem davon aus, dass größere – und damit tendenziell auch internationalere[417] – Unternehmen bessere Kapitalmarktzugänge und ein positivere Reputation ausprägen, die bei der Nutzung nicht-heimischer Kapitalmärkte zu einer höheren Nachfrage nach deren Fremdkapital-Emissionen und entsprechend geringeren Kapitalkosten führen.[418] Darüber hinaus sind größere Unternehmen, insbesondere mit Tochterunternehmen in den entsprechenden Fremdmärkten, „sichtbarer" und für (potenzielle) Investoren mit geringeren Informationsasymmetrien behaftet.[419] Treffen diese Theorien zu, können größere Unternehmen bei gedeckten Fremdkapitalaufnahmen über nicht-heimische Kapitalmärkte Finanzierungsvorteile gegenüber kleineren Unternehmen erzielen. Die theoretische Literatur der internationalen Finanzwirtschaft diskutiert in Bezug auf Fremdwährungsverschuldung ferner, dass größere Unternehmen durchschnittlich stabilere Netto-Zahlungsströme aufweisen und entsprechend geringere Insolvenzkosten erwarten lassen.[420] Trifft diese Theorie zu, sind größere Unternehmen mit ihren

---

[414] Vgl. Aabo & Ploeen (2014), S. 118.
[415] Vgl. Nance et al. (1993), S. 269; Esho et al. (2007), S. 200 und Nandy (2010), S. 583. Vgl. hierzu auch die empirischen Befunde in Pramborg (2005), S. 351 u. 358; Aabo (2006), 642 f. und Hagelin & Pramborg (2006), S. 154 f.
[416] Vgl. Nance et al. (1993), S. 269; Esho et al. (2007), S. 200 und Nandy (2010), S. 583.
[417] Vgl. Caves (1971), S. 7; Dominguez & Tesar (2001), S. 367 und El-Masry & Abdel-Salam (2007), S. 742. Vgl. hierzu die empirischen Befunde in Bartram & Bodnar (2007), S. 655; Aggarwal & Harper (2010), S. 1624 und Hutson & Laing (2014), S. 103 u. 105.
[418] Vgl. Keloharju & Niskanen (2001), S. 490; Nguyen & Faff (2006), S. 197 und Nandy (2010), S. 583.
[419] Vgl. Kedia & Mozumdar (2003), S. 531 f.; Nguyen & Faff (2006), S. 197 und González et al. (2010), S. 684. Vgl. hierzu auch Stulz (1999), S. 11.
[420] Vgl. Shapiro (1978a), S. 222.

stabileren Netto-Zahlungsströmen eher in der Lage, Spekulationsverluste aus einer ungedeckten Fremdkapitalaufnahme zu tragen als kleinere Unternehmen.[421]

Insgesamt können größere Unternehmen eher geneigt sein sich über Fremdwährungsverschuldung abzusichern als kleinere Unternehmen. Zudem können größere Unternehmen eher dazu neigen sich über Fremdwährungsverschuldung zu finanzieren oder hierüber zu spekulieren. Jede der soeben genannten Theorien lässt für sich genommen einen positiven Zusammenhang zwischen der Unternehmensgröße und der prozentualen Fremdwährungsverschuldung erwarten. Demgegenüber können kleinere Unternehmen überproportional von Hedging mittels Fremdwährungsverschuldung profitieren. Diese Theorie lässt einen negativen Zusammenhang zwischen der Unternehmensgröße und der prozentualen Fremdwährungsverschuldung erwarten. Im Ergebnis ist den entgegenlaufenden theoretischen Überlegungen zufolge kein bestimmter Zusammenhang zwischen der Unternehmensgröße und der prozentualen Fremdwährungsverschuldung zu erwarten.

Industrieklasse

Die zweite Kontrollvariable, Industrieklasse, ist eine Indikatorvariable, die den Wert eins annimmt, falls das Unternehmen der entsprechenden Industrieklasse zuordenbar ist, und sonst den Wert null.[422] Die Zuordnung zu einer Industrieklasse erfolgt anhand der Standard Industrial Classification (SIC)[423] und der hierauf aufbauenden Industrieklassifizierung nach *Choi & Jiang (2009)*.[424] Hieraus ergeben sich sechs Industriekategorien, wobei öffentlich-rechtliche Unternehmen ausgeschlossen sind (SIC-Kodenummern 9000 bis 9899). Die erste Kategorie umfasst alle Unternehmen des Agrar-, Försterei-, Bergbau- und des Baugewerbes (SIC-Kodenummern 0100 bis 1799). Die zweite Kategorie umfasst alle Unternehmen der fertigenden Industrie (SIC-Kodenummern 2000 bis 3999). Die dritte Kategorie umfasst alle Unternehmen der Transport-, Kommunikations-, Elektro-, Gas- und Gesundheitsbranche (SIC-Kodenummern 4000 bis 4991). Die vierte Kategorie umfasst alle Unternehmen des Groß- und Einzelhandels (SIC-Kodenummern 5000 bis 5999). Die fünfte Kategorie umfasst alle Unternehmen der Finanz-,

---

[421] Vgl. Gelos (2003), S. 325. Vgl. hierzu auch Stulz (1996), S. 16 f.
[422] Vgl. Choi & Jiang (2009), S. 1980.
[423] Vgl. Küting & Eidel (1999), S. 231.
[424] Vgl. Choi & Jiang (2009), S. 1974. Vgl. hierzu auch die ähnliche Industrieklassifizierung in Jesswein et al. (1995), S. 73.

Versicherungs- und Immobilienbranche (SIC-Kodenummern 6000 bis 6799). Die sechste Kategorie umfasst alle Unternehmen der Dienstleistungsbranche (SIC-Kodenummern 7000 bis 8999). Die Indikatorvariablen sind so definiert, dass der Effekt gegen die erste Industrieklasse (Agrarunternehmen etc.) gemessen wird.

Die Berücksichtigung der Branchenzugehörigkeit erfolgt zum einen, da Unternehmen unterschiedlicher Industrieklassen unterschiedlich exponiert sind. Die Exponiertheit hängt u.a. davon ab, ob es sich um eine export- oder importorientierte Branche handelt, wie hoch die Wettbewerbsintensität innerhalb der Branche ist und ob die Unternehmen der jeweiligen Industrieklasse eher als Produzenten international handelbarer oder nicht-handelbarer Güter anzusehen sind.[425] Empirische Untersuchungen zu Deutschland zeigen, dass einigen Branchen eine höhere ökonomische Exponiertheit inhärent ist als anderen,[426] sodass deutsche Unternehmen, die zu bestimmten Industrieklassen zählen, allgemein einen höheren Hedging-Bedarf haben. Hieraus kann sich ein höherer Bedarf an Fremdwährungsverschuldung als Hedge ableiten.[427] Die Berücksichtigung der Branchenzugehörigkeit erfolgt zum anderen, da Unternehmen bei Hedging-Entscheidungen nicht nur die eigene(n) Exponiertheit(en) in Betracht ziehen müssen, sondern auch die Exponiertheit(en) ihrer Konkurrenten, die Position ihres Unternehmens innerhalb des Wettbewerbs und letztlich auch die Hedging-Norm der Branche. Eine Hedge Ratio in Höhe von 100% ist nicht per se optimal.[428]

Verschuldungsgrad

Die dritte Kontrollvariable, Verschuldungsgrad, errechnet sich als Buchwert des Fremdkapitals in Relation zum Buchwert des Eigenkapitals der Unternehmen im Jahr 2013. Hierin folgt die Untersuchung, neben anderen, *Hagelin & Pramborg (2006)*.[429] Grundsätzlich müssen Unternehmen Fremdkapital aufnehmen, um Fremdkapital in Fremdwährung denominieren zu können.[430] Und: Je mehr Fremdkapital die Unternehmen aufnehmen, desto mehr Fremdkapital können sie in Fremdwährung denominieren.[431] Diese Theorie lässt einen positiven Zusammenhang

---

[425] Vgl. Shapiro (1977), S. 37; Bodnar & Gentry (1993), S. 31 f. und Bartram et al. (2005), S. 407.
[426] Vgl. Bartram (2004), S. 684 f. u. 691 ff. Vgl. hierzu allgemein Bodnar & Gentry (1993), S. 33 ff.
[427] Vgl. hierzu die empirischen Befunde zur allgemeinen Devisentermingeschäftenutzung in Bodnar & Gebhardt (1999), 158 ff.
[428] Vgl. Grant & Soenen (1991), S. 2 f.; Triantis (2000), S. 67 und Hull (2012), S. 50 f.
[429] Vgl. Hagelin & Pramborg (2006), S. 150.
[430] Vgl. Aabo (2006), S. 640 und Aabo et al. (2015), S. 600.
[431] Vgl. Clark & Judge (2008), S. 447 und Nandy (2010), S. 582.

zwischen dem Verschuldungsgrad und der prozentualen Fremdwährungsverschuldung erwarten. Hingegen ist ein Übermaß an Fremdkapital, aufgrund der erhöhten erwarteten Insolvenzkosten und der zunehmenden Gefahr, Nebenabreden in Kreditverträgen zu brechen, ein Hindernis für zusätzliches Hedging mittels Fremdwährungsverschuldung.[432] Diese Theorie lässt einen negativen Zusammenhang zwischen dem Verschuldungsgrad und der prozentualen Fremdwährungsverschuldung erwarten. Im Ergebnis ist den entgegenlaufenden theoretischen Überlegungen zufolge kein bestimmter Zusammenhang zwischen dem Verschuldungsgrad und der prozentualen Fremdwährungsverschuldung zu erwarten.

Die bisherigen theoretischen Überlegungen gehen implizit davon aus, dass ein Primat des Finanzierungsprogramms über das Hedging-Programm herrscht: Unternehmen legen zuerst (im Rahmen ihres Finanzmanagements) den optimalen Verschuldungsgrad fest und befinden erst anschließend (im Rahmen ihres Risikomanagements) über die Denomination des Fremdkapitals. Theoretisch besteht jedoch eine Rückkopplung zwischen dem Finanz- und dem Risikomanagement eines Unternehmens. Insbesondere kann Hedging über die Reduktion der erwarteten Insolvenzkosten das Potenzial zur Fremdkapitalaufnahme erhöhen (und damit wiederum das Potenzial zu mehr Hedging über Fremdwährungsverschuldung).[433] *Aabo et al. (2015)* diskutieren dieses potentielle Endogenitätsproblem, argumentieren jedoch letztlich, dass Hedging zwar den optimalen Fremdkapitalanteil an der Kapitalstruktur erhöhen kann, dieser potenzielle Effekt jedoch nicht ausschließlich mit Fremdwährungsverschuldung als Hedge assoziierbar ist; andere Hedging-Instrumente können einen ebensolchen Einfluss ausüben.[434]

Währungsswaps

Die vierte Kontrollvariable, Währungsswaps, ist eine Indikatorvariable, die den Wert eins annimmt, falls das Unternehmen im Jahr 2013 Währungsswaps einsetzt und den Wert null, falls das Unternehmen im Jahr 2013 keine Währungsswaps einsetzt. Hierin folgt die Untersuchung

---

[432] Vgl. Clark & Judge (2009), S. 628; González et al. (2010), S. 687 und Nandy (2010), S. 582. Vgl. hierzu auch die empirischen Befunde in Keloharju & Niskanen (2001), S. 489 ff.; Nguyen & Faff (2006), S. 197 f. und Clark & Judge (2009), S. 628 f. Diese empirischen Befunde sind kohärent zur Trade-Off-Theorie der optimalen Kapitalstruktur und inkohärent zur allgemeinen Hedging-Theorie, der zufolge Unternehmen mit mehr Fremdkapital in der Kapitalstruktur (und entsprechend höheren erwarteten Insolvenzkosten) mehr Nutzen aus Hedging ziehen und demnach mehr Hedging (auch mittels Fremdwährungsverschuldung) betreiben sollten; vgl. Keloharju & Niskanen (2001), S. 490; González et al. (2010), S. 687 und Nandy (2010), S. 582. Vgl. hierzu auch Clark & Judge (2008), S. 446 f.
[433] Vgl. Keloharju & Niskanen (2001), S. 490 und Aabo et al. (2015), S. 600. Vgl. hierzu auch Burgman (1996), S. 556.
[434] Vgl. Aabo et al. (2015), S. 600 f. Vgl. hierzu auch Meulbroek (2002a), S. 67.

6 Empirische Untersuchung

Aabo et al. (2015).[435] Über die Koppelung einer in Fremdwährung denominierten Anleihe mit einem Währungsswap lässt sich mit Finanzierungsmotiven assoziierte Heimatwährungsverschuldung synthetisch herstellen.[436] Diese Theorie lässt einen positiven Zusammenhang zwischen der Nutzung von Währungsswaps und der prozentualen Fremdwährungsverschuldung erwarten. Hingegen müssen Unternehmen, die sich mittels natürlicher Fremdwährungsverschuldung absichern, nicht auf Währungsswaps zurückgreifen. Letztlich müssen Unternehmen, die sich mittels synthetischer Fremdwährungsverschuldung absichern, auf Währungsswaps zurückgreifen. Diese Theorien lassen einen negativen Zusammenhang zwischen der Nutzung von Währungsswaps und der prozentualen Fremdwährungsverschuldung erwarten. Im Ergebnis spricht ein positiver Zusammenhang zwischen der generellen Nutzung von Währungsswaps und der prozentualen Fremdwährungsverschuldung für Finanzierungsmotive, ein negativer Zusammenhang spricht für Hedging-Motive.

Die vierte Kontrollvariable, Währungsswaps, ist aus drei Gründen eine Indikatorvariable. Erstens da das Publizitätsniveau in der Berichterstattung zu Devisentermingeschäften im Allgemeinen und zu Währungsswaps im Besonderen als zu niedrig bzw. das Aggregationsniveau als zu hoch erscheint,[437] als dass das Nominalvolumen der Währungsswaps für eine ausreichende Anzahl an Unternehmen erhoben werden könnte, ohne die Stichprobe über Gebühr zu reduzieren. Zweitens da die häufig lediglich publizierte(n) Netto-Position(en) für das Nominalvolumen von Devisentermingeschäften ohnehin keine zuverlässige Messgröße darstellt/darstellen.[438] Drittens da die tatsächlich zwischen den Parteien transferierten Beträge der Devisentermingeschäfte deutlich geringer ausfallen als deren Nominalvolumen.[439]

Im Folgenden werden die vier Internationalisierungsvariablen diskutiert. Zwei dieser Variablen werden analog zu der Untersuchung von *Aabo & Ploeen (2014)* gebildet und zwei analog zu der Untersuchung von *Pantzalis et al. (2001)*. *Aabo & Ploeen (2014)* nutzen ein auf Auslandsumsätzen basierendes Internationalisierungsmaß und eines, das auf Auslandsvermögenswerten basiert. *Pantzalis et al. (2001)* nutzen ebenfalls zwei Internationalisierungsmaße, die

---

[435] Vgl. Aabo et al. (2015), S. 607.
[436] Vgl. Clark & Judge (2009), S. 607 f.; Habib & Joy (2010), S. 604 und Aabo et al. (2015), S. 607.
[437] Vgl. Pantzalis et al. (2001), S. 798; Kedia & Mozumdar (2003), S. 527 und Chiang & Lin (2007), S. 104.
[438] Vgl. Pantzalis et al. (2001), S. 798. Vgl. hierzu auch Hagelin & Pramborg (2006), S. 146.
[439] Vgl. Miller (1995), S. 151 f. und Pantzalis et al. (2001), S. 809.

allerdings beide auf Auslandstochterunternehmen basieren. Erst durch die Kombination der approximativen Internationalisierungsmaße dieser beiden Studien lassen sich alle drei Kategorien an Exponiertheit abbilden und auch leistungswirtschaftliches Hedging.

Prozentuale Auslandsumsätze und -vermögenswerte

Die erste Internationalisierungsvariable, prozentuale Auslandsumsätze, errechnet sich als Umsätze, die das Unternehmen außerhalb Europas erzielt in Relation zu dessen gesamten Umsätzen im Jahr 2013. Hierin folgt die Untersuchung *Aabo & Ploeen (2014)*.[440] Die Daten hierzu entstammen einer händischen Erhebung der entsprechenden Informationen aus den Geschäftsberichten. Börsennotierte Unternehmen innerhalb der EU müssen ihren Konzernabschluss nach den IFRS ausführen und hierin gemäß IFRS 8.33(a) ihren Umsatz segmentiert nach Regionen zum Ende des Geschäftsjahrs ausweisen. Die zweite Internationalisierungsvariable, prozentuale Auslandsvermögenswerte, errechnet sich als langfristige Vermögenswerte des Unternehmens außerhalb Europas in Relation zu dessen gesamten langfristigen Vermögenswerten im Jahr 2013. Hierin folgt die Untersuchung abermals *Aabo & Ploeen (2014)*.[441] Die Daten hierzu entstammen ebenfalls einer händischen Erhebung der entsprechenden Informationen aus den Geschäftsberichten. Gemäß IFRS 8.33(b) müssen Unternehmen ihre Vermögenswerte segmentiert nach Regionen zum Ende des Geschäftsjahrs ausweisen.

Zu beachten ist, dass Unternehmen die regionale Schlüsselung ihrer Umsätze bzw. Vermögenswerte zwar berichten (müssen), die geographische Segmentierung aber nicht einheitlich definiert ist.[442] Einige Unternehmen unterscheiden lediglich nach inländischen und ausländischen Umsätzen bzw. Vermögenswerten;[443] eine Untergliederung, die für eine Untersuchung entlang der Grenzen eines gemeinsamen Währungsraums als zu grob erscheint. Die Berücksichtigung aller Auslandsumsätze bzw. -vermögenswerte führt zur Beinhaltung außerhalb Deutschlands, aber innerhalb der Eurozone erzielter Umsätze bzw. befindlicher Vermögenswerte. Umsätze bzw. Vermögenswerte außerhalb Deutschlands, aber innerhalb der Eurozone, führen jedoch zu keiner (direkten) Exponiertheit für deutsche Unternehmen. Ein niedrigeres Aggregationsmaß als die Eurozone überschätzt daher die tatsächliche Exponiertheit der Unternehmen. Andere

---

[440] Vgl. Aabo & Ploeen (2014), S. 118.
[441] Vgl. Aabo & Ploeen (2014), S. 118.
[442] Vgl. Kedia & Mozumdar (2003), S. 529; Martin & Mauer (2004), S. 21 und Hutson & Laing (2014), S. 101.
[443] Vgl. Nandy (2010), S. 586. Unternehmen, die in ihrem Geschäftsbericht lediglich nach inländischen und ausländischen Umsätzen bzw. langfristigen Vermögenswerten unterscheiden, wurden bei der Stichprobenbildung nicht berücksichtigt.

Unternehmen unterscheiden lediglich nach inner- und außereuropäischen Umsätzen bzw. Vermögenswerten; eine Untergliederung, die für eine Untersuchung entlang der Grenzen eines gemeinsamen Währungsraums als nicht fein genug erscheint. Die ausschließliche Berücksichtigung der Auslandsumsätze bzw. -vermögenswerte außerhalb Europas führt zur Nicht-Beinhaltung außerhalb der Eurozone, aber innerhalb Europas erzielter Umsätze bzw. befindlicher Vermögenswerte. Umsätze bzw. Vermögenswerte innerhalb Europas, aber außerhalb der Eurozone, führen jedoch zu (direkter) Exponiertheit für deutsche Unternehmen. Ein höheres Aggregationsmaß als die Eurozone unterschätzt daher die tatsächliche Exponiertheit der Unternehmen.

Das im Hinblick auf die Messgenauigkeit ideale Aggregationsmaß ist die Eurozone, da nur bei diesem Aggregationsmaß keine Überschätzungen und auch keine Unterschätzungen der Exponiertheiten auftreten. Allerdings berichten nur wenige Unternehmen ihre in der Eurozone erzielten Umsätze bzw. befindlichen Vermögenswerte, sodass das Aggregationsmaß Eurozone im Hinblick auf den Stichprobenumfang nicht ideal ist. In diesem Spannungsfeld zwischen Messgenauigkeit und Stichprobenumfang erscheint das nächst höhere Aggregationsmaß, Umsätze bzw. Vermögenswerte außerhalb Europas, passender als das nächst niedrigere.[444] Folglich erscheinen signifikante Ergebnisse in Bezug auf die soeben diskutierten Internationalisierungsmaße robuster, da diese Maße die Exponiertheiten tendenziell unterschätzen. Empirisch nicht signifikante Ergebnisse können aber Messungenauigkeiten geschuldet sein.

Erschwerend kommt hinzu, dass einige Unternehmen die geographische Segmentierung ihrer Gesamtvermögenswerte ausweisen, ohne jedoch die hierin enthaltenen langfristigen Vermögenswerte offenzulegen. Zudem beinhalten die Angaben zu den langfristigen Auslandsvermögenswerten bei einigen Unternehmen immaterielle Vermögenswerte, bei anderen jedoch nicht.[445] Diese Inkonsistenzen in der Datenlage gehen zu Lasten des Umfangs der Stichprobe; die Stichprobe beinhaltet ausschließlich Unternehmen, die die Information zu den langfristigen Vermögenswerten (ohne immaterielle Vermögenswerte) außerhalb Europas publizieren.

In Bezug auf die Internationalisierungsvariable prozentuale Auslandsumsätze ist kein Zusammenhang mit der prozentualen Fremdwährungsverschuldung zu erwarten. Die Internationali-

---

[444] Vgl. Aabo & Ploeen (2014), S. 118. Vgl. hierzu allgemein Fatemi (1988), S. 21.
[445] Vgl. Aabo & Ploeen (2014), S. 118.

sierungsvariable prozentuale Auslandsumsätze approximiert, wie in *Aabo et al. (2015)*, transaktionale Exponiertheit.[446] In (langfristiger) Fremdwährungsverschuldung ist aber in erster Linie ein Hedging-Instrument zur Eindämmung langfristiger ökonomischer und insbesondere strategischer Exponiertheit zu sehen (siehe Kapitel 3.3). In Bezug auf die Internationalisierungsvariable prozentuale Auslandsvermögenswerte ist ebenfalls kein Zusammenhang mit der prozentualen Fremdwährungsverschuldung zu erwarten. Die Internationalisierungsvariable prozentuale Auslandsvermögenswerte approximiert, wie in *Aabo et al. (2015)*, translationale Exponiertheit.[447]

Geographische Konzentration und Dispersion

Die dritte Internationalisierungsvariable, Konzentration, errechnet sich als Anzahl der Tochterunternehmen in den zwei Ländern mit den meisten Tochterunternehmen außerhalb der Eurozone in Relation zur Anzahl aller Tochterunternehmen des Unternehmens. Hierin folgt die Untersuchung *Pantzalis et al. (2001)*.[448] Die Daten hierzu entstammen einer Erhebung der entsprechenden Informationen aus der Dafne Datenbank. Bei der Erstellung der Konzentration finden lediglich die in der Dafne Datenbank als Industrietöchter klassifizierten Tochterunternehmen Berücksichtigung. Die Fokussierung auf Industrietöchter ermöglicht eine schärfere Trennung zwischen den leistungs- und finanzwirtschaftlichen Komponenten des transnationalen Netzwerks der Unternehmen – primär die leistungswirtschaftlichen Komponenten des transnationalen Netzwerks lassen sich als Exponiertheit interpretieren. *Pantzalis et al. (2001)* approximieren über die Anzahl der Tochterunternehmen in den zwei Ländern mit den meisten Tochterunternehmen in Relation zur Anzahl aller Tochterunternehmen des Unternehmens die ökonomische Exponiertheit der Unternehmen.[449] Hierbei ist zweierlei zu beachten. Erstens bindet sich ein Unternehmen über ausländische Tochterunternehmen (und insbesondere über Industrietöchter) langfristig an einen Fremdmarkt bzw. -währungsraum;[450] diese langfristige Bindung lässt in erster Linie eine im Betrag nicht fixierte und unbefristete Exponiertheit entstehen, also strate-

---

[446] Vgl. Aabo et al. (2015), S. 608. Der Theorie nach sollten Unternehmen ihre transaktionale Exponiertheit eindämmen, hierfür stellen jedoch (bedingte) Devisentermingeschäfte das adäquate Hedging-Instrument dar (siehe Kapitel 3.2.1).
[447] Vgl. Aabo et al. (2015), S. 608. Der Theorie nach sollten Unternehmen ihre translationale Exponiertheit nicht eindämmen, da der Translationsprozess nach der modifizierten Stichtagskursmethode die Zahlungsströme nicht direkt berührt (siehe Kapitel 3.1.2).
[448] Vgl. Pantzalis et al. (2001), S. 795.
[449] Vgl. Pantzalis et al. (2001), S. 795.
[450] Vgl. Kedia & Mozumdar (2003), S. 529; Clark & Judge (2009), S. 609 und González et al. (2010), S. 684.

gische Exponiertheit. Zweitens stellt die strategische (im Gegensatz zur transaktionalen) Exponiertheit für gewöhnlich die bedeutendere Komponente der ökonomischen Exponiertheit dar (siehe Kapitel 3.1.1).[451] Obgleich das grundlegende Regressionsmodell mit den prozentualen Auslandsumsätzen ein approximatives Maß für transaktionale Exponiertheit beinhaltet und sich die Konzentration primär als Maß für die strategische Exponiertheit betrachten lässt, ist die nachfolgende Interpretation der Ergebnisse für die Konzentration die konservativere als (langfristige) ökonomische Exponiertheit. In Bezug auf die Konzentration ist ein positiver Zusammenhang mit der prozentualen Fremdwährungsverschuldung zu erwarten. Die Konzentration approximiert (langfristige) ökonomische Exponiertheit; passend hierzu ist in (langfristiger) Fremdwährungsverschuldung ein Hedging-Instrument zur Eindämmung (langfristiger) ökonomischer Exponiertheit zu sehen (siehe Kapitel 3.3).

Die vierte Internationalisierungsvariable, Dispersion, errechnet sich als natürlicher Logarithmus der Anzahl der Länder außerhalb der Eurozone, in denen das Unternehmen Tochterunternehmen unterhält. Hierin folgt die Untersuchung abermals *Pantzalis et al. (2001)*.[452] Die Daten hierzu entstammen ebenfalls einer Erhebung der entsprechenden Informationen aus der Dafne Datenbank. Bei der Erstellung der Dispersion finden ebenfalls lediglich die in der Dafne Datenbank als Industrietöchter klassifizierten Tochterunternehmen Berücksichtigung. Die Fokussierung auf Industrietöchter ermöglicht eine schärfere Trennung zwischen den leistungs- und finanzwirtschaftlichen Komponenten des transnationalen Netzwerks der Unternehmen – primär die leistungswirtschaftlichen Komponenten des transnationalen Netzwerks lassen sich als Hedge interpretieren. In Bezug auf die Dispersion ist ein negativer Zusammenhang mit der prozentualen Fremdwährungsverschuldung zu erwarten. Die Dispersion approximiert leistungswirtschaftliches Hedging, insbesondere geographische Diversifikation und leistungswirtschaftliche Flexibilität, zur Eindämmung strategischer Exponiertheit. Und auch (langfristige) Fremdwährungsverschuldung ist ein Hedging-Instrument zur Eindämmung strategischer Exponiertheit (siehe Kapitel 3.3). Nutzen Unternehmen Fremdwährungsverschuldung (ebenfalls) als Hedge zur Eindämmung ihrer strategischen Exponiertheit, ergibt sich aufgrund der Redundanz ein negativer Zusammenhang zwischen leistungswirtschaftlichen Hedging-Instrumenten und Fremdwährungsverschuldung.[453]

---

[451] Vgl. Lessard & Lightstone (1986), S. 108; Soenen (1992), S. 378 und Grant & Soenen (2004), S. 53.
[452] Vgl. Pantzalis et al. (2001), S. 795.
[453] Im Anhang A befindet sich eine tabellarische Übersicht zu den approximativen Maßen, die Eingang in das

Die zur Erstellung der Grundgesamtheit für die quantitative empirische Untersuchung herangezogenen Daten stammen aus zwei Quellen. Zum einen handelt es sich um Unternehmensdaten, die über die Dafne Datenbank (Bureau van Dijk), die Börse Frankfurt (Deutsche Börse) und die Unternehmen direkt (Geschäftsberichte) bezogen wurden,[454] zum anderen handelt es sich um Kapitalmarktdaten aus Datastream (Thomson Reuters).

Die für die empirisch-quantitative Untersuchung gebildete Grundgesamtheit besteht aus 160 Unternehmen; die hieraus erstellte Stichprobe umfasst 39 deutsche multinationale Nicht-Finanzunternehmen mit Börsennotierung. Die Stichprobenbildung erfolgt in sechs Schritten:

(1) *Börsennotierte Unternehmen.* In der Stichprobe befinden sich nur börsennotierte Unternehmen. Durch dieses Kriterium umfasst die Grundgesamtheit zunächst alle 160 Unternehmen des DAX, MDAX, SDAX und TecDAX (Stand: 31.12.2013), identifiziert anhand der Daten der Börse Frankfurt. Die Stichprobe besteht daher ausschließlich aus zum Prime Standard gehörenden Unternehmen, d.h. aus Unternehmen mit einem hohen Transparenzstandard.[455]

(2) *Deutsche Unternehmen.* In der Stichprobe befinden sich nur Unternehmen, die ihren Hauptsitz in Deutschland haben. Durch dieses Kriterium fallen neun Unternehmen aus der Grundgesamtheit. Deutsche Unternehmen sind gekennzeichnet durch eine hohe Internationalität und entsprechend komplexe Exponiertheit(en).[456] *Glaum et al. (2000), Glaum (2002)* und *Bartram (2004)* zeigen, dass börsennotierte deutsche Unternehmen signifikant – und mehrheitlich in einer netto Long-Position – gegenüber dem US-Dollar ökonomisch exponiert sind.[457] Das bedeutet, dass deutschen Unternehmen (auf aggregierter Ebene) Zahlungsströme in US-Dollar zufließen, die sich mittels Fremdkapitalaufnahmen in US-Dollar absichern lassen.[458]

(3) *Nicht-Finanzunternehmen.* In der Stichprobe befinden sich nur Nicht-Finanzunternehmen. Demnach sind keine Banken, Versicherungen oder Rückversicherungen in der Stichprobe.

Basisregressionsmodell finden.
[454] Nicht bei allen Unternehmen der Stichprobe endet das Geschäftsjahr zum 31.12. des Kalenderjahres. Bei Unternehmen, bei denen das Geschäftsjahr nicht zum 31.12. des Kalenderjahres endet, ist derjenige Geschäftsbericht maßgeblich, der die Mehrzahl der Monate im Jahr 2013 abdeckt. In Zweifelsfällen oder bei unzureichender Datenlage ist zudem der Bericht für das Geschäftsjahr 2014 relevant, um Information zum Geschäftsjahr 2013 zu erhalten.
[455] Beim Prime Standard handelt es sich um einen Teilbereich des regulierten Marktes der Deutschen Börse für Unternehmen, die besondere Publizitätspflichten erfüllen; Breuer et al. (2012), S. 432. Vgl. hierzu auch Höhn (2011), S. 532 ff.
[456] Vgl. Bartram (2004), S. 676 und Aabo & Ploeen (2014), S. 115.
[457] Vgl. Glaum et al. (2000), S. 718 f.; Glaum (2002), S. 118 und Bartram (2004), S. 683 f.
[458] Vgl. Glaum & Roth (1993), S. 1197.

Dieses Kriterium reduziert die Grundgesamtheit um acht Unternehmen. Nicht-Finanzunternehmen fragen finanzwirtschaftliche Hedges in erster Linie nach, wohingegen Finanzunternehmen finanzwirtschaftliche Hedges primär anbieten.[459]

(4) *Multinationale Unternehmen.* In der Stichprobe befinden sich nur multinationale Unternehmen. Demnach sind keine rein nationalen oder internationalen Unternehmen in der Stichprobe. Dieses Kriterium eliminiert fünf Unternehmen aus der Grundgesamtheit. Indes folgt die Untersuchung der Definition von *Adler (1974)*, nach der bereits binationale Unternehmen multinationale Unternehmen sind, also Unternehmen mit einem oder mehr als einem nicht-heimischen Tochterunternehmen.[460] Hierbei ist zu beachten, dass bei der Stichprobenbildung nur Tochterunternehmen Berücksichtigung finden, bei denen eine Mindest-Beteiligungsquote des Mutterunternehmens in Höhe von 50,01% besteht.[461] Darüber hinaus ist zu beachten, dass bei der Stichprobenbildung nur diejenigen Tochterunternehmen Berücksichtigung finden, die die Dafne Datenbank als Industrieunternehmen klassifiziert.[462]

(5) *Fehlende Daten.* In der Stichprobe befinden sich nur Unternehmen mit kompletten Datenreihen. Hierdurch fallen 25 Unternehmen aus der Grundgesamtheit.

(6) *Anleiheemittenten.* In der Stichprobe befinden sich nur Unternehmen, die laut Datastream im Jahr 2013 festverzinsliche Anleihen ausstehen haben.[463] Hierbei macht es allerdings keinen Unterschied, ob diese in Heimat- oder in Fremdwährung denominiert sind. Dieses Kriterium reduziert die Grundgesamtheit um 74 Unternehmen. Die ausschließliche Betrachtung derjenigen Unternehmen, die Anleihen begeben haben, stellt sicher, dass alle Unternehmen der Stichprobe Zugang zum Anleihemarkt haben und diesen Zugang auch nutzen. In der Stichprobe sind daher keine Unternehmen, die wegen expliziter oder impliziter Zugangsbeschränkungen oder zu hoher Kapitalkosten kein Fremdkapital über Anleihemärkte

---

[459] Vgl. Hagelin & Pramborg (2006), S. 146 und Chiang & Lin (2007), S. 96.
[460] Vgl. Adler (1974), S. 120. Vgl. hierzu auch Pantzalis et al. (2001), S. 797. Laut den empirischen Befunden in *Bradley & Moles (2002)* nutzen Unternehmen mit Tochterunternehmen im Ausland, also multinationale Unternehmen, eher Fremdwährungsverschuldung als Hedge als nicht-multinationale Unternehmen: „[...] foreign currency denominated debt is used by 84 per cent of foreign subsidiary firms compared to just 20 per cent of firms operating solely domestically (Bradley & Moles, 2002, S. 35 f.)."
[461] Vgl. Pantzalis et al. (2001), S. 797. In der Literatur des internationalen Managements gelten im Mehrheitsbesitz befindliche ausländische Tochterunternehmen in der Regel als weitgehendste Form des Eintritts in einen Fremdmarkt; vgl. Aggarwal et al. (2011), S. 563.
[462] Folgend deklarierte Tochterunternehmen finden keine Berücksichtigung: Bank, Renten- und Investmentfonds/Treuhandgesellschaften, Finanzinstitut, Private Equity, Stiftung/Forschungsinstitut, Venture Capital und Versicherung.
[463] Zinsänderungsrisiken dürften die Entscheidung zur Begebung als fest- oder variabel-verzinsliche Anleihe maßgeblich beeinflussen. Die ausstehenden Anleihen der betrachteten Unternehmen sind mehrheitlich festverzinsliche Anleihen.

beziehen können. Die folgende quantitative empirische Untersuchung fokussiert auf die untergeordnete Entscheidung bezüglich der Denomination, nicht auf die übergeordnete Entscheidung bezüglich der Begebung oder Nicht-Begebung eines Fremdkapitalinstruments.

Die für die Untersuchung genutzte Stichprobe besteht letztendlich aus 39 multinationalen Nicht-Finanzunternehmen, die ihren Hauptsitz in Deutschland haben und an der Deutschen Börse notieren. Der Stichprobenumfang ähnelt demjenigen thematisch nahestehender quantitativer empirischer Untersuchungen; beispielsweise betrachten *Keloharju & Niskanen (2001)* und *Makar & Huffman (2008)* jeweils 44 finnische respektive britische Nicht-Finanzunternehmen.[464]

Sämtliche 39 in der Stichprobe befindlichen Unternehmen erwähnen für das Jahr 2013 die generelle Nutzung von Devisentermingeschäften in ihrem Geschäftsbericht, d.h., alle Unternehmen der Stichprobe haben, neben Zugang zum Anleihemarkt, Zugang zum Devisenmarkt. Letztlich hat jede der in Fremdwährung denominierten Anleihen der Unternehmen eine zwölfmonatige Mindest-Laufzeit.

6.2.2 Ergebnisse

6.2.2.1 Univariate Ergebnisse

Tabelle 1 zeigt deskriptive Statistiken für die stetigen Kontroll- und Internationalisierungsvariablen, die Eingang in die Basisregressionsmodelle finden. Tabelle 1 führt für jede stetige Kontroll- und Internationalisierungsvariable den Mittelwert, die Standardabweichung sowie den Minimal-, Zentral- und Maximalwert auf.

Tabelle 1: Unternehmenscharakteristika 1

Variable	Beobachtungen	Mittelwert	Standardabweichung	Minimalwert	Zentralwert	Maximalwert
Bilanzsumme (in Mio. Euro)	39	43.904,65	66.961,90	227,38	15.883,00	324.333,00
Verschuldungsgrad	39	2,06	1,19	0,42	1,86	5,68
Auslandumsatz (außerhalb Europas)	39	0,44	0,22	0,00	0,46	0,89
Auslandsvermögen (außerhalb Europas)	39	0,31	0,22	0,00	0,33	0,90
# ausländische Töchter (außerhalb der Eurozone)	39	159,79	182,38	5,00	85,00	775,00
# ausländische Märkte (außerhalb der Eurozone)	39	33,59	26,65	3,00	25,00	132,00

Die 39 in der Stichprobe enthaltenen Nicht-Finanzunternehmen weisen für das Jahr 2013 eine

---

[464] Vgl. Keloharju & Niskanen (2001), S. 484 und Makar & Huffman (2008), S. 225.

durchschnittliche Bilanzsumme in Höhe von 43.905 Millionen Euro aus. Ihr durchschnittlicher Verschuldungsgrad beläuft sich auf 2,1. Im Mittel sind die Unternehmen der Stichprobe in hohem Maße internationalisiert: 44% ihrer Umsätze erzielen sie außerhalb Europas; 31% ihrer (langfristigen) Vermögenswerte befinden sich dort. Zudem kontrollieren sie im Durchschnitt 160 Industrietöchter (Minimalwert 5; Maximalwert 775) in 34 Fremdmärkten (Minimalwert 3; Maximalwert 132) außerhalb der Eurozone. Die Zahlen zu den Tochterunternehmen lassen sich in Relation setzten zu denjenigen in *Aabo (2006)* und *Hutson & Laing (2014)*. Bei *Aabo (2006)* sind die in der Stichprobe befindlichen dänischen Nicht-Finanzunternehmen im Durchschnitt in elf Fremdländern mit Tochterunternehmen präsent (Minimum 0; Maximum 60).[465] Bei *Hutson & Laing (2014)* sind die in der Stichprobe befindlichen amerikanischen Nicht-Finanzunternehmen im Durchschnitt mit zehn ausländischen Tochterunternehmen assoziiert (Minimum 0; Maximum 657) bei maximal 70 Fremdländern, in denen ein Nicht-Finanzunternehmen mit Tochterunternehmen präsent ist.[466] Hierbei ist allerdings zu beachten, dass bei den im Folgenden zum Einsatz kommenden, auf Tochterunternehmen basierenden, Internationalisierungsmaßen nur im Mehrheitsbesitz befindliche leistungswirtschaftliche Töchter außerhalb der Eurozone Berücksichtig finden; dies schließt finanzwirtschaftliche Töchter und Tochterunternehmen in Fremdländern aus, die Mitglieder der Eurozone sind. Die in der vorliegenden Untersuchung ermittelten Maße für Internationalität sind daher konservativer als diejenigen, die *Aabo (2006)* und *Hutson & Laing (2014)* ermitteln. Ungeachtet dessen (oder gerade deshalb) lassen sich die Unternehmen der Stichprobe als in hohem Maße internationalisiert erachten.

Tabelle 2 führt deskriptive Statistiken auf, getrennt nach Nutzern und Nicht-Nutzern in Fremdwährung denominierter festverzinslicher Anleihen im Jahr 2013. 14 Nicht-Finanzunternehmen denominieren einen Teil (durchschnittlich 60%) ihrer festverzinslichen Anleihen in Fremdwährung; 25 Nicht-Finanzunternehmen führen lediglich festverzinsliche Anleihen in Euro in ihren Büchern.

---

[465] Vgl. Aabo (2006), S. 642.
[466] Vgl. Hutson & Laing (2014), S. 102.

Tabelle 2: Unternehmenscharakteristika 2

Variable	Nicht-Finanzunternehmen, die Fremdkapital in Fremdwährung denominieren (n = 14)			Nicht-Finanzunternehmen, die kein Fremdkapital in Fremdwährung denominieren (n = 25)		
	Mittelwert	Standardabweichung	Zentralwert	Mittelwert	Standardabweichung	Zentralwert
Bilanzsumme (in Mio. Euro)	88.845,01	83.637,33	72.792,50	18.738,05	36.238,26	7.498,20
Verschuldungsgrad	2,57	1,43	2,54	1,77	0,92	1,73
Auslandumsatz (außerhalb Europas)	0,39	0,21	0,45	0,46	0,22	0,47
Auslandsvermögen (außerhalb Europas)	0,31	0,19	0,34	0,31	0,24	0,33
# ausländische Töchter (außerhalb der Eurozone)	222,93	163,95	208,00	124,44	182,63	48,00
# ausländische Märkte (außerhalb der Eurozone)	38,00	25,14	30,50	31,12	27,14	22,00

Die Bilanzsumme derjenigen Unternehmen der Stichprobe, die im Jahr 2013 festverzinsliche Anleihen in Fremdwährung ausstehen haben, beläuft sich im Durchschnitt auf 88.845 Millionen Euro. Die Bilanzsumme derjenigen Unternehmen der Stichprobe, die im Jahr 2013 keine festverzinslichen Anleihen in Fremdwährung ausstehen haben, beläuft sich im Durchschnitt auf lediglich 18.738 Millionen Euro. Auf Basis der Bilanzsumme sind Nicht-Finanzunternehmen, die zumindest einen Teil ihrer festverzinslichen Anleihen in Fremdwährung denominieren, größer als Nicht-Finanzunternehmen, die ausschließlich festverzinsliche Anleihen in Euro denominieren. Zudem haben Nicht-Finanzunternehmen mit in Fremdwährung denominierten festverzinslichen Anleihen einen höheren durchschnittlichen Verschuldungsgrad (2,57) als Nicht-Finanzunternehmen, die keine ihrer festverzinslichen Anleihen in Fremdwährung denominieren (1,77). Interessant ist, dass der Prozentsatz der durchschnittlich außerhalb Europas erzielten Umsätze unter den Nutzern in Fremdwährung denominierter, festverzinslicher Anleihen (39%) geringer ausfällt als unter den Nicht-Nutzer in Fremdwährung denominierter, festverzinslicher Anleihen (46%). Der Prozentsatz der außerhalb Europas befindlichen (langfristigen) Vermögenswerte ist in beiden Untergruppen gleich hoch (31%). Diejenigen Unternehmen der Stichprobe, die im Jahr 2013 festverzinsliche Anleihen in Fremdwährung ausstehen haben, sind im Mittel mit 223 Industrietöchtern in 38 Fremdländern außerhalb der Eurozone präsent; dies entspricht 55% ihrer gesamten leistungswirtschaftlichen Tochterunternehmen. Diejenigen Unternehmen der Stichprobe, die im Jahr 2013 keine festverzinslichen Anleihen in Fremdwährung ausstehen haben, sind im Mittel lediglich mit 124 Industrietöchtern in 31 Fremdländern außerhalb der Eurozone präsent; dies entspricht allerdings 56% ihrer gesamten leistungswirtschaftlichen Tochterunternehmen.

6 Empirische Untersuchung

Tabelle 3: Korrelationsmatrix

Variable	Unternehmensgröße	Verschuldungsgrad	% Auslandsumsatz	% Auslandsvermögen	Konzentration	Dispersion
Unternehmensgröße	1,0000					
Verschuldungsgrad	0,0663	1,0000				
% Auslandsumsatz	-0,0167	-0,2940	1,0000			
% Auslandsvermögen	0,0673	-0,1545	0,5056	1,0000		
Konzentration	-0,0562	-0,0290	-0,2579	-0,0343	1,0000	
Dispersion	0,2348	0,2032	0,1347	0,0516	-0,7096	1,0000

Tabelle 3 zeigt die Pearson-Korrelationskoeffizienten zu den stetigen, unabhängigen Kontroll- und Internationalisierungsvariablen. Tabelle 3 lässt erkennen, dass eine hohe negative Korrelation zwischen Konzentration und Dispersion besteht (-0,71).[467] Eine dermaßen hohe Korrelation kann zu Multikollinearitätsproblemen führen. Um Multikollinearitätsprobleme zu umgehen, kommen Konzentration und Dispersion im Folgenden nicht in denselben Regressionsmodellen zum Einsatz.[468] Tabelle 3 zeigt zudem, dass eine zu beachtende Korrelation zwischen den prozentualen Auslandsumsätzen und den prozentualen Auslandsvermögenswerten besteht (0,51). Um hieraus potenziell resultierenden Multikollinearitätsproblemen zu begegnen, kommen die prozentualen Auslandsumsätze und die prozentualen Auslandsvermögenswerte in Kontrolluntersuchungen separat zum Einsatz.

6.2.2.2 Multivariate Ergebnisse

Die Ermittlung der im Folgenden zu diskutierenden Ergebnisse der multivariaten Regressionsanalysen erfolgt nach der Methode der kleinsten Quadrate. Hierbei bildet das Nominalvolumen der festverzinslichen Anleihen, die das Unternehmen in Fremdwährung denominiert in Relation zum gesamten Nominalvolumen festverzinslicher Anleihen im Jahr 2013 die abhängige Variable. Die abhängige Variable approximiert den Nutzungsgrad an Fremdwährungsverschuldung. Die unabhängigen Variablen umfassen vier Kontroll- und vier Internationalisierungsvariablen. Die Grundgesamtheit besteht aus 39 deutschen multinationalen Nicht-Finanzunternehmen, die an der Börse (Frankfurt) notieren (siehe Kapitel 6.2.1).

---

[467] In der empirischen Untersuchung von *Pantzalis et al. (2001)* beträgt der Pearson-Korrelationskoeffizient zwischen Konzentration und Dispersion -0,74 und befindet sich damit in einer ähnlichen Größenordnung wie der der vorliegenden Untersuchung; vgl. Pantzalis et al. (2001), S. 809.
[468] Vgl. Pantzalis et al. (2001), S. 809.

Der Fokus liegt zunächst auf den sich in den Basismodellen 1 und 2 ergebenden Industrieeffekten.[469] In Modell 1 und 2 in Tabelle 4 zeigt sich ein signifikant positiver Zusammenhang zwischen dem Nutzungsgrad an Fremdwährungsverschuldung und der Industrieklasse 2 (Fertigungsunternehmen).[470] Der sich für Fertigungsunternehmen in Modell 1 und 2 ergebende Brancheneffekt kann zur Ursache haben, dass dieser Branche eine höhere Exponiertheit und/oder eine höhere Hedging-Norm inhärent ist als anderen Branchen.[471] In Modell 2 in Tabelle 4 zeigt sich zudem ein signifikant negativer Zusammenhang zwischen dem Nutzungsgrad an Fremdwährungsverschuldung und der Industrieklasse 3 (Transportunternehmen etc.).[472] Der sich für Transportunternehmen etc. in Modell 2 ergebende Brancheneffekt kann zur Ursache haben, dass dieser Branche eine niedrigere Exponiertheit oder eine niedrigere Hedging-Norm inhärent ist als anderen Branchen.[473] Einige der in Industrieklasse 3 zusammengefassten Unternehmen lassen sich als natürliche Monopole charakterisieren. Monopole sind einem geringeren internationalen Wettbewerb ausgesetzt und daher in geringerem Umfang strategisch exponiert. Folglich haben Monopole einen geringeren Bedarf an Fremdwährungsverschuldung als Hedge im Allgemeinen und zur Eindämmung ökonomischer bzw. strategischer Exponiertheit im Besonderen. Jedenfalls sind die Ergebnisse zur Industrieklasse 3 mit Zurückhaltung zu interpretieren, da lediglich drei Unternehmen der Stichprobe zur Industrieklasse 3 zählen. In Modell 1 und 2 in Tabelle 4 zeigt sich letztlich ein signifikant negativer Zusammenhang zwischen dem Nutzungsgrad an Fremdwährungsverschuldung und der Industrieklasse 4 (Handelsunternehmen). Dieser Brancheneffekt kann u.a. damit zusammenhängen, dass Handelsunternehmen nicht primär gegenüber Wechselkursrisiken exponiert sind, sondern gegenüber Rohstoffpreisrisiken. Jedenfalls sind auch die Ergebnisse zur Industrieklasse 4 mit Zurückhaltung zu interpretieren, da lediglich zwei Unternehmen der Stichprobe zur Industrieklasse 4 zählen.

---

[469] Um potenzielle Multikollinearitätsprobleme zu umgehen, kommen Konzentration und Dispersion nicht innerhalb desselben Regressionsmodells zum Einsatz. In Modell 1 findet Dispersion keine Berücksichtigung; in Modell 2 findet Konzentration keine Berücksichtigung.
[470] Vgl. hierzu die, auf Primärdaten beruhenden, i.w.S. kohärenten empirischen Befunde in Jesswein et al. (1995), S. 74 f. und Bradley & Moles (2002), S. 36 f.
[471] Vgl. Bradley & Moles (2002), S. 37.
[472] Vgl. hierzu die, auf Primärdaten beruhenden, i.w.S. kohärenten empirischen Befunde in Jesswein et al. (1995), S. 75 f. und Bradley & Moles (2002), S. 36 f.
[473] Vgl. Jesswein et al. (1995), S. 76. Vgl. hierzu auch die empirischen Befunde in Aggarwal & Harper (2010), S. 1632.

Tabelle 4: Basisregressionsmodelle

Variable	Modell 1 MKQ % Fremdwährungsver.	Modell 2 MKQ % Fremdwährungsver.
Bilanzsumme	0,0572	0,0458
	(0,0437)	(0,0249)
Industrieklasse 2	0,247***	0,261***
	(0,0498)	(0,0379)
Industrieklasse 3	-0,101	-0,119*
	(0,0646)	(0,0569)
Industrieklasse 4	-0,238***	-0,338***
	(0,0547)	(0,0828)
Industrieklasse 5	0,0460	0,0609
	(0,0487)	(0,0438)
Industrieklasse 6	-0,0975	0,0935
	(0,224)	(0,211)
Verschuldungsgrad	0,0878	0,0967
	(0,0725)	(0,0815)
Währungsswaps	0,114	0,133
	(0,180)	(0,217)
% Auslandsumsatz	-0,232	-0,425
	(0,208)	(0,222)
% Auslandsvermögen	-0,218	-0,129
	(0,320)	(0,260)
Konzentration	0,648**	
	(0,223)	
Dispersion		-0,0672*
		(0,0297)
Konstante	-0,464	0,0613
	(0,521)	(0,501)
Beobachtungen	39	39
R^2	0,425	0,361

Anmerkung: t-Statistik mit robusten Standardfehlern (unter Industrie-Clustern) in Klammern; die Signifikanzniveaus sind mit *** p<0,01 ** p<0,05 und * p<0,1 gekennzeichnet.

Unter Beachtung der Unternehmensgröße, der Industrieklasse und anderer potenzieller Determinanten für den Nutzungsgrad an Fremdwährungsverschuldung, besteht den in Tabelle 4 in Modell 1 dargestellten Ergebnissen nach ein signifikant positiver Zusammenhang zwischen dem Nutzungsgrad an Fremdwährungsverschuldung und der Konzentration. Die Konzentration stellt das approximative Maß für (langfristige) ökonomische Exponiertheit dar. Demnach bestätigt das Ergebnis zur Konzentration in Modell 1 die zweite Hypothese (H2), der zufolge deutsche multinationale Nicht-Finanzunternehmen Fremdwährungsverschuldung als Hedging-

Instrument zur Eindämmung ihrer (langfristigen) ökonomischen Exponiertheit nutzen.[474] Das Ergebnis zur Konzentration in Modell 1 bestätigt zudem die erste Hypothese (H1), der zufolge deutsche multinationale Nicht-Finanzunternehmen Fremdwährungsverschuldung als Hedging-Instrument nutzen.

Den in Tabelle 4 in Modell 2 dargestellten Ergebnissen nach besteht ein signifikant negativer Zusammenhang zwischen dem Nutzungsgrad an Fremdwährungsverschuldung und der Dispersion. Die Dispersion stellt das approximative Maß für leistungswirtschaftliches Hedging und folglich niedrigere strategische Exponiertheit dar. Demnach bestätigt das Ergebnis zur Dispersion in Modell 2 die dritte Hypothese (H3), der zufolge deutsche multinationale Nicht-Finanzunternehmen Fremdwährungsverschuldung als Substitut für leistungswirtschaftliche Hedging-Instrumente nutzen; damit fungiert Fremdwährungsverschuldung (ebenfalls) als Hedge zur Eindämmung strategischer Exponiertheit.[475] Das Ergebnis zur Dispersion in Modell 2 bestätigt zudem die zweite Hypothese (H2), der zufolge deutsche multinationale Nicht-Finanzunternehmen Fremdwährungsverschuldung als Hedging-Instrument zur Eindämmung ihrer (langfristigen) ökonomischen Exponiertheit nutzen. Letztlich bestätigt das Ergebnis zur Dispersion in Modell 2 die erste Hypothese (H1), der zufolge deutsche multinationale Nicht-Finanzunternehmen Fremdwährungsverschuldung als Hedging-Instrument nutzen.

Das Ergebnis zur Dispersion ist kohärent zu den Umfrageergebnissen von *Aabo (2006)*, der 47 börsennotierte dänische Nicht-Finanzunternehmen untersucht und zeigt, dass diese Unternehmen Fremdwährungsverschuldung als Hedge zur Eindämmung ihrer strategischen Exponiertheit nutzen.[476] Das Ergebnis zur Dispersion ist zudem kohärent zu den Ergebnissen in *Hutson & Laing (2014)*, denen zufolge amerikanische Nicht-Finanzunternehmen ein nicht-lineares Nutzungsmuster in Bezug auf Devisentermingeschäfte erkennen lassen: Moderat internationalisierte amerikanische Nicht-Finanzunternehmen nutzen eher Devisentermingeschäfte als in hohem Maße internationalisierte amerikanische Nicht-Finanzunternehmen.[477] Letztlich ist das Ergebnis zur Dispersion kohärent zu den Ergebnissen in *Aabo & Ploeen (2014)*, denen zufolge

---

[474] Das Ergebnis ist zudem kohärent zu demjenigen in *Pantzalis et al. (2001)*, dem zufolge geographisch gebündeltere Industrieunternehmen in signifikant höherem Maße ökonomisch exponiert sind; vgl. Pantzalis et al. (2001), S. 804 ff.
[475] Das Ergebnis ist zudem kohärent zu demjenigen in *Pantzalis et al. (2001)*, dem zufolge geographisch gestreutere Industrieunternehmen in signifikant niedrigerem Maße ökonomisch exponiert sind; vgl. Pantzalis et al. (2001), S. 802 ff.
[476] Vgl. Aabo (2006), S. 637 f.
[477] Vgl. Hutson & Laing (2014), S. 104 f.

deutsche Nicht-Finanzunternehmen ein nicht-lineares Nutzungsmuster in Bezug auf Fremdwährungsverschuldung erkennen lassen: Moderat internationalisierte deutsche Nicht-Finanzunternehmen nutzen eher Fremdwährungsverschuldung als in hohem Maße internationalisierte deutsche Nicht-Finanzunternehmen.[478]

Aabo & Ploeen (2014) und *Hutson & Laing (2014)* zeigen, dass moderat internationalisierte Nicht-Finanzunternehmen finanzwirtschaftliche Hedges eher nutzen als in hohem Maße internationalisierte Nicht-Finanzunternehmen. Diese empirischen Ergebnisse legen nahe, dass in hohem Maße internationale Nicht-Finanzunternehmen leistungswirtschaftliche Hedging-Instrumente einsetzen, die finanzwirtschaftliches Hedging überflüssig machen.[479] Indes nutzen *Aabo & Ploeen (2014)* mehrere approximative Maße, um leistungswirtschaftliches Hedging abzubilden, jedoch ohne Indizien hierfür zu finden: „We find no indication that geographical diversification and production facilities abroad contribute to the inverted U-shape relationship between financial hedging and internationalization."[480] Hierbei ist allerdings zu beachten, dass keines der dort herangezogenen approximativen Maße für leistungswirtschaftliches Hedging direkt auf Tochterunternehmen basiert.[481]

Aabo & Ploeen (2014) zufolge ermangeln deutsche Nicht-Finanzunternehmen der *Möglichkeit* für zusätzliches finanzwirtschaftliches Hedging aufgrund illiquider Finanzmärkte in Nicht-Industrieländern. Insofern liegt die Ursache dafür, dass moderat internationalisierte deutsche Nicht-Finanzunternehmen eher finanzwirtschaftliche Hedging-Instrumente nutzen als in hohem Maße internationalisierte deutsche Nicht-Finanzunternehmen auf der Angebotsseite.[482] Den Ergebnissen der vorliegenden Untersuchung nach ermangeln deutsche Nicht-Finanzunternehmen hingegen der *Notwendigkeit* für zusätzliches finanzwirtschaftliches Hedging aufgrund leistungswirtschaftlichen Hedgings. Hieraus folgt: Die Ursache dafür, dass moderat internationalisierte deutsche Nicht-Finanzunternehmen eher finanzwirtschaftliche Hedging-Instrumente nutzen als in hohem Maße internationalisierte deutsche Nicht-Finanzunternehmen liegt auf der Nachfrageseite.

---

[478] Vgl. Aabo & Ploeen (2014), S. 120 ff.
[479] Vgl. Aabo & Ploeen (2014), S. 125 und Hutson & Laing (2014), S. 104.
[480] Vgl. Aabo & Ploeen (2014), S. 126.
[481] Vgl. Aabo & Ploeen (2014), S. 125 f.
[482] Vgl. Aabo & Ploeen (2014), S. 126 f.

Die bisher erlangten Ergebnisse zur Konzentration und zur Dispersion sind nicht nur in statistischer, sondern auch in ökonomischer Hinsicht signifikant. Das durchschnittliche Unternehmen der Stichprobe denominiert 21,46% seiner festverzinslichen Anleihen in Fremdwährung. Erhöht sich die Konzentration des transnationalen Netzwerks außerhalb der Eurozone um eine Standardabweichung, so steigt der Anteil der in Fremdwährung denominierten festverzinslichen Anleihen um 11,49 Prozentpunkte, d.h. um über die Hälfte. Erhöht sich die Dispersion des transnationalen Netzwerks außerhalb der Eurozone um eine Standardabweichung, so sinkt der Anteil der in Fremdwährung denominierten festverzinslichen Anleihen um 6,28 Prozentpunkte, d.h. um über ein Viertel.[483]

Bisher lässt sich als zentrales Ergebnis folgendes festhalten: Der sich in Modell 2 ergebende signifikant negative Zusammenhang zwischen dem Nutzungsgrad an Fremdwährungsverschuldung und der Dispersion stützt die dritte Hypothese (H3), der zufolge deutsche multinationale Nicht-Finanzunternehmen Fremdwährungsverschuldung als Substitut für leistungswirtschaftliche Hedging-Instrumente nutzen und damit (ebenfalls) als Hedge, um ihre strategische Exponiertheit zu mindern. Der signifikant negative Zusammenhang zwischen dem Nutzungsgrad an Fremdwährungsverschuldung und der Dispersion stützt zudem die zweite Hypothese (H2), der zufolge deutsche multinationale Nicht-Finanzunternehmen Fremdwährungsverschuldung als Hedging-Instrument zur Eindämmung ihrer (langfristigen) ökonomischen Exponiertheit nutzen. Letztlich stützt der signifikant negative Zusammenhang zwischen dem Nutzungsgrad an Fremdwährungsverschuldung und der Dispersion die erste Hypothese (H1), der zufolge deutsche multinationale Nicht-Finanzunternehmen Fremdwährungsverschuldung als Hedging-Instrument nutzen.

In Bezug auf die erste Hypothese (H1) ist noch zu beachten, dass der signifikant negative Zusammenhang zwischen dem Nutzungsgrad an Fremdwährungsverschuldung und der Dispersion in Modell 2 gegen die Denomination von Fremdkapital in Fremdwährung zu Finanzierungszwecken spricht. Dem Finanzierungsmotiv zufolge verfügen Unternehmen mit breiteren transnationalen Netzwerken über bessere Kapitalmarktzugänge in Übersee und erhöhen über ihr höheres Maß an physischer Präsenz in Fremdmärkten bzw. -währungsräumen den Informations-

---

[483] Die statistische Signifikanz errechnet sich als Standardabweichung der Konzentration respektive der Dispersion (0,18 bzw. 0,93) multipliziert mit dem Koeffizienten der Konzentration respektive der Dispersion (0,65 bzw. -0,07).

stand der dort ansässigen (potenziellen) Investoren. Geographisch breiter gestreute Unternehmen verzeichnen demnach eine höhere Nachfrage nach ihren Fremdwährungsanleihen.[484] Ein signifikant negativer Zusammenhang zwischen dem Nutzungsgrad an Fremdwährungsverschuldung und der Dispersion läuft dieser Argumentationslinie jedoch entgegen. In Bezug auf die erste Hypothese (H1) ist auch noch zu beachten, dass der signifikant negative Zusammenhang zwischen dem Nutzungsgrad an Fremdwährungsverschuldung und der Dispersion in Modell 2 gegen die Denomination von Fremdkapital in Fremdwährung zu Spekulationszwecken spricht. Dem Spekulationsmotiv zufolge lassen Unternehmen mit breiteren transnationalen Netzwerken, zumindest ab einer gewissen Multinationalität (siehe Kapitel 3.2.2.2), stabilere kumulierte Zahlungsströme[485] und daher auch geringere Insolvenzkosten[486] erwarten. Unternehmen mit breiteren transnationalen Netzwerken können demnach mehr Spekulation betreiben.[487] Ein signifikant negativer Zusammenhang zwischen dem Nutzungsgrad an Fremdwährungsverschuldung und der Dispersion läuft dieser Argumentationslinie jedoch entgegen.

Die erlangten Ergebnisse zeigen insgesamt, dass ein signifikant positiver Zusammenhang besteht zwischen dem Nutzungsgrad an Fremdwährungsverschuldung und der Konzentration und dass ein signifikant negativer Zusammenhang besteht zwischen dem Nutzungsgrad an Fremdwährungsverschuldung und der Dispersion. Diese Ergebnisse sprechen erstens dafür, dass deutsche multinationale Nicht-Finanzunternehmen in Fremdwährung denominiertes Fremdkapital als Hedging-Instrument nutzen. Zweitens sprechen sie dafür, dass deutsche multinationale Nicht-Finanzunternehmen in Fremdwährung denominiertes Fremdkapital als Hedging-Instrument nutzen, um damit ihre (langfristige) ökonomische Exponiertheit einzudämmen. Und drittens sprechen sie dafür, dass deutsche multinationale Nicht-Finanzunternehmen in Fremdwährung denominiertes Fremdkapital als Substitut für leistungswirtschaftliches Hedging nutzen, d.h., um damit ihre strategische Exponiertheit einzudämmen.

6.2.2.3 Robustheitsüberprüfungen

Die zentrale Internationalisierungsvariable der quantitativen empirischen Untersuchung ist Dispersion, die approximativ die Breite des transnationalen Netzwerks eines Unternehmens außer-

---

[484] Vgl. Kedia & Mozumdar (2003), S. 531.
[485] Vgl. Giddy (1977b), S. 31; Shapiro (1978a), S. 221 f. und Moffett & Karlsen (1994), S. 167.
[486] Vgl. Fatemi (1988), S. 19 f.; Lee & Kwok (1988), S. 203 und Kim et al. (2006), S. 837.
[487] Vgl. Stulz (1996), S. 16 f.

halb der Eurozone misst. Die Dispersion dient als interpretatorischer Angelpunkt, von dem ausgehend Fremdwährungsverschuldung als Hedge ihrer Nutzung nach eingeordnet wird (siehe Kapitel 6.2.1). Entsprechend gilt es, die Robustheit der bezüglichen Ergebnisse zu überprüfen. Die Überprüfung der Robustheit der bisher zur Dispersion erlangten Ergebnisse erfolgt anhand zweier ersatzweiser Internationalisierungsmaße für die Dispersion; zum einen anhand der Dispersion 2, zum anderen anhand der Dispersion 3.[488]

In der ersten Robustheitsüberprüfung (Modell 3) ersetzt Dispersion 2 die Dispersion aus dem Basismodell (Modell 2). Dispersion 2 ist ein nach *Kedia & Mozumdar (2003)* ermitteltes approximatives Maß für die Internationalität eines Unternehmens. Dispersion 2 errechnet sich als die Anzahl der Industrietöchter außerhalb der Eurozone in Relation zur Gesamtanzahl an Industrietöchtern eines Unternehmens.[489] In Modell 3 in Tabelle 5 zeigt sich ein signifikant negativer Zusammenhang zwischen dem Nutzungsgrad an Fremdwährungsverschuldung und der Dispersion 2. Das Ergebnis zur Dispersion 2 in Modell 3 stützt daher das Ergebnis des grundlegenden Regressionsmodelles zur Dispersion (Modell 2). Hierbei ist zu beachten, dass *Kedia & Mozumdar (2003)* ihr Internationalisierungsmaß nutzen, um ökonomische Exponiertheit zu approximieren und nicht um leistungswirtschaftliches Hedging zu approximieren.[490] Eine Internationalisierung kann jedoch die ökonomische Exponiertheit eines Unternehmens mehren oder mindern (siehe Kapitel 5.2.3). Da sich die Unternehmen der vorliegenden Stichprobe als in hohem Maße internationalisiert einstufen lassen (siehe Kapitel 6.2.2.1), ist es plausibel, dass diese Unternehmen ihre Exponiertheit über die geographische Dispersion ihrer Tochterunternehmen (bereits) reduzieren.[491] Diese Überlegung ist kohärent zu den Umfrageergebnissen von *Fatemi & Glaum (2000)*, die 71 börsennotierte deutsche Nicht-Finanzunternehmen im Jahr 1997 betrachten und berichten, dass knapp die Hälfte der befragten Unternehmen ihre Exponiertheit mittels geographischer Diversifikation reduzieren: „Slightly less than half of the respondents agree that international diversification reduces their foreign exchange exposures [..]."[492]

---

[488] Die Diskussion der Ergebnisse der Robustheitsüberprüfungen ignoriert, zwecks Fokussierung, die Ergebnisse zu den Industrieklassen.
[489] Vgl. Kedia & Mozumdar (2003), S. 529.
[490] „[…] we use the fraction of foreign subsidiaries to proxy for the intensity of a firm's foreign operations and therefore its exposure (Kedia & Mozumdar, 2003, S. 529)."
[491] Dispersion und Dispersion 2 sind fast perfekt positiv miteinander korreliert, der Pearson-Korrelationskoeffizient beträgt 0,93.
[492] Vgl. Fatemi & Glaum (2000), S. 12.

In der zweiten Robustheitsüberprüfung (Modell 4) ersetzt Dispersion 3 die Dispersion aus dem Basismodell (Modell 2). Dispersion 3 ist ein nach *Hutson & Laing (2014)* ermitteltes approximatives Maß für die Internationalität eines Unternehmens.[493] Dispersion 3 errechnet sich als der Logarithmus der Anzahl der Industrietöchter eines Unternehmens außerhalb der Eurozone.[494] In Modell 4 in Tabelle 5 zeigt sich allerdings kein signifikanter Zusammenhang zwischen dem Nutzungsgrad an Fremdwährungsverschuldung und der Dispersion 3. Das Ergebnis zur Dispersion 3 in Modell 4 stützt daher nicht das Ergebnis des grundlegenden Regressionsmodelles zur Dispersion (Modell 2). Hierbei ist zu beachten, dass sich die gegenläufigen Effekte des transnationalen Netzwerks eines Unternehmens außerhalb der Eurozone, die die ökonomische Exponiertheit mehren und mindern, in Dispersion 3 aufheben können. Insofern spricht der nicht signifikante Zusammenhang aus Modell 4 nicht gegen die Ergebnisse aus Modell 2, sondern lediglich für die genauere approximative Messung der Breite des transnationalen Netzwerks eines Unternehmens außerhalb der Eurozone durch die Dispersion nach *Allen & Pantzalis (1996)* und *Pantzalis et al. (2001)*. In Modell 4 besteht allerdings ein signifikant positiver Zusammenhang zwischen dem Nutzungsgrad an Fremdwährungsverschuldung und der Unternehmensgröße; dieser statistische Zusammenhang spricht für Skalenerträge in der Nutzung von Fremdwährungsverschuldung.

---

[493] Dispersion (Dispersion 2) und Dispersion 3 sind positiv miteinander korreliert, der Pearson-Korrelatiokoeffizient beträgt 0,52 (0,41).
[494] Vgl. Hutson & Laing (2014), S. 101 u. 105.

Tabelle 5: Robustheitsüberprüfungen 1

Variable	Modell 3 MKQ % Fremdwährungsver.	Modell 4 MKQ % Fremdwährungsver.
Bilanzsumme	0,0247	0,0457*
	(0,0143)	(0,0195)
Industrieklasse 2	0,396***	0,250***
	(0,0591)	(0,0175)
Industrieklasse 3	-0,0532	-0,0781*
	(0,0463)	(0,0381)
Industrieklasse 4	-0,227	-0,250
	(0,128)	(0,135)
Industrieklasse 5	0,202**	0,0852*
	(0,0682)	(0,0341)
Industrieklasse 6	0,292	0,110
	(0,294)	(0,243)
Verschuldungsgrad	0,0856	0,0859
	(0,0915)	(0,0968)
Währungsswaps	0,103	0,101
	(0,217)	(0,210)
% Auslandsumsatz	-0,395	-0,430
	(0,267)	(0,297)
% Auslandsvermögen	-0,0625	-0,120
	(0,282)	(0,228)
Dispersion 2	-0,548*	
	(0,253)	
Dispersion 3		-0,0132
		(0,0524)
Konstante	0,126	-0,0973
	(0,508)	(0,539)
Beobachtungen	39	39
R^2	0,370	0,337

Anmerkung: t-Statistik mit robusten Standardfehlern (unter Industrie-Clustern) in Klammern; die Signifikanzniveaus sind mit *** p<0,01 ** p<0,05 und * p<0,1 gekennzeichnet.

Die Modelle 5 und 6 adressieren die potenziellen Multikollinearitätsprobleme aufgrund der zu berücksichtigenden Korrelation zwischen den prozentualen Auslandsumsätzen und den prozentualen Auslandsvermögenswerten. Die Modelle 5 und 6 in Tabelle 6 zeigen die Ergebnisse der jeweiligen Basismodelle (Modell 1 respektive Modell 2) ohne die prozentualen Auslandsvermögenswerte. Modell 5 bestätigt das ursprüngliche Ergebnis zur Konzentration in qualitativer Hinsicht; Modell 6 bestätigt das ursprüngliche Ergebnis zur Dispersion in qualitativer Hinsicht. Zu beachten ist ferner, dass sich die Signifikanz der Konzentration (0,01 statt 0,05) und die der Dispersion (0,05 statt 0,1) in Relation zu den entsprechenden Basismodellen um eine Niveaustufe erhöht.

Tabelle 6: Robustheitsüberprüfungen 2

Variable	Modell 5 MKQ % Fremdwährungsver.	Modell 6 MKQ % Fremdwährungsver.
Bilanzsumme	0,0464	0,0397
	(0,0465)	(0,0324)
Industrieklasse 2	0,288***	0,286***
	(0,0646)	(0,0690)
Industrieklasse 3	-0,0495	-0,0883
	(0,0759)	(0,0781)
Industrieklasse 4	-0,236**	-0,336***
	(0,0612)	(0,0689)
Industrieklasse 5	0,0789	0,0794
	(0,0561)	(0,0593)
Industrieklasse 6	-0,0252	0,129
	(0,124)	(0,151)
Verschuldungsgrad	0,0897	0,0979
	(0,0722)	(0,0797)
Währungsswaps	0,110	0,130
	(0,179)	(0,216)
% Auslandsumsatz	-0,373	-0,503
	(0,255)	(0,331)
Konzentration	0,601***	
	(0,132)	
Dispersion		-0,0663**
		(0,0251)
Konstante	-0,443	0,0565
	(0,534)	(0,483)
Beobachtungen	39	39
R^2	0,410	0,356

Anmerkung: t-Statistik mit robusten Standardfehlern (unter Industrie-Clustern) in Klammern; die Signifikanzniveaus sind mit *** p<0,01 ** p<0,05 und * p<0,1 gekennzeichnet.

Die Modelle 7 und 8 adressieren abermals die potenziellen Multikollinearitätsprobleme aufgrund der zu berücksichtigenden Korrelation zwischen den prozentualen Auslandsumsätzen und den prozentualen Auslandsvermögenswerten. Die Modelle 7 und 8 in Tabelle 7 zeigen die Ergebnisse der jeweiligen Basismodelle (Modell 1 respektive Modell 2) ohne die prozentualen Auslandsumsätze. Modell 7 bestätigt das ursprüngliche Ergebnis zur Konzentration in qualitativer Hinsicht, allerdings büßt die Dispersion in Modell 8 ihre Signifikanz ein. In Modell 7 und 8 besteht darüber hinaus ein signifikant positiver Zusammenhang zwischen dem Nutzungsgrad an Fremdwährungsverschuldung und der Unternehmensgröße; diese statistischen Zusammenhänge sprechen für Skalenerträge in der Nutzung von Fremdwährungsverschuldung.

Tabelle 7: Robustheitsüberprüfungen 3

Variable	Modell 7 MKQ % Fremdwährungsver.	Modell 8 MKQ % Fremdwährungsver.
Bilanzsumme	0,0713*	0,0716**
	(0,0323)	(0,0205)
Industrieklasse 2	0,227***	0,223***
	(0,0360)	(0,0221)
Industrieklasse 3	-0,0854	-0,0840
	(0,0766)	(0,0625)
Industrieklasse 4	-0,144*	-0,152*
	(0,0678)	(0,0738)
Industrieklasse 5	0,0625	0,100*
	(0,0614)	(0,0493)
Industrieklasse 6	-0,129	0,0632
	(0,231)	(0,226)
Verschuldungsgrad	0,0923	0,105
	(0,0629)	(0,0629)
Währungsswaps	0,124	0,149
	(0,175)	(0,203)
% Auslandsvermögen	-0,297	-0,270
	(0,326)	(0,351)
Konzentration	0,700**	
	(0,226)	
Dispersion		-0,0668
		(0,0391)
Konstante	-0,636	-0,225
	(0,388)	(0,360)
Beobachtungen	39	39
R^2	0,416	0,331

Anmerkung: t-Statistik mit robusten Standardfehlern (unter Industrie-Clustern) in Klammern; die Signifikanzniveaus sind mit *** p<0,01 ** p<0,05 und * p<0,1 gekennzeichnet.

Rugman (1976) und *Bartram (2004)* nutzen neben der Bilanzsumme die Gesamtumsätze und die Gesamtmitarbeiteranzahl eines Unternehmens als approximative Maße für die Unternehmensgröße.[495] In der vorliegenden Stichprobe weisen jedoch die Gesamtumsätze und die Gesamtmitarbeiteranzahl eine (zu) hohe Korrelation zur Dispersion auf (0,59 respektive 0,65), als dass sie innerhalb desselben Regressionsmodells zum Einsatz kommen könnten. Um unter Umgehung potenzieller Multikollinearitätsprobleme dennoch mittels eines alternativen Maßes auf

---

[495] Vgl. Rugman (1976), S. 76 und Bartram (2004), S. 681.

6 Empirische Untersuchung

Skalenerträge untersuchen zu können, wird, *Gelos (2003)* folgend, das logarithmierte Anlagevermögen als Approximation für die Unternehmensgröße herangezogen.[496] Mittels des Anlagevermögens, wozu alle dauerhaft dem Geschäftsbetrieb dienenden Vermögensgegenstände zählen,[497] ist eine Fokussierung auf die langfristigen Komponenten der Bilanz möglich; diese Komponenten sind womöglich sogar maßgeblicher für das Erzielen von Skalenerträgen in der Nutzung von Fremdwährungsverschuldung als die gesamte Bilanzsumme. Tabelle 8 führt die Ergebnisse zu Modell 9 und 10 auf. Modell 9 bestätigt das ursprüngliche Ergebnis zur Konzentration in qualitativer Hinsicht; Modell 10 bestätigt das ursprüngliche Ergebnis zur Dispersion in qualitativer Hinsicht. Zu beachten ist, dass sich die Signifikanz der Konzentration (0,01 statt 0,05) und die der Dispersion (0,05 statt 0,1) in Relation zu den entsprechenden Basismodellen (Modell 1 respektive Modell 2) um eine Niveaustufe erhöht. Zu beachten ist auch, dass sich das Bestimmtheitsmaß (R^2) der Modelle 9 und 10 (0,57 respektive 0,56) in Relation zu den bezüglichen Basismodellen (Modell 1 respektive Modell 2) erhöht (0,43 respektive 0,36). Darüber hinaus besteht in beiden Modellen ein signifikant positiver Zusammenhang zwischen dem Nutzungsgrad an Fremdwährungsverschuldung und der Unternehmensgröße. Letzteres Resultat spricht für Skalenerträge in der Nutzung von Fremdwährungsverschuldung.

---

[496] Vgl. Gelos (2003), S. 326.
[497] § 247 Abs. 2 HGB.

Tabelle 8: Robustheitsüberprüfungen 4

Variable	Modell 9 MKQ % Fremdwährungsver.	Modell 10 MKQ % Fremdwährungsver.
Anlagevermögen	0,270***	0,317***
	(0,0326)	(0,0539)
Industrieklasse 2	0,178***	0,181***
	(0,0331)	(0,0125)
Industrieklasse 3	-0,194***	-0,275***
	(0,0254)	(0,0235)
Industrieklasse 4	0,00422	-0,126
	(0,0731)	(0,0973)
Industrieklasse 5	0,120**	0,131*
	(0,0367)	(0,0586)
Industrieklasse 6	-0,0952	0,0785
	(0,262)	(0,219)
Verschuldungsgrad	0,0409	0,0516
	(0,0750)	(0,0686)
Währungsswaps	-0,0762	-0,0647
	(0,170)	(0,227)
% Auslandsumsatz	-0,0884	-0,248
	(0,181)	(0,133)
% Auslandsvermögen	-0,345	-0,288
	(0,334)	(0,347)
Konzentration	0,718***	
	(0,162)	
Dispersion		-0,135**
		(0,0364)
Konstante	-1,095***	-0,549*
	(0,188)	(0,251)
Beobachtungen	39	39
R^2	0,574	0,555

Anmerkung: t-Statistik mit robusten Standardfehlern (unter Industrie-Clustern) in Klammern; die Signifikanzniveaus sind mit *** p<0,01 ** p<0,05 und * p<0,1 gekennzeichnet.

Die Dispersion dient der allgemeinen approximativen Messung leistungswirtschaftlicher Hedges. Jedoch erscheint der Effekt unklar, der hinter der, die strategische Exponiertheit reduzierenden, Dispersion steht. In Betracht kommt sowohl die eher passiv ansetzende geographische Diversifikation als auch die eher aktiv ansetzende leistungswirtschaftliche Flexibilität (Realoptionen).[498] Ein drittes in der Literatur der internationalen Finanzwirtschaft diskutiertes leistungswirtschaftliches Hedging-Instrument ist leistungswirtschaftliches Matching (siehe Kapitel 3.2.2.1). *Martin et al. (1999)* und, ihnen folgend, *Huffman & Makar (2004)*, nutzen die absolute

---

[498] Vgl. Allen & Pantzalis (1996), S. 639 und Pantzalis et al. (2001), S. 797.

Differenz zwischen den prozentualen Auslandsumsätzen und den prozentualen Auslandsvermögenswerten, um ebendieses (potenzielle) leistungswirtschaftliche Matching zu approximieren. Ein höheres Maß an absoluter Differenz zwischen den prozentualen Auslandsumsätzen und den prozentualen Auslandsvermögenswerten steht für eine inkongruentere geographische Allokation zwischen den prozentualen Auslandsumsätzen und den prozentualen Vermögenswerten und liefert eine Indikation für einen niedrigeren Umfang an leistungswirtschaftlichem Matching. Im Umkehrschluss gilt: Ein niedrigeres Maß an absoluter Differenz zwischen den prozentualen Auslandsumsätzen und den prozentualen Auslandsvermögenswerten steht für eine kongruentere geographische Allokation zwischen den prozentualen Auslandsumsätzen und den prozentualen Auslandsvermögenswerten und liefert eine Indikation für einen höheren Umfang an leistungswirtschaftlichem Matching.[499] Die Modelle 11 und 12 in Tabelle 9 beinhalten das nach *Martin et al. (1999)* errechnete approximative Maß für leistungswirtschaftliches Matching. Modell 11 bestätigt das ursprüngliche Ergebnis zur Konzentration in qualitativer Hinsicht; Modell 12 bestätigt das ursprüngliche Ergebnis zur Dispersion in qualitativer Hinsicht. Zu beachten ist, dass sich die Signifikanz der Dispersion (0,05 statt 0,1) in Relation zum Basismodell um eine Niveaustufe erhöht. Darüber hinaus besteht in beiden Modellen ein signifikant positiver Zusammenhang zwischen dem Nutzungsgrad an Fremdwährungsverschuldung und der Unternehmensgröße. Letzteres Resultat spricht für Skalenerträge in der Nutzung von Fremdwährungsverschuldung. Für leistungswirtschaftliches Matching finden sich jedoch keine Belege.

---

[499] Vgl. Martin et al. (1999), S. 23 u. 29 und Huffman & Makar (2004), S. 109.

Tabelle 9: Robustheitsüberprüfungen 5

Variable	Modell 11 MKQ % Fremdwährungsver.	Modell 12 MKQ % Fremdwährungsver.
Anlagevermögen	0,248***	0,300***
	(0,0268)	(0,0424)
Industrieklasse 2	0,209***	0,211***
	(0,0285)	(0,0136)
Industrieklasse 3	-0,181***	-0,270***
	(0,0315)	(0,0328)
Industrieklasse 4	0,110	-0,0381
	(0,0936)	(0,0747)
Industrieklasse 5	0,161***	0,170**
	(0,0204)	(0,0435)
Industrieklasse 6	-0,0738	0,114
	(0,269)	(0,221)
Verschuldungsgrad	0,0468	0,0581
	(0,0764)	(0,0684)
Währungsswaps	-0,0439	-0,0329
	(0,167)	(0,225)
% Auslandsumsatz	0,301	0,109
	(0,463)	(0,316)
% Auslandsvermögen	-0,704	-0,625
	(0,499)	(0,364)
Leist. Matching	-0,533	-0,506
	(0,614)	(0,445)
Konzentration	0,783**	
	(0,215)	
Dispersion		-0,148**
		(0,0385)
Konstante	-1,061***	-0,470
	(0,247)	(0,332)
Beobachtungen	39	39
R^2	0,599	0,578

Anmerkung: t-Statistik mit robusten Standardfehlern (unter Industrie-Clustern) in Klammern; die Signifikanzniveaus sind mit *** p<0,01 ** p<0,05 und * p<0,1 gekennzeichnet.

Insgesamt erscheinen die ermittelten Ergebnisse der Basismodelle (Modell 1 und 2) robust gegenüber anderweitigen Modellspezifikationen, insbesondere gegenüber einem Modell mit einem alternativen approximativen Maß für Dispersion (Modell 3). Neben dem jeweiligen Basismodell besteht ein signifikant positiver Zusammenhang zwischen dem Nutzungsgrad an Fremdwährungsverschuldung und der Konzentration in Modell 5, 7, 9 und 11 und ein signifikant negativer Zusammenhang zwischen dem Nutzungsgrad an Fremdwährungsverschuldung und der Dispersion in Modell 6, 10 und 12. Diese Ergebnisse bestätigen und bestärken die Erkenntnis, dass deutsche Nicht-Finanzunternehmen Fremdwährungsverschuldung als Hedging-

Instrument nutzen, speziell, um damit ihre (langfristige) ökonomische Exponiertheit einzudämmen; Fremdwährungsverschuldung fungiert hierbei als Substitut für leistungswirtschaftliches Hedging.

6.3 Qualitative Untersuchung
6.3.1 Fragestellungen, Methode und Stichprobe

In Ergänzung zu den bereits diskutierten Forschungsfragen 1, 2 und 3 nach der über- und untergeordneten Nutzung eines bestimmten (Hedging-)Instruments, namentlich Fremdwährungsverschuldung, wird im Folgenden eine vierte Forschungsfrage behandelt. Die Forschungsfrage 4 beschäftigt sich mit dem Zusammenspiel der für Hedging bereitstehenden leistungs- und finanzwirtschaftlichen Instrumente; die Beschäftigung mit diesen Hedging-Instrumenten erfolgt intra- und inter-kategorial.

Die vierte Forschungsfrage lautet: Inwiefern nutzen deutsche multinationale Nicht-Banken Fremdwährungsverschuldung als Hedging-Instrument?

Die empirische Literatur der internationalen Finanzwirtschaft analysiert in zahlreichen Studien die Faktoren hinter der generellen Nutzung und/oder dem Nutzungsgrad bzw. -ausmaß eines bestimmten Hedging-Instruments anhand quantitativer Methoden.[500] In geringerem Maße finden sich quantitative empirische Untersuchungen, die die Hedging-Programme umfänglicher betrachten und der Frage nach der Integration, Interaktion und Interdependenz unterschiedlicher Hedging-Instrumente nachgehen.[501] In noch geringerem Maße finden sich quantitative empirische Untersuchungen, die der Frage nach den befördernden und beschränkenden Faktoren für den interagierten Einsatz einzelner Hedging-Instrumente nachgehen. Der Mangel an letztgenannten Untersuchungen dürfte nicht zuletzt auf den nicht unerheblichen Umfang der Datenerhebung und die methodische Komplexität in der Identifikation dieser hintergründigen Kriterien mittels quantitativer Methoden zurückzuführen sein.[502] Für die Beantwortung einer solchen

---

[500] Vgl. Bartram et al. (2010), S. 168. In der Regel liegt der Fokus dieses Teils der empirischen Literatur der internationalen Finanzwirtschaft ausschließlich auf Devisentermingeschäften. Die einseitige Fokussierung auf Devisentermingeschäfte führt allerdings dazu, dass einige Forscher/-innen die generelle Nutzung von Devisentermingeschäften mit Hedging gleichsetzen, obgleich ein Hedging-Programm mehr Instrumente als nur Devisentermingeschäfte umfassen kann; vgl. Beatty (1999), S. 354; Clark & Judge (2008), S. 446 und Clark & Judge (2009), S. 608.
[501] Vgl. Kedia & Mozumdar (2003), S. 522; Clark & Judge (2009), S. 607 und Bartram et al. (2010), S. 168.
[502] Vgl. Fok et al. (1997), S. 573; Beatty (1999), S. 356 und Allayannis & Ofek (2001), S. 288.

Fragestellung sind Kontextinformationen erforderlich, die die Erkenntnisse aus dem Gebrauch quantitativer Methoden ergänzen. Um Kontextinformationen zu erlangen, sind Experteninterviews, die den qualitativen Forschungsmethoden zuzuordnen sind,[503] zielführend.[504] *Aabo (2001)* und *González et al. (2010)* rufen explizit zu qualitativer Forschung in Bezug auf Hedging-Programme auf.[505]

Experten zeichnen sich aus durch ihr berufliches Fach- und Erfahrungswissen und die Durchsetzungsfähigkeit ihrer Orientierungen in Bezug auf ein bestimmtes Funktions- oder Tätigkeitsfeld innerhalb einer Organisation.[506] Experteninterviews erscheinen daher besonders geeignet, um komplexen, tief- und hintergründigen Fragestellungen gerade in Bezug auf das Hedging-Programm multinationaler Unternehmen nachzugehen; dies gilt mehr noch für die Untersuchung intra- und interkategorialer Nutzungszusammenhänge einzelner Hedging-Instrumente.[507]

In der Literatur zu den Mixed Methods finden sich zahlreiche potenzielle Zwecksetzungen für den kombinierten Einsatz quantitativer und qualitativer Forschungsmethoden.[508] Die nachfolgende Nutzung einer qualitativen Methode ist in der Triangulation, Explikation, Elaboration und Illustration der in Bezug auf die Forschungsfrage 1, 2 und 3 durch den Einsatz einer quantitativen Methode erlangten Erkenntnisse begründet. In Bezug auf die Forschungsfrage 4, die dem integrierten, interagierten und interdependenten Einsatz bereitstehender Hedging-Instrumente nachgeht, ist die Nutzung einer qualitativen Methode in der Expansion der bereits ermittelten Erkenntnisse begründet.

Grundsätzlich lässt sich in der empirischen Sozialforschung zwischen zwei Strategien der Stichprobenbildung (Fallauswahl) unterscheiden. In der quantitativen Forschung erfolgt die Stichprobenbildung aus (statistischen) Repräsentativitätsüberlegungen heraus, d.h. unsystema-

---

[503] Vgl. Trinczek (2002), S. 210 und Bogner et al. (2014), S. 3.
[504] Vgl. Meuser & Nagel (2002), S. 75 f.; Graham et al. (2005), S. 8 und Flick (2016), S. 216 u. 218.
[505] Vgl. Aabo (2001), S. 394 und González et al. (2010), S. 703. *Eckert & Engelhard (1999)* fordern empirisch-qualitative Untersuchungen in Bezug auf die Dimensionen der Kapitalstruktur multinationaler Unternehmen; vgl. Eckert & Engelhard (1999), S. 128.
[506] Vgl. Bogner & Menz (2002), S. 46; Meuser & Nagel (2009), S. 470 und Bogner et al. (2014), S. 13 u. 15.
[507] Vgl. Collier et al. (1990), S. 206; Glaum & Roth (1993), S. 1183 f. und Aabo (2001), S. 389.
[508] Vgl. Greene et al. (1989), S. 258 ff.; Bryman (2006a), S. 104 ff. und Johnson et al. (2007), S. 122.

6 Empirische Untersuchung

tisch, zufällig (Statistical Sampling). In der qualitativen Forschung erfolgt die Stichprobenbildung hingegen aus (inhaltlichen) Relevanzüberlegungen heraus, d.h. systematisch, nicht-zufällig (Purposive oder Purposeful Sampling).[509]

Innerhalb der qualitativen Forschung lassen sich wiederum zwei Strategien der Fallauswahl unterscheiden. Zum einen die Strategie der Vorab-Festlegung (A-priori-Determinierung) und zum anderen die Strategie des theoretischen Samplings (Theoretical Sampling). Die Vorab-Festlegung ist die adäquate Strategie zur Fallauswahl, falls zu Untersuchungsbeginn eine konkrete Forschungsfrage besteht (diese bildet sich aus der bestehenden Theorie heraus), aus der sich Kriterien für die Stichprobenbildung ableiten lassen. Das theoretische Sampling ist die adäquate Strategie zur Fallauswahl, falls zu Untersuchungsbeginn keine konkrete Forschungsfrage besteht (diese bildet sich erst im Untersuchungsverlauf heraus), aus der sich Kriterien für die Stichprobenbildung ableiten lassen; die Kriterien für die Stichprobenbildung bilden sich erst mit der konkreten Forschungsfrage heraus.[510]

Bei Experteninterviews besteht bereits zu Untersuchungsbeginn mindestens eine konkrete Forschungsfrage.[511] Hieraus folgt, dass die Vorab-Festlegung die adäquate Strategie der Stichprobenbildung bei Experteninterviews ist.[512] Bei der Vorab-Festlegung gilt es, bestimmte, aus der theoriebasierten Forschungsfrage abgeleitete, Kriterien festzulegen, die zu einer gezielten und begründeten Fallauswahl führen. Die theoretischen Vorüberlegungen fließen auch in die Erstellung des (teilstandardisierten) Interviewleitfadens ein,[513] der zum einen der Steuerung des Interview-Verlaufs dient und zum anderen die Kompetenz der/des interviewenden Forscherin/Forschers gegenüber dem Experten herausstellen soll.[514]

Die Experten des nachfolgenden qualitativen Teils der Untersuchung rekrutieren sich, analog zur Stichprobe der quantitativen Untersuchung, ausschließlich aus deutschen multinationalen Unternehmen. Um die Varianz innerhalb der Stichprobe des qualitativen Untersuchungsteils zu erhöhen, ist der Kriterienkatalog, der der qualitativen Stichprobe zugrunde liegt, breiter gefasst

---

[509] Vgl. Teddlie & Yu (2007), S. 77; Kaiser (2014), S. 71 und Patton (2015), S. 264 f. Vgl. zu Repräsentativitätsüberlegungen in der quantitativen und in der qualitativen Forschung: Brannen (2005), S. 175.
[510] Vgl. Wrona (2005), S. 23 f.; Mayer (2013), S. 39 und Flick (2016), S. 155 ff.
[511] Vgl. Mayer (2013), S. 39 und Kaiser (2014), S. 4 f. u. 7.
[512] Vgl. Mayer (2013), S. 39. Vgl. hierzu auch die (implizite) Position eines theoretischen Samplings innerhalb einer Vorab-Festlegung in Gläser & Laudel (2010), S. 118 und Kaiser (2014), S. 76.
[513] Vgl. Meuser & Nagel (2002), S. 82; Gläser & Laudel (2010), S. 90 und Kaiser (2014), S. 30 f. u. 52.
[514] Vgl. Meuser & Nagel (2002), S. 77; Mayer (2013), S. 38 und Flick (2016), S. 216 f. Vgl. zur Gegenstandsadäquanz von Interviewleitfäden in Bezug auf Managerbefragungen: Trinczek (2002), S. 213 ff.

als der Kriterienkatalog, der der quantitativen Stichprobe zugrunde liegt. Die für die quantitative Untersuchung gebildete Stichprobe besteht aus multinationalen Nicht-Finanzunternehmen mit Hauptsitz in Deutschland und Listung im DAX, MDAX, SDAX oder TecDAX. Zudem haben alle Unternehmen der quantitativen Stichprobe im Jahr 2013 festverzinsliche Anleihen ausstehen (siehe Kapitel 6.2.1). Die Stichprobe der qualitativen Studie beinhaltet – über den Rahmen der Stichprobe der quantitativen Studie hinaus – ein Finanzunternehmen, das aber keine Bank ist. Finanzunternehmen haben als Dienstleistungsunternehmen nur eingeschränkt die Möglichkeit, leistungswirtschaftliches Hedging zu betreiben. Dementsprechend zählen Finanzunternehmen zu den intensivsten Nutzern finanzwirtschaftlicher Hedging-Instrumente.[515] Zudem beinhaltet die qualitative Stichprobe ein börsennotiertes Unternehmen, das aber nicht im DAX, MDAX, SDAX und TecDAX gelistet ist (Stand: 31.12.2013) und ein nicht-börsennotiertes Unternehmen, das in der Rechtsform einer GmbH & Co. KG firmiert.[516] Der hohe Transparenzstandard der Prime-Standard-Unternehmen, der noch bei der Bildung der quantitativen Stichprobe zentral erschien, ist bei einer direkten Erhebung der Informationen über Experten nicht mehr bedeutsam. Letztlich beinhaltet die Stichprobe der qualitativen Studie zwei Unternehmen, die keine Anleihen begeben haben. Im Ergebnis besteht die Stichprobe der qualitativen Untersuchung aus acht multinationalen Nicht-Banken mit Hauptsitz in Deutschland.

Die rekrutierten Experten sind acht für das Hedging-Programm ihrer multinationalen Nicht-Banken zuständige Finanzmanager. In einem Fall handelt es sich um ein multinationales Tochterunternehmen, da der Finanzmanager des zugehörigen Mutterunternehmens nicht für ein Interview bereitstand. Der Stichprobenumfang ähnelt demjenigen thematisch nahestehender qualitativer empirischer Untersuchungen; beispielsweise führt *Aabo (2001)* Experteninterviews mit acht Finanzmanagern aus börsennotierten dänischen Industrieunternehmen.[517] Der Bildungsabschluss ist bei allen einbezogenen Experten ein Studium der Wirtschaftswissenschaften; in einem Fall erfolgte das Studium aufbauend auf einer Banklehre; in zwei Fällen folgte dem Studium eine wirtschaftswissenschaftliche Promotion.[518] Die in Bezug auf das Thema der vorliegenden Untersuchung relevante Berufserfahrung der Finanzmanager belief sich im Zeitpunkt des Interviews auf durchschnittlich 18 Jahre; wenigstens auf sechs Jahre und höchstens auf 26 Jahre. In örtlicher Hinsicht erfolgte die Gesprächsführung je nach Präferenz der Experten bei

---

[515] Vgl. hierzu die empirischen Befunde in Jesswein et al. (1995), S. 74 f.
[516] Die börsennotierten Unternehmen der qualitativen Stichprobe sind, bis auf eines, im DAX 30 gelistet.
[517] Vgl. Aabo (2001), S. 388 f.
[518] Ein Experte hat die Frage nach dem höchsten Bildungsabschluss nicht beantwortet.

dem Unternehmen oder per Telefon. In zeitlicher Hinsicht erfolgte die Gesprächsführung in der zweiten Jahreshälfte des Jahres 2014 und im Jahr 2015 auf Deutsch und in einem Fall auf Englisch. Die Experteninterviews dauerten im Mittel 39 Minuten; das kürzeste Interview dauerte 21 Minuten, das längste 61 Minuten. Zu beachten ist letztlich, dass den Experten Anonymität zugesichert wurde, um einen möglichst offenen Austausch sicherzustellen.[519]

Der Forschungsprozess des Experteninterviews umfasst die Interviewführung und -protokollierung durch Tonaufnahmen, die Transkription der Tonaufnahmen, die Kodierung der Transkriptionen und die inhaltliche Zu- und Einordnung des kodierten Textmaterials.[520] Kodierung meint hier die Indexierung des Textmaterials unter Zuhilfenahme konzeptioneller Kategorien, wobei sich letztere im Zuge der Operationalisierung der Forschungsfrage bilden. Durch die Indexierung mittels konzeptioneller Kategorien ist gewährleistet, dass die theoretischen Vorüberlegungen auf jeder Stufe des Analyseprozesses Berücksichtigung finden. Hierbei ist zu beachten, dass das System an Untersuchungskategorien nicht geschlossen ist; neue Kategorien sind direkt aus dem Textmaterial ableitbar. Somit schränken die theoretischen Vorüberlegungen die Offenheit der Analyse nicht übergebührlich ein. Die aus den Interviews extrahierten Informationen lassen sich hierauf aufbauend zusammenführen, sodass Gleich- und Ungleichheiten der Fälle zutage treten und sich Kernaussagen herauskristallisieren.[521]

6.3.2 Ergebnisse

Generell zeichnet sich ab, dass die Hedging-Programme durch zahlreiche unternehmens- und branchenindividuelle Eigenheiten und folglich Gegensätzlichkeiten gekennzeichnet sind;[522] dies zeigt sich bereits darin, dass die im Folgenden betrachteten Nicht-Banken unterschiedlich breit auf Exponiertheiten fokussieren und die fokussierten Exponiertheiten uneinheitlich priorisieren. Die nachfolgende Diskussion der Ergebnisse setzt (auch) deshalb nicht bei der *Intra*-Fallanalyse (Within-Case Analysis) einzelner Hedging-Programme an, sondern bei der *Inter*-Fallanalyse (Cross-Case Analysis).[523] Eine *Inter*-Fallanalyse ermöglicht die Ermittlung struktu-

---

[519] Im Anhang B befindet sich der teilstandardisierte Interviewleitfaden in seiner letztgültigen Fassung.
[520] Vgl. Dhanani & Groves (2001), S. 279. Die Durchführung der Interviewanalyse(n) erfolgte unter Zuhilfenahme der Software MAXQDA 11.
[521] Vgl. Kaiser (2014), S. 99 ff. und Gläser & Laudel (2010), S. 197 ff.
[522] Vgl. Holland (1992), S. 18; Aabo (2001), S. 391 f. und Dhanani & Groves (2001), S. 279 u. 283.
[523] Vgl. Meuser & Nagel (2002), S. 80. Eine *Intra*-Fallanalyse konfligiert zudem mit der zugesicherten Anonymität; vgl. Aabo (2001), S. 389.

reller Gleich- und Ungleichheiten zwischen den Fällen. Innerhalb dieser Fokussierung auf *Inter*-Fallanalysen finden in erster Linie die strukturellen Gleichheiten der jeweiligen Hedging-Programme Beachtung, d.h. die Elemente eines Hedging-Programms, die über den Einzelfall hinaus Gültigkeit entfalten (können).[524]

Die zwei nachfolgenden Unterkapitel unterziehen die über- und untergeordneten Motive für eine Fremdwährungsverschuldung einer erneuten Betrachtung (Kapitel 6.3.2.1 und 6.3.2.2). Darüber hinausgehend leitet Kapitel 6.3.2.3 ein konzeptionelles Rahmenmodell ab, das den integrierten und interagierten Einsatz der in der Praxis zur Eindämmung ökonomischer Exponiertheit genutzten Hedging-Instrumente darstellt. Die Betrachtungen erfolgen unter besonderer Beachtung der befördernden und beschränkenden Faktoren für den Einsatz einzelner Hedges.

6.3.2.1 Nutzungsweise von Fremdwährungsverschuldung

Es bestehen drei übergeordnete Beweggründe, aus denen heraus Unternehmen Fremdkapital in Fremdwährung denominieren (siehe Kapitel 4.1). Das erste Motiv ist Hedging, definiert als eine Fremdkapitalaufnahme in Fremdwährung, die zufließende Netto-Zahlungsströme in der entsprechenden Fremdwährung deckt. Das zweite Motiv ist Finanzierung, definiert als eine Fremdkapitalaufnahme in Fremdwährung, die durch derivative Instrumente gedeckt ist. Das dritte Motiv ist Spekulation, definiert als eine Fremdkapitalaufnahme in Fremdwährung, die nicht gedeckt ist. Diesbezüglich liefern die Experteninterviews Belege dafür, dass alle drei Beweggründe für Fremdwährungsverschuldung bedeutsam sind, allerdings nicht für jedes einzelne Unternehmen und nicht für jedes Unternehmen in gleichem Maße.

Das Finanzierungsmotiv spielt für die Mehrzahl der befragten Unternehmen eine Rolle bei der Fremdkapitalaufnahme in Fremdwährung.[525] Die Unternehmen der Stichprobe nutzen synthetische Heimatwährungsverschuldung für den Fall, dass die Kapitalkosten synthetischer Heimatwährungsverschuldungen niedriger ausfallen als die Kapitalkosten natürlicher Heimatwährungsverschuldungen oder, falls die angestrebte (lange) Laufzeit nicht oder nur zu (prohibitiv) hohen Kosten in natürlicher Heimatwährung beziehbar ist. Zudem liefern zwei Experteninter-

---

[524] Vgl. hierzu allgemein Eisenhardt (1989b), S. 540 f. und Meuser & Nagel (2002), S. 80.
[525] Vgl. hierzu die i.w.S. kohärenten, ebenfalls auf Experteninterviews beruhenden, empirischen Ergebnisse in Glaum & Roth (1993), S. 1192 u. 1197.

6 Empirische Untersuchung 169

views eine Indikation für spekulative Nutzungsweisen in Form (teilweise) ungedeckter Fremdwährungsverschuldungen. Allerdings betonen andere Finanzmanager die Gefahren einer solchen Nutzungsweise.

„Also wenn ich nach Swaps, Cross Currency Swaps günstiger rauskomme, dann würde ich natürlich mich im Zweifelsfall in Fremdwährung verschulden, als jetzt in Euro."[526]

„[...] früher hat man [ungedeckte] Schweizer Franken Darlehen abgeschlossen und wenn das Wechselkursrisiko gegen einen läuft, dann haben Sie natürlich ein Riesenproblem."[527]

Die Hälfte der befragten Unternehmen nutzt Fremdwährungsverschuldung generell als Hedge.[528] Die vier Unternehmen, die Fremdwährungsverschuldung als Hedge nutzen, zählen zur oberen Hälfte der nach Größe (Bilanzsumme) gereihten Nicht-Banken. Zu den Gründen für die Nicht-Nutzung zählen für zwei Unternehmen, dass diese kein oder kaum Fremdkapital aufgenommen haben. Ein drittes Unternehmen kann sich nicht mittels Fremdwährungsverschuldung absichern, da es sich netto in einer Short-Position in Fremdwährung befindet. Ein Unternehmen nennt keine Gründe für die Nicht-Nutzung dieses Hedging-Instruments. Mutmaßlich liegt der Grund darin, dass letzteres Unternehmen lediglich einen Hedging-Horizont in zwölfmonatiger Länge betrachtet; ein Zeitraum, über den die Devisenmärkte besonders liquide und (unbedingte) Devisentermingeschäfte entsprechend günstig sind.

„[...] you simply use part of the proceeds from the business in that country directly to pay your debt. So, that's a very natural way to hedge your cash flow from foreign operations."[529]

Die Entscheidung, Fremdkapital in Fremdwährung als Hedge zu begeben, ist zwei Dimensionen der Kapitalstruktur untergeordnet.[530] Im ersten Schritt treffen die Nicht-Banken im Rahmen des Finanzierungsprogramms die Entscheidung bezüglich des Ziel-Fremdkapitalanteils und der Ziel-Fremdkapitalfristigkeit. Im zweiten Schritt erst treffen die Nicht-Banken im Rahmen des

---

[526] Experte H.
[527] Experte D.
[528] Lediglich eines der in *Glaum & Roth (1993)* befragten Industrieunternehmen nutzt Fremdwährungsverschuldung als Hedge. Dieser empirische Befund lässt sich auf die Beschränkung der Fremdkapitalaufnahme in Fremdwährung durch das übergeordnete Finanzmanagement, insbesondere auf die im Befragungszeitraum herrschende „außergewöhnlich guten Finanz- und Liquiditätslage" der Industrieunternehmen, zurückführen; vgl. Glaum & Roth (1993), S. 1192 u. 1197.
[529] Experte A.
[530] Vgl. zu den Dimensionen der Kapitalstruktur multinationaler Unternehmen: Eckert & Engelhard (1999), S. 113 ff.

Hedging-Programms die Entscheidung bezüglich der Denomination ihres Fremdkapitals. Insofern herrscht ein Primat des Finanzierungsprogramms über das Hedging-Programm. Nur für den Fall, dass (natürliche und synthetische) Fremdwährungsverschuldung als Hedge im Rahmen des übergeordneten Finanzierungsprogramms nicht (mehr) nutzbar ist, greifen die befragten Unternehmen auf kurzfristige (unbedingte) Devisentermingeschäfte zurück.

Unterschiede in den für Fremdkapitalaufnahmen genutzten Instrumenten zeigen sich zwischen größeren und kleineren Nicht-Banken. Die Fremdkapitalaufnahmen der größeren Nicht-Banken erfolgen primär über die Geldmärkte, d.h. über Commercial Papers mit Laufzeiten unter einem Jahr, und über die Kapitalmärkte, d.h. über Anleihen mit Laufzeiten über einem Jahr bis hin zu (theoretisch) unbefristeten Laufzeiten. Bankdarlehen kommen bei den größeren Nicht-Banken aufgrund ihrer in Relation zum Finanzmarkt höheren Kapitalkosten nur gelegentlich zum Einsatz und dann auch nur in geringem Umfang, insbesondere dann, falls staatsnahe Förderbanken subventionierte Darlehen für bestimmte Investitionsprojekte bereitstellen. Hingegen nutzen die kleineren Nicht-Banken in größerem Umfang Bankdarlehen.

6.3.2.2 Nutzungsweise von Fremdwährungsverschuldung als Hedge

Es bestehen drei untergeordnete Beweggründe, aus denen heraus Unternehmen ihr Fremdkapital in Fremdwährung denominieren: Mittels Fremdwährungsverschuldung können Unternehmen ihrer translationalen, transaktionalen oder strategischen Exponiertheit begegnen. Diesbezüglich liefern die Experteninterviews Belege dafür, dass die Eindämmung aller drei Kategorien an Exponiertheit für die Nutzung von Fremdwährungsverschuldung bedeutsam ist, allerdings nicht für jedes einzelne Unternehmen und nicht für jedes Unternehmen in gleichem Maße.

Höchstens die Hälfte der befragten Unternehmen begegnet seiner translationalen Exponiertheit.[531] Jedes Unternehmen der Stichprobe betont indes das Primat der am Marktwert orientierten ökonomischen Exponiertheit gegenüber der am Buchwert orientierten translationalen Exponiertheit; lediglich eine Nicht-Bank betrachtet primär die translationale Exponiertheit. Der Eigenaussage nach ist letztere Priorisierung der Branchenzugehörigkeit geschuldet. Bei Unternehmen dieser Branche setzt sich das Investitionsprogramm für gewöhnlich aus kleinzahligen aber großvolumigen Investitionsprojekten zusammen, die in einzelnen Fremdmärkten bzw.

---

[531] Vgl. hierzu die kohärenten, ebenfalls auf Experteninterviews beruhenden, empirischen Ergebnisse in Glaum & Roth (1993), S. 1187 f. Vgl. hierzu ferner die i.w.S. kohärenten, ebenfalls auf Experteninterviews beruhenden, empirischen Ergebnisse in Aabo (2001), S. 389 f.

-währungsräumen konzentriert sind. Diese umfangreichen Einzelinvestitionen lassen eine ungewöhnlich große translationale Exponiertheit entstehen.

„*[W]obei wir grundsätzlich immer darauf abstellen, ob ein Cashflow zustande kommt oder nicht.*"[532]

„*[...] the dimensional priority goes to the economic view and cash flows.*"[533]

Jede der Nicht-Banken sichert ihre am Marktwert orientierte Exponiertheit ab, die preislich fixiert und befristet ist, d.h. ihre transaktionale Exponiertheit. Zwei der Nicht-Banken geben ferner an, innerhalb der Kategorie transaktionaler Exponiertheit explizit zwischen operativer und finanzieller transaktionaler Exponiertheit zu unterscheiden. Die operativ-transaktionale Exponiertheit umfasst die Faktura aus den leistungswirtschaftlichen Zahlungsströmen, in erster Linie aus abgesetzten Outputs und bezogenen Inputs. Die finanziell-transaktionale Exponiertheit umfasst die Faktura aus den finanzwirtschaftlichen Zahlungsströmen, in erster Linie aus Intercompany-Darlehen. Darüber hinaus sichern einige der befragten Unternehmen ihre antizipierte transaktionale Exponiertheit ab und mindestens zwei Nicht-Banken begegnen ihrer strategischen Exponiertheit. Die zwei Unternehmen, die Fremdwährungsverschuldung als Hedge zur Eindämmung ihrer strategischen Exponiertheit nutzen, zählen zur oberen Hälfte der nach Größe (Bilanzsumme) gereihten Nicht-Banken.

Zwei der befragten Unternehmen, die Fremdwährungsverschuldung als Hedge nutzen, begegnen mit diesem Instrument allen drei Kategorien an Exponiertheit, betonen allerdings das Primat der ökonomischen Exponiertheit gegenüber der translationalen Exponiertheit. Im Zuge dessen kommen Geldmarkt-Instrumente als Hedge für die bestehende transaktionale Exponiertheit zum Einsatz und Kapitalmarkt-Instrumente als Hedge für die bestehende strategische Exponiertheit. Die übrige Fremdwährungsverschuldung als Hedge nutzende Nicht-Bank,[534] die dem Hedging ihrer translationalen Exponiertheit Priorität einräumt gegenüber dem Hedging ihrer ökonomischen Exponiertheit, nutzt Fremdwährungsverschuldung als Balance Sheet Hedge.

---

[532] Experte G.
[533] Experte A.
[534] Bei einer Nicht-Bank kann keine Zuordnung der Fremdwährungsverschuldung als (allgemeinem) Hedge zu den einzelnen Kategorien an Exponiertheit erfolgen, da es sich bei dieser Nicht-Bank um ein Tochterunternehmen mit beschränktem Einblick in das Hedging-Programm des Mutterunternehmens handelt. Allerdings nutzt das Mutterunternehmen Fremdwährungsverschuldung in einem am Marktwert orientierten Sinne, d.h. um damit seiner ökonomischen Exponiertheit zu begegnen.

„So, as I said, we focus on cash flow, it means that we're focusing then on the exposure that we see as material, as the one we can see realizing in the mid-term."[535]

6.3.2.3 Konzeptionelles Rahmenmodell

Generell stehen für Hedging nicht nur derivative Instrumente bereit, sondern auch Modifikationen der Kapitalstruktur und leistungswirtschaftliche Maßnahmen; ein Hedging-Programm ist durch den integrierten Einsatz dieser Instrumente gekennzeichnet (siehe Kapitel 2).[536] Da einzelne Hedges mit unterschiedlichen Kosten und Nutzen einhergehen, ermöglicht der zeitgleiche Einsatz mehrerer verschiedener Instrumente ein umfänglicheres Hedging als es der Einsatz lediglich eines Instruments gestattet. Ebendieser integrierte und interagierte Einsatz der in der Praxis zur Eindämmung ökonomischer Exponiertheit genutzten Hedging-Instrumente lässt sich mit Hilfe der Informationen aus den Experteninterviews in einem konzeptionellen Rahmenmodell darstellen (siehe Abbildung 34).[537]

Nicht alle befragten Unternehmen nutzen alle potenziellen Instrumente bzw. können alle potenziellen Instrumente nutzen, die als Hedge zur Eindämmung ökonomischer Exponiertheit einsetzbar sind. Die Erstellung des konzeptionellen Rahmenmodells basiert daher in erster Linie auf denjenigen Fällen, in denen Nicht-Banken mindestens zwei Kategorien an Hedging-Instrumenten nutzen, sodass deren interagierter Einsatz zur Einordnung der Instrumente nutzbar ist.[538] Erst in zweiter Linie basiert das konzeptionelle Rahmenmodell auf denjenigen Fällen, in denen Unternehmen lediglich eine Instrumenten-Kategorie nutzen. Letztere Fälle sind jedoch nicht minder interessant als die erstgenannten, da die angeführten Gründe für die Nicht-Nutzung eine Indikation zu den Limitationen der Einsetzbarkeit bestimmter Instrumente liefern.

---

[535] Experte A.
[536] Vgl. Meulbroek (2002a), S. 64; Aretz et al. (2007), S. 446 und Döhring (2008), S. 4 f.
[537] *Belk & Glaum (1990)* merken an: „Undoubtedly the development of [..] a conceptual framework is an area worthy of further consideration by all involved in reasearch in the area of foreign exchange risk management (Belk & Glaum, 1990, S. 4)."
[538] Vgl. Holland (1992), S. 6.

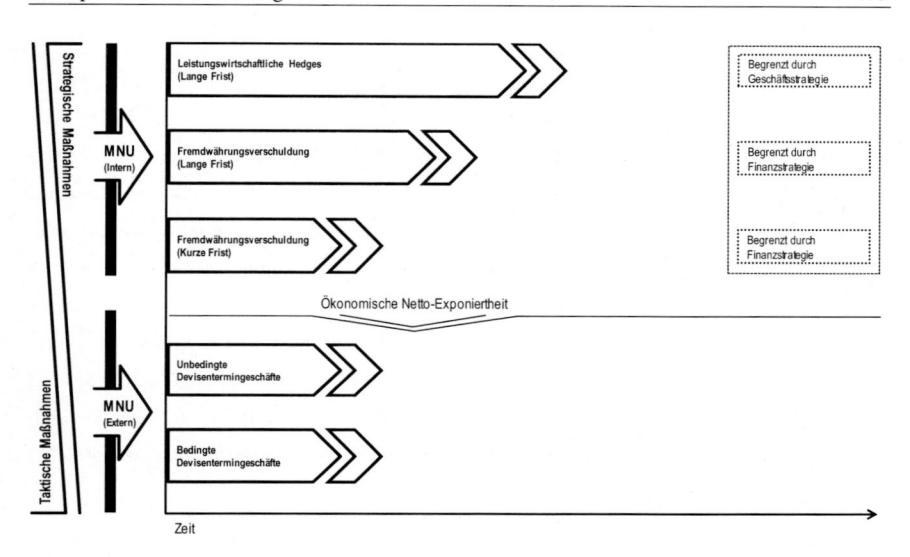

Abbildung 34: Konzeptionelles Rahmenmodell für ein am Marktwert orientiertes Hedging-Programm (Quelle: Eigene Darstellung)

Innerhalb des konzeptionellen Rahmenmodells für ein am Marktwert orientiertes Hedging-Programm lässt sich entweder nach unternehmensinternen und -externen Hedging-Maßnahmen unterscheiden oder nach strategischen und taktischen Hedging-Maßnahmen. Zu den unternehmensinternen, strategischen Maßnahmen zählen zuvorderst leistungswirtschaftliche Hedges und Kapitalstrukturentscheidungen. Zu den unternehmensexternen, taktischen Maßnahmen zählen primär unbedingte und bedingte Devisentermingeschäfte. Kohärent zur Theorie der internationalen Finanzwirtschaft herrscht unter den befragten Experten die Meinung vor, dass Unternehmen ihrer ökonomischen Exponiertheit zunächst mit unternehmensinternen, strategischen Instrumenten begegnen sollten; erst anschließend sollte ein Hedging der aus dem strategischen Geschäftsbereich „unabänderlich" gegebenen ökonomischen Exponiertheit über unternehmensexterne, taktische Instrumente erfolgen.[539] Unternehmensexterne, taktische Hedging-Instrumente dienen der kontinuierlich zu erfolgenden Feinjustierung des Hedging-Programms

---

[539] Vgl. Hakkarainen et al. (1998), S. 43 f.; Marshall (2000), S. 198 und Ohler & Unser (2013), S. 16 f.

("„Skalpell" des Hedging-Programms) unter Beachtung der strategischen Komponente des Hedging-Programms („Hackmesser" des Hedging-Programms).[540]

Zu den unternehmensinternen Hedging-Instrumenten zählen, neben Fremdwährungsverschuldung, leistungswirtschaftliche Hedges. Zu den leistungswirtschaftlichen Hedging-Instrumenten zählen in erster Linie: leistungswirtschaftliches Matching, leistungswirtschaftliche geographische Diversifikation und leistungswirtschaftliche Flexibilität (Realoptionen). Ungeachtet ihrer Form reduzieren leistungswirtschaftliche Hedging-Instrumente die ökonomische und insbesondere die strategische Exponiertheit. Zu beachten ist allerdings, dass das Nutzungspotenzial für leistungswirtschaftliche Hedges begrenzt ist durch die übergeordnete leistungswirtschaftliche Konfiguration eines Unternehmens.[541] Diese Begrenzung führt im praktischen Regelfall zu einer residualen ökonomischen Exponiertheit, derer (nur noch) mittels finanzwirtschaftlicher Hedging-Instrumenten begegnet werden kann.[542]

In Bezug auf den Einsatz leistungswirtschaftlicher Hedging-Instrumente zeigen die Experteninterviews im Besonderen, dass Maßnahmen der Absatz-, Produktions- und Bezugsmarktverlagerung nur eine untergeordnete Rolle im Hedging-Programm spielen (können). Die befragten Finanzmanager sind sich zwar des potenziellen Nutzens leistungswirtschaftlicher Hedging-Instrumente bewusst, setzen diese aber aufgrund der (prohibitiv) hohen (Opportunitäts-)Kosten nicht oder nur in geringem Umfang ein. Leistungswirtschaftliche Hedges, die bei einigen der befragten Unternehmen trotzdem sporadisch zum Einsatz kommen, sind leistungswirtschaftliche Flexibilität in Form einer Produktionsvolumenverlagerung innerhalb des bestehenden Produktionsnetzwerks sowie leistungswirtschaftliches Matching in Form einer geographischen Anpassung der Bezugsquellen.[543]

Zu den Kriterien für eine grundsätzliche Produktionsentscheidung – und damit zu den Barrieren für die Anpassung innerhalb der bestehenden geographischen Produktionsstruktur – zählen in erster Linie leistungswirtschaftliche Aspekte, u.a. die Lohn-, Energie- und Transportkosten. Demgegenüber stellen finanzwirtschaftliche Aspekte, wie Wechselkursänderungen, nur ein

---

[540] Vgl. Glaum (1990), S. 71; Dolde (1993), S. 36 und Guay & Kothari (2003), S. 453. Vgl. hierzu auch Barnett (1976), S. 92.
[541] Vgl. Hagemann (1977), S. 86; Giddy (1978), S. 48 f. und Holland (1992), S. 5 f.
[542] Vgl. Jacque (1981), S. 93; Cornell & Shapiro (1983), S. 30 und Jesswein et al. (1995), S. 71.
[543] Vgl. hierzu die kohärenten, ebenfalls auf Experteninterviews beruhenden, empirischen Ergebnisse in Dhanani & Groves (2001), S. 281.

nachrangiges Kriterium für die Produktionsentscheidung dar. Bedingung für leistungswirtschaftliche Flexibilität in Form der Anpassung der Produktionsmärkte innerhalb des bestehenden Produktionsnetzwerks ist zudem, dass es sich um langanhaltende und erhebliche Wechselkursänderungen handelt.

Zu den Kriterien für eine grundsätzliche Bezugsentscheidung – und damit zu den Barrieren für die Anpassung der Bezugsmärkte – zählen in erster Linie leistungswirtschaftliche Aspekte, u.a. die Qualität der Inputs, die Liefertreue und die Bonität des Lieferanten. Demgegenüber stellen finanzwirtschaftliche Aspekte, wie Wechselkursänderungen, nur ein nachrangiges Kriterium für die Bezugsentscheidung dar. Bedingung für leistungswirtschaftliches Matching in Form der Anpassung der Bezugsmärkte ist zudem, dass es sich um einfach zu substituierende, unspezifische Inputs handelt.

Insgesamt sind leistungswirtschaftliche Hedges häufig nicht in Einklang zu bringen mit den spezifischen Geschäftsmodellen der befragten Unternehmen. Insbesondere Produktionsvolumenverlagerungen innerhalb des bestehenden Produktionsnetzwerks oder, mehr noch, Produktionsstandortverlagerungen, d.h., die Modifikation des bestehenden Produktionsnetzwerks – und, einhergehend, der Lieferkette –, gehen mit (prohibitiv) hohen (Opportunitäts-)Kosten einher und sind langwierig in ihrer Implementation.

„Allerdings ist es so, dass wir sagen, wenn eine Wechselkursrelation sich derartig verändert, dass unser Zwölf- oder teilweise 24-Monate-Hedging-Horizont nicht mehr ausreicht, um diese Wechselkursbewegungen zu kompensieren, dann muss sozusagen der operative Bereich tätig werden und sich so etwas wie eine Standortverlagerung überlegen."[544]

Zu den unternehmensinternen Hedging-Instrumenten zählt, neben leistungswirtschaftlichen Hedges, Fremdwährungsverschuldung. Fremdwährungsverschuldung ist das Bindeglied im Hedging-Programm zwischen den Hedges für die, zumeist kurzfristige, transaktionale Exponiertheit und den Hedges für die, zumeist langfristige, strategische Exponiertheit. Fremdwährungsverschuldung ermöglicht insofern eine umfänglichere Eindämmung der ökonomischen

---

[544] Experte G.

Exponiertheit. Insbesondere ermöglicht Fremdwährungsverschuldung ein finanzwirtschaftliches Hedging bis in die Fristen hinein, in denen leistungswirtschaftliche Hedges, die die strategische Exponiertheit ursächlich und nicht oberflächlich eliminieren, einsetzbar sind.[545]

Den befragten Finanzmanagern zufolge zählen zu den als marktwert-orientierte Hedges eingesetzten Fremdwährungsverschuldungen zum einen kurzfristige Geldmarkt-Instrumente (Commercial Papers) und zum anderen langfristige Kapitalmarkt-Instrumente (Anleihen). Langfristige Fremdwährungsverschuldung stellt ein adäquates Substitut für Hedging mittels leistungswirtschaftlicher Instrumente dar. Mit langfristiger Fremdwährungsverschuldung begegnen die Nicht-Banken demnach ihrer strategischen Exponiertheit. Kurzfristige Fremdwährungsverschuldung stellt ein adäquates Substitut für Hedging mittels unbedingter derivativer Instrumente dar. Mit kurzfristiger Fremdwährungsverschuldung begegnen die Nicht-Banken demnach ihrer transaktionalen Exponiertheit. Ungeachtet ihrer Form reduziert Fremdwährungsverschuldung als Hedge die ökonomische Exponiertheit. Zu beachten ist allerdings, dass das Nutzungspotenzial für Fremdwährungsverschuldung begrenzt ist durch die übergeordnete finanzwirtschaftliche Konfiguration eines Unternehmens.[546] Diese Begrenzung führt im praktischen Regelfall zu einer residualen ökonomischen Exponiertheit, derer (nur noch) mittels (kurzläufiger) derivativer Hedging-Instrumente begegnet werden kann.[547]

Die Hedging-Funktion aller befragten Unternehmen ist in der Konzernzentrale angesiedelt.[548] Die funktionale Zentralisierung ermöglicht es, aus den zu- und abfließenden Zahlungsströmen eine Netto-Position für jede einzelne Devise zu bilden. Durch dieses Netting reduziert sich der Umfang an benötigten unternehmensexternen Hedging-Instrumenten.[549] Lediglich eine der Nicht-Banken praktiziert kein Netting. Die übrigen Nicht-Banken sichern nur den nach Netting bestehenden Überhang, d.h. die sich ergebende Netto-Position nach Einsatz aller unternehmensinternen Hedging-Maßnahmen, mit unternehmensexternen Instrumenten ab.

---

[545] Vgl. Holland (1992), S. 9; Capel (1997), S. 103 und Shapiro (2010), S. 437 f. Vgl. hierzu auch die kohärenten, ebenfalls auf Experteninterviews beruhenden, empirischen Ergebnisse in Aabo (2001), S. 391 f.
[546] Vgl. Holland (1992), S. 7.
[547] Vgl. Srinivasulu (1981), S. 22; Berkman & Bradbury (1996), S. 6 und Ronner & Blok (2001), S. 25. Vgl. hierzu auch Barnett (1976), S. 92.
[548] Vgl. zum Unterschied zwischen zentralen und dezentralen Hedging-Funktionen: Ankrom (1974), S. 84 ff.; Srinivasulu (1983), S. 40 ff. und Belk (2002), S. 46. Vgl. hierzu auch die empirischen Befunde zu deutschen Nicht-Finanzunternehmen in Glaum (2000), S. 387.
[549] Vgl. Shapiro (1978b), S. 51 f.; Mathur (1982), S. 27 und Abuaf (1986), S. 39.

6 Empirische Untersuchung 177

„*Das heißt wir können einen Netting erzielen und sichern dann nur noch die Netto-Positionen nach draußen in den Markt.*"[550]

„*Weil, Financial Hedge ist ja nur noch die letztmögliche Strategie, um das Risiko zu reduzieren, aber nicht das [sic!] beste natürlich.*"[551]

Über das Netting hinaus betrachtet mindestens eine der Nicht-Banken die (historischen) Korrelationen zwischen den Devisen, in denen ihre Netto-Positionen denominiert sind. Durch negative Korrelation der Devisenpreise zweier Short-Positionen oder zweier Long-Positionen oder durch positive Korrelation der Devisenpreise einer Short-Position und einer Long-Position reduziert sich der Umfang an benötigten unternehmensexternen Hedging-Instrumenten nochmals.[552]

Erst dem nach Netting bestehenden Überhang an ökonomischer Exponiertheit begegnen die befragten Unternehmen mittels unternehmensexterner, derivativer Hedging-Instrumente. Zu den unternehmensexternen Instrumenten zählen (kurzläufige) unbedingte und bedingte Devisentermingeschäfte. Jede der Nicht-Banken nutzt Devisentermingeschäfte. Indes nutzen alle Nicht-Banken unbedingte Devisentermingeschäfte, insbesondere Devisenforwardgeschäfte. Hingegen nutzen nicht alle Nicht-Banken bedingte Devisentermingeschäfte. Diejenigen Nicht-Banken, die bedingte Devisentermingeschäfte nutzen, bringen diese mehrheitlich lediglich fallweise zum Einsatz. Die Hauptgründe für die nachrangige Nutzung bedingter Devisentermingeschäfte liegen in deren höherer Komplexität und in deren höheren Kosten.

Für die Nutzung leistungswirtschaftlicher Hedges und nicht-derivativer finanzwirtschaftlicher Hedges bestehen Begrenzungen in Form der übergeordneten leistungs-, respektive, finanzwirtschaftlichen Konfiguration. Entsprechend können nicht alle befragten Unternehmen diese potenziellen Hedging-Instrumente uneingeschränkt einsetzen. Insofern ist es folgerichtig, dass nicht alle Hedging-Programme der befragten Unternehmen auf (langfristige) unternehmensinterne Hedges und die nur damit adäquat abzusichernde strategische Exponiertheit abstellen. Im Umkehrschluss folgt hieraus: Da für die Nutzung derivativer finanzwirtschaftlicher Hedges keine Begrenzungen in Form der übergeordneten leistungs-, respektive, finanzwirtschaftlichen

---

[550] Experte G.
[551] Experte E.
[552] Vgl. Srinivasulu (1983), S. 43 f.; Abuaf (1986), S. 39 und Aggarwal & Soenen (1989), S. 65 f. Vgl. hierzu auch die empirischen Befunde in Soenen (1988), S. 35 ff.

Konfiguration bestehen und entsprechend alle befragten Unternehmen diese potenziellen Hedging-Instrumente uneingeschränkt einsetzen können, ist es folgerichtig, dass alle Hedging-Programme der befragten Unternehmen auf (kurzfristige) unternehmensexterne Hedges und die damit adäquat abzusichernde (antizipierte) transaktionale Exponiertheit abstellen.[553]

In Bezug auf die zeitliche Dimension des spezifischen Hedging-Programms für die (antizipierte) transaktionale Exponiertheit zeichnet sich ein nahezu einheitlicher Planungszeitraum bzw. Hedging-Horizont bei den befragten Unternehmen ab. Der Hedging-Horizont beläuft sich auf Zeiträume unter zwölf oder 18 Monate.[554] Der Horizont des Hedging-Programms ist bei einigen befragten Unternehmen nicht-überlappend, bei den meisten aber überlappend, d.h., dass das Hedging bei letzteren Nicht-Banken fortlaufend erfolgt. Im Extremfall, bei zwei Nicht-Banken mit langfristig recht akkurat prognostizierbaren Zahlungsströmen, umfasst der Hedging-Horizont bis zu 60 Monate, bei einer dieser zwei Nicht-Banken bisweilen noch längere Zeiträume.

In Bezug auf die betragsmäßige Dimension des spezifischen Hedging-Programms für die (antizipierte) transaktionale Exponiertheit zeichnen sich zwei Kategorien an Nicht-Banken ab. Bei einigen der befragten Unternehmen ist die Hedge Ratio für die (antizipierte) transaktionale Exponiertheit durch interne Richtlinien über den Hedging-Horizont in enger Bandbreite festgeschrieben. Bei anderen befragten Unternehmen ist die betragsmäßige Höhe des Hedging-Programms flexibler, d.h., die Hedge Ratio bewegt sich zwischen nicht zu unterschreitenden Minimalbeträgen und/oder nicht zu überschreitenden Maximalbeträgen. Minimalbeträge größer null Prozent sichern die Nicht-Banken gegen Unterdeckungen ab, Maximalbeträge kleiner hundert Prozent sichern sie gegen Überdeckungen ab.

Mindestens zwei der befragten Unternehmen unterscheiden nach transaktionaler und antizipierter transaktionaler Exponiertheit. Die Hedge Ratio für die transaktionale Exponiertheit beträgt nahezu 100%, es sei denn, die Finanzmanager empfinden die Hedging-Kosten als zu hoch oder die benötigten Hedges sind nicht beziehbar. Die Hedge Ratio für die antizipierte transaktionale Exponiertheit richtet sich insbesondere nach der (subjektiv) beigemessenen Realisierungshöhe

---

[553] Vgl. hierzu die kohärenten, ebenfalls auf Experteninterviews beruhenden, empirischen Ergebnisse in Glaum & Roth (1993), S. 1186 f. und Aabo (2001), S. 389 f.
[554] Vgl. hierzu die i.w.S. kohärenten, ebenfalls auf Experteninterviews beruhenden, empirischen Ergebnisse in Glaum & Roth (1993), S. 1190.

und dem/den (subjektiv) beigemessenen Realisierungszeitpunkt/-en des Zahlungsstroms. Zudem spielen auch hier die Kosten für die benötigten Hedging-Instrumente eine zentrale Rolle.

„Also das heißt, das ist nach unseren festen vertraglichen Grundlagen so gut wie wirklich zu 100 Prozent abgesichert und bei allen Risiken, nicht jetzt nur Transaktionsrisiken, die irgendwo einen geplanten Status haben, wird das individuell diskutiert und entschieden, wie hoch man da den Strich ansetzt. Das hängt unter anderem davon ab, wie weit ist der Zeitraum noch nach vorne gerichtet, wie sicher ist es, dass es zum Vertragsabschluss kommt? Wie hoch sind die Hedge-Kosten?"[555]

Eine besondere Gestaltungsform eines betragsmäßig flexiblen Hedging-Programms ist die „Treppenstrategie", die durch höhere Hedge Ratios am kurzen im Vergleich zum langen Ende des Planungszeitraums gekennzeichnet ist.[556] Bei mindestens der Hälfte der befragten Unternehmen zeigen sich höhere Hedge Ratios für (subjektiv) sicherere und/oder kurzfristigere Zahlungsströme als für unsicherere und/oder langfristigere Zahlungsströme. Erst mit einsetzender Materialisierung der Zahlungsströme erhöhen die betreffenden Nicht-Banken nachgerade ihre Hedge Ratio über die, bis an das Ende des Planungszeitraums geltende, Mindest-Hedge Ratio hinaus.[557]

„Das ist aber eben ein rollierendes Programm. Das bedeutet, wenn wir aus heutiger Sicht uns die nächsten zwölf Monate anschauen, dann ist es nicht unser Ansinnen, für die nächsten zwölf Monate zu 100 Prozent sofort abgesichert zu sein, sondern wir schauen uns hier nach einer internen Systematik zunächst die Monate [an], die wir direkt vor der Brust haben. Das sind die nächsten drei bis sechs Monate, die haben in der Regel einen sehr hohen Hedging-Grad und wir haben dann so eine abbauende Treppe, das heißt, die Monate vier bis zwölf sind dann eben mit einem etwas niedrigeren Hedging-Grad fallend versehen."[558]

Neben den höheren Kosten für längerfristige Devisentermingeschäfte ist den befragten Finanzmanagern zufolge ein Grund für die über den Planungszeitraum uneinheitlichen Hedge Ratios die Gefahr einer betragsmäßigen Übersicherung beim Hedging preislich (noch) nicht fixierter

---

[555] Experte H.
[556] *Glaum & Roth (1993)*, die ebenfalls Experteninterviews durchführen, beobachten diese Treppenstrategie bei lediglich zwei ihrer 22 befragten Industrieunternehmen; vgl. Glaum & Roth (1993), S. 1189.
[557] Ein zusätzliches Interview mit einem auf derivative Hedging-Strategien spezialisierten Experten im Rang eines Direktors einer im DAX 30 gelisteten Bank bestätigte die Nutzung der Treppenstrategie.
[558] Experte B.

Zahlungsströme.[559] Ein zweiter Grund ist der Einfluss professioneller Marktprognosen und/oder eigener Markteinschätzungen und zu Periodenbeginn festgeschriebener Budgetkurse auf Höhe, Zeitpunkt und Zeitraum der Hedge-Setzung (selektives Hedging).[560]

Zusammenfassend lässt sich festhalten: Deutsche multinationale Nicht-Banken nutzen Fremdwährungsverschuldung u.a. als Hedging-Instrument. Indes nutzen deutsche multinationale Nicht-Banken Fremdwährungsverschuldung kurzfristig, in Form von Commercial Papers, als Substitut für Devisentermingeschäfte und langfristig, in Form von Anleihen, als Substitut für leistungswirtschaftliche Hedges. Die Ergebnisse bestätigen, dass deutsche multinationale Nicht-Banken in Fremdwährung denominiertes Fremdkapital als Hedging-Instrument nutzen, um damit ihrer (langfristigen) ökonomischen und insbesondere strategischen Exponiertheit zu begegnen. Darüber hinaus zeigt sich, dass natürliche Hedging-Instrumente durch die übergeordnete leistungs-, respektive, finanzwirtschaftliche Konfiguration der Nicht-Bank in ihrer Nutzung beschränkt sind und dass (kurzläufige) Devisentermingeschäfte der Feinjustierung der Hedging-Programme dienen.

6.4 Diskussion

Im Ergebnis zeigt die empirische Untersuchung dreierlei. Erstens belegt sie, dass deutsche multinationale Nicht-Finanzunternehmen Fremdkapital in Fremdwährung als Hedging-Instrument begeben. Zweitens belegt sie, dass deutsche multinationale Nicht-Finanzunternehmen in Fremdwährung denominiertes Fremdkapital als Hedging-Instrument nutzen, um damit ihre (langfristige) ökonomische Exponiertheit einzudämmen. Und drittens belegt sie, dass deutsche multinationale Nicht-Finanzunternehmen in Fremdwährung denominiertes Fremdkapital als Substitut für leistungswirtschaftliches Hedging nutzen; letzteres bedeutet, dass deutsche multinationale Nicht-Finanzunternehmen in Fremdwährung denominiertes Fremdkapital einsetzen, um damit ihre strategische Exponiertheit einzudämmen.

Fremdkapital (in Heimatwährung) ist nicht gleich Fremdkapital (in Fremdwährung). Deutsche multinationale Nicht-Finanzunternehmen denominieren Fremdkapital in Fremdwährung erstens, um es als Hedging-Instrument zu nutzen. Dieses Ergebnis der vorliegenden empirischen

---

[559] Vgl. hierzu die Praxisbeispiele in Gay et al. (2002), S. 84 und Aabo (2015), S. 61.
[560] Vgl. zu selektivem Hedging: Giddy (1978), S. 48; Dolde (1993), S. 40 und Brown (2001), S. 413 f. Vgl. zu selektivem Hedging in Abgrenzung zu aktiver Spekulation: Géczy et al. (2007), S. 2410.

Untersuchung ist kohärent zu anderen empirischen Untersuchungen, die ebenfalls den Schluss ziehen, dass Unternehmen Fremdwährungsverschuldung als Hedge nutzen. Zu nennen sind insbesondere die empirischen Untersuchungen zu finnischen[561], zu amerikanischen[562], zu an der australischen Börse notierten[563], zu spanischen[564], zu britischen und kanadischen[565] sowie zu australischen und neuseeländischen[566] Unternehmen.

Deutsche multinationale Nicht-Finanzunternehmen denominieren Fremdkapital in Fremdwährung zweitens, um es als Hedging-Instrument zur Eindämmung ihrer (langfristigen) ökonomischen Exponiertheit zu nutzen. Dieses Ergebnis der vorliegenden empirischen Untersuchung ist kohärent zu einer anderen empirischen Untersuchung, die den Schluss zieht, dass an der australischen Börse notierte Nicht-Finanzunternehmen Fremdwährungsverschuldung als Hedge zur Eindämmung ihrer langfristigen ökonomischen Exponiertheit nutzen.[567] Jedoch ist dieses Ergebnis inkohärent zu zwei anderen empirischen Untersuchungen, die zu dem Schluss gelangen, dass britische respektive dänische Nicht-Finanzunternehmen Fremdwährungsverschuldung als Hedge zur Eindämmung ihrer translationalen Exponiertheit nutzen.[568]

Deutsche multinationale Nicht-Finanzunternehmen denominieren Fremdkapital in Fremdwährung drittens, um es als Substitut für leistungswirtschaftliches Hedging zu nutzen und damit, um es als Hedging-Instrument zur Eindämmung ihrer strategischen Exponiertheit einzusetzen. Dieses Ergebnis der vorliegenden empirischen Untersuchung ist kohärent zu einer anderen empirischen Untersuchung, die den Schluss zieht, dass dänische Nicht-Finanzunternehmen Fremdwährungsverschuldung als Hedge zur Eindämmung ihrer strategischen Exponiertheit nutzen.[569] Zudem flankiert das oben erlangte Ergebnis die Erkenntnis aus *Hutson & Laing (2014)*, der zufolge amerikanische Nicht-Finanzunternehmen ein nicht-lineares Nutzungsmuster in Bezug auf Devisentermingeschäfte erkennen lassen: Moderat internationalisierte amerikanische

---

[561] Vgl. Keloharju & Niskanen (2001), S. 487 ff.
[562] Vgl. Kedia & Mozumdar (2003), S. 535 ff.
[563] Vgl. Nguyen & Faff (2006), S. 194 ff.
[564] Vgl. González et al. (2010), S. 694 ff.
[565] Vgl. Nandy (2010), S. 593 ff.
[566] Vgl. Esho et al. (2007), S. 207 ff.
[567] Vgl. Nguyen & Faff (2006), S. 194 ff.
[568] Vgl. Clark & Judge (2009), S. 617 ff. und Aabo et al. (2015), S. 599 ff.
[569] Vgl. Aabo (2006), S. 637 f.

Nicht-Finanzunternehmen nutzen eher Devisentermingeschäfte als in hohem Maße internationalisierte amerikanische Nicht-Finanzunternehmen.[570] Schließlich plausibilisiert das oben erlangte Ergebnis die Erkenntnis aus *Aabo & Ploeen (2014)*, der zufolge deutsche Nicht-Finanzunternehmen ein nicht-lineares Nutzungsmuster in Bezug auf Fremdwährungsverschuldung erkennen lassen: Moderat internationalisierte deutsche Nicht-Finanzunternehmen nutzen eher Fremdwährungsverschuldung als in hohem Maße internationalisierte deutsche Nicht-Finanzunternehmen.[571]

Aabo & Ploeen (2014) zufolge ermangeln deutsche Nicht-Finanzunternehmen der *Möglichkeit* für zusätzliches finanzwirtschaftliches Hedging aufgrund illiquider Finanzmärkte in Nicht-Industrieländern. Insofern liegt die Ursache dafür, dass moderat internationalisierte deutsche Nicht-Finanzunternehmen eher finanzwirtschaftliche Hedging-Instrumente nutzen als in hohem Maße internationalisierte deutsche Nicht-Finanzunternehmen auf der Angebotsseite.[572] Den Ergebnissen des obenstehenden empirisch-quantitativen Untersuchungsteils zufolge ermangeln deutsche Nicht-Finanzunternehmen hingegen der *Notwendigkeit* für zusätzliches finanzwirtschaftliches Hedging aufgrund leistungswirtschaftlichen Hedgings. Hieraus folgt: Die Ursache dafür, dass moderat internationalisierte deutsche Nicht-Finanzunternehmen eher finanzwirtschaftliche Hedging-Instrumente nutzen als in hohem Maße internationalisierte deutsche Nicht-Finanzunternehmen liegt auf der Nachfrageseite.

6.5 Limitationen

Die vorliegende Untersuchung fokussiert auf deutsche multinationale Unternehmen. Die fokalen deutschen Unternehmen sind in hohem Maße international involviert, nicht nur durch Export- oder Import-Transaktionen, sondern auch durch ein aus Tochterunternehmen in Fremdmärkten bzw. -währungsräumen bestehendes transnationales Netzwerk. Daher sind die in den Stichproben befindlichen Unternehmen mit einer komplexen, mehrdimensionalen Exponiertheit konfrontiert, kontrollieren aber potenziell alle Hedging-Instrumente zur Eindämmung ihrer Exponiertheiten gegenüber Wechselkursrisiken. Hierbei ist zu beachten, dass die Unternehmen der quantitativen und qualitativen Stichprobe einer im Hinblick auf die regionale Zusammensetzung und die Internationalität recht homogenen Gruppe entstammen. Die in der empirischen

---

[570] Vgl. Hutson & Laing (2014), S. 104 f.
[571] Vgl. Aabo & Ploeen (2014), S. 120 ff.
[572] Vgl. Aabo & Ploeen (2014), S. 126 f.

6 Empirische Untersuchung 183

Untersuchung erlangten Ergebnisse lassen sich deshalb nicht unbeschadet auf nicht-deutsche oder geringfügiger internationalisierte Unternehmen übertragen.

In Bezug auf den quantitativen empirischen Untersuchungsteil sind zwei Besonderheiten zu thematisieren. Erstens basieren die Interpretationen der empirischen Ergebnisse der quantitativen Teiluntersuchung zwar auf einer relativ kleinen Stichprobe, beruhen gleichzeitig aber auf einer relativ exakten approximativen Messung der Exponiertheiten und des leistungswirtschaftlichen Hedgings multinationaler Nicht-Finanzunternehmen. Die höhere Messgenauigkeit bezieht sich auf die Quantität aber auch auf die Qualität der genutzten approximativen Maße. Zweitens bestehen die Interpretationen der empirischen Ergebnisse der quantitativen Teiluntersuchung auf Grundlage einer neuartigen Nutzung einer bereits etablierten Überlegung (siehe Kapitel 6.2.1). Dadurch, dass die Untersuchung den interpretatorischen Angelpunkt neu setzt, lassen sich neue Einsichten in das Hedging-Programm (deutscher) multinationaler Nicht-Finanzunternehmen erlangen, die den vorhandenen empirisch-quantitativen Ergebnissen bzw. deren Interpretationen entgegenlaufen oder diese präzisieren.

In Bezug auf den qualitativen empirischen Untersuchungsteil sind ebenfalls zwei Besonderheiten anzusprechen. Erstens basieren die Interpretationen der empirischen Ergebnisse der qualitativen Teiluntersuchung zwar auf einer relativ kleinen Stichprobe, beruhen gleichzeitig aber auf einer relativ bedeutenden Expertengruppe. Die Unternehmen der primär befragten Experten umfassen 20% der Unternehmen des DAX 30 mit ihrer hohen Internationalität, entsprechend komplexen Exponiertheit und hohen Expertise in Bezug auf Hedging-Programme. Zweitens ist die Durchführung einer empirisch-qualitativen Untersuchung allgemein und insbesondere in Bezug auf Hedging-Programme eine zwar nicht neuartige, aber in der Finanzwirtschaft recht ungebräuchliche Forschungsmethode. Dadurch, dass die Untersuchung eine qualitative Forschungsmethode nutzt, lassen sich Einsichten in das Hedging-Programm (deutscher) multinationaler Nicht-Finanzunternehmen erlangen, die den vorhandenen empirisch-quantitativen Ergebnissen bzw. deren Interpretationen entgegenlaufen oder diese präzisieren.[573]

---

[573] Im Hinblick auf die Gütekriterien der qualitativen Forschungsmethode ist anzumerken, dass Experteninterviews wie andere qualitative Forschungsmethoden grundsätzlich durch ihre Subjektivität und Situationsgebundenheit gekennzeichnet sind. Im zugehörigen konstruktivistischen Forschungsparadigma bestehen die Beobachtete und der Beobachtende nicht getrennt; Forscher/-innen können Phänomene entsprechend nicht analysieren, ohne dass die Phänomene sie beeinflussen und ohne dass sie die Phänomene beeinflussen. Zeit- und kontextunabhängige Generalisierungen sind nicht möglich (siehe Kapitel 6.1). Hieraus folgt zum einen, dass der Objektivitätsbegriff der quantitativen Forschung nicht auf die durch Subjektivität charakterisierte qualitative Forschung übertragbar ist. Zum anderen folgt hieraus, dass Reliabilität kein angemessenes Gütekriterium

Die Divergenzen der Ergebnisse vorhandener quantitativer empirischer Untersuchungen in Bezug auf die Nutzung und/oder den Nutzungsgrad bzw. das -ausmaß an Fremdwährungsverschuldung erscheint übergebührlich durch die Qualität und Quantität der herangezogenen approximativen Maße für die Exponiertheit(en) und deren Hedging-Instrumente beeinflusst zu sein, d.h. durch Messungenauigkeit. Indes erscheint die Messgenauigkeit der empirisch-quantitativen Untersuchungen allgemein in einer inversen Beziehung zu deren Stichprobenumfang zu stehen: Größere Stichprobenumfänge führen allein aus Kosten- und Zeitgründen tendenziell zu einer niedrigeren Messgenauigkeit. In diesem Spannungsfeld erhöht die obige quantitative Teiluntersuchung die Messgenauigkeit zu Lasten des Stichprobenumfangs und damit der externen Validität.[574] Der anschließende Einsatz einer qualitativen Forschungsmethode kompensiert jedoch zumindest teilweise den Nachteil der geringeren Generalisierbarkeit eines kleineren Stichprobenumfangs und erhöht wiederum die externe Validität der Ergebnisse der quantitativen Teiluntersuchung.[575] Für die empirische Gesamtuntersuchung gilt daher, dass sie mehr ist als die Summe ihrer quantitativen und qualitativen Einzelteile. Insofern haben die Mixed Methods hier ihre potenzielle Überlegenheit gegenüber Mono Methods tatsächlich entfaltet.

---

für die situativen qualitativen Forschungsmethoden ist. Zumindest lässt sich aber zwischen reflektierter und unreflektierter Subjektivität unterscheiden. Im Rahmen der als Maß für die Güte qualitativer Forschung zu erachtenden reflektierten Subjektivität gilt es, die Kontextgebundenheit der Ergebnisse methodisch zu kontrollieren (prozedurale Reliabilität). Hierbei ist der Forschungsprozess transparent und nachvollziehbar zu gestalten, insbesondere durch die Darlegung des theoretischen Vorwissens, die Beschreibung der Erhebungsmethodik und den Einsatz geeigneter Software im Zuge der Datenauswertung. Letztere Dokumentationshandlung erhöht wiederum die interne Validität der qualitativen empirischen Ergebnisse ebenso wie Textbelege; vgl. Wrona (2005), S. 39 ff.; Flick (2014), S. 417 ff. und Helfferich (2014), S. 573.

[574] Vgl. zu externer Validität: Ball & Foster (1982), S. 188 und Wrona (2005), S. 41 f.
[575] Vgl. Jick (1979), S. 602 f. Vgl. hierzu allgemein Mathison (1988), S. 13 ff.; Moran-Ellis et al. (2006), S. 47 ff. und Kelle (2008), S. 49 ff.

7 Schlussbetrachtung

Die vorliegende Dissertation liefert theoretische und empirische Beiträge zu den vorhandenen Erkenntnissen in Bezug auf Hedging-Programme. Zum einen diskutiert diese Untersuchung kritisch die gebräuchlichen approximativen Maße für Exponiertheit(en) in vorhandenen quantitativen empirischen Studien und die hierauf beruhenden Interpretationen. Zum anderen zeigt diese Untersuchung anhand einer quantitativen und einer qualitativen empirischen Forschungsmethode, dass deutsche multinationale Nicht-Finanzunternehmen in Fremdwährung denominiertes Fremdkapital als Hedging-Instrument nutzen, dass deutsche multinationale Nicht-Finanzunternehmen in Fremdwährung denominiertes Fremdkapital als Hedging-Instrument nutzen, um damit ihre (langfristige) ökonomische Exponiertheit einzudämmen und dass deutsche multinationale Nicht-Finanzunternehmen in Fremdwährung denominiertes Fremdkapital als Substitut für leistungswirtschaftliches Hedging nutzen. Letzteres bedeutet, dass deutsche multinationale Nicht-Finanzunternehmen in Fremdwährung denominiertes Fremdkapital nutzen, um damit ihre strategische Exponiertheit einzudämmen. Darüber hinaus arbeitet die vorliegende Dissertation die befördernden und beschränkenden Faktoren für die Nutzung natürlicher Hedging-Instrumente anhand einer qualitativen empirischen Forschungsmethode heraus.

Die erlangten Ergebnisse sind sowohl aus theoretischen als auch aus praktischen Gründen bedeutsam. In theoretischer Hinsicht liefern die Erkenntnisse der vorliegenden Untersuchung eine potenzielle Begründung dafür, dass die mittels marktbasierter Mehrfaktorenmodelle ermittelte ökonomische Exponiertheit regelmäßig geringer ausfällt als a priori zu erwarten ist. Diese in der Literatur der internationalen Finanzwirtschaft als Exposure Puzzle bezeichnete Inkonsistenz zwischen Theorie und Empirie ist den obenstehenden Erkenntnissen zufolge auf den Einsatz natürlicher Hedging-Instrumente zurückzuführen, die dafür sorgen, dass ökonomische Exponiertheit ex post nicht mehr messbar ist.[576] In theoretischer Hinsicht liefert die empirische Untersuchung darüber hinaus eine potenzielle Begründung für die Divergenz der Ergebnisse empirisch-quantitativer Untersuchungen in Bezug auf die Nutzung und/oder den Nutzungsgrad bzw. das -ausmaß an Fremdwährungsverschuldung. Die empirischen Ergebnisse hierzu erscheinen übergebührlich durch die herangezogenen approximativen Maße beeinflusst zu sein. Letzteres gilt gleichermaßen im Hinblick auf die Quantität, d.h. die Messbreite, und die Qualität,

---

[576] Vgl. Bartram et al. (2005), S. 409 f.; Bartram & Bodnar (2007), S. 653 ff. und Bartram et al. (2010), S. 161 ff.

d.h. die Messtiefe, der approximativen Maßzahlen für die Exponiertheit(en) und deren Hedging-Instrumente, die Eingang in die Regressionsmodelle finden.

In praktischer Hinsicht liefert die empirische Untersuchung Erkenntnisse über die Hedging-Programme deutscher multinationaler Nicht-Finanzunternehmen. Diese Erkenntnisse beinhalten Informationen zu den Kosten und Nutzen einzelner Bestandteile der Hedging-Programme und zu den befördernden und beschränkenden Faktoren für die Nutzung natürlicher Hedging-Instrumente. Die theoretische aber auch die empirische Literatur der internationalen Finanzwirtschaft betrachtet Hedging-Instrumente zumeist isoliert statt integriert und primär nutzen- statt kostenseitig. Im Betrag fixierte und befristete Fremdwährungsverschuldung gilt der Theorie nach unter nutzenseitiger Betrachtung als unpassendes Hedging-Instrument zur Eindämmung im Betrag nicht fixierter und unbefristeter strategischer Exponiertheit. In praktischer Hinsicht unter paralleler kostenseitiger Betrachtung ist Fremdwährungsverschuldung jedoch ein adäquates Hedging-Instrument zur Eindämmung strategischer Exponiertheit.

Die Ergebnisse der quantitativen und der qualitativen empirischen Untersuchung machen zusammen aber auch für sich genommen deutlich, dass eine isolierte Fokussierung einzelner Hedging-Instrumente eine nur bedingt zielführende Forschungsstrategie ist. Erst durch die Betrachtung des integrierten, interagierten und interdependenten Einsatzes der bereitstehenden Hedging-Instrumente lassen sich die einzelnen „Puzzleteile" des Hedging-Programms ineinanderfügen. Zudem lassen sich erst hierdurch die befördernden und beschränkenden Faktoren für natürliche Hedging-Instrumente in Form bestimmter leistungs- und finanzwirtschaftlicher Konfigurationen identifizieren und im Forschungsprozess angemessen berücksichtigen. In dem Sinne, in dem die vorliegende Untersuchung detailliert die Rolle natürlicher finanzwirtschaftlicher Hedging-Instrumente in die Betrachtung einbezieht, sollten zukünftige Untersuchungen die Rolle leistungswirtschaftlicher Hedging-Instrumente analysieren. Insbesondere sind die Effekte unklar, die hinter der Dispersion stehen, welche die strategische Exponiertheit reduziert. In Frage kommt sowohl die eher passiv ansetzende geographische Diversifikation als auch die eher aktiv ansetzende leistungswirtschaftliche Flexibilität (Realoptionen).[577] Um die Komplexität des unternehmerischen Hedgings in Gänze zu erfassen, sollte zukünftige Forschung zudem mehr und andere qualitative Forschungsmethoden einsetzen, zum Beispiel Fallstudien. Besteht hiernach Klarheit über das Hedging-Programm in Bezug auf die Exponiertheit gegenüber

---

[577] Vgl. Pantzalis et al. (2001), S. 797 und Hutson & Laing (2014), S. 99.

7 Schlussbetrachtung

Wechselkursrisiken – insbesondere über dessen zeitliche und betragsmäßige Dimension –, kann die Integration dieses spezifischen Hedging-Programms mit denjenigen für die übrigen finanzwirtschaftlichen Exponiertheiten erfolgen.[578] Die sich hieraus ergebende Hedging-Komponente für finanzwirtschaftliche Risiken ließe sich schließlich mit der Hedging-Komponente für leistungswirtschaftliche Risiken zusammenführen, um das generelle Hedging-Programm zu erhalten.

---

[578] *Bartram (1999)* plädiert ebenfalls für eine integrativere Sichtweise auf Finanzpreisrisiken; vgl. Bartram (1999), S. 77.

Anhang A: Variablenbeschreibung

Hypothese Abhängige Variable	Name	Berechnung	Datenquelle
	% Fremdwährungsverschuldung	Nominalvolumen der festverzinslichen Anleihen, die das Unternehmen in Fremdwährung denominiert in Relation zum gesamten Nominalvolumen festverzinslicher Anleihen	Thomson Reuters Datastream; eigene Berechnungen
Hedging; Finanzierung; Spekulation; Hedging-Theorie(n)	Unternehmensgröße	Logarithmus der Bilanzsumme des Unternehmens.	Börse Frankfurt
Brancheneffekte	Industrieklasse	Indikatorvariable, die den Wert eins annimmt, falls das Unternehmen der entsprechenden Industrieklasse zuordenbar ist, und sonst den Wert null.	Dafne Datenbank; eigene Berechnungen
Kapitalstruktur	Verschuldungsgrad	Buchwert des Fremdkapitals in Relation zum Buchwert des Eigenkapitals des Unternehmens.	Dafne Datenbank
Hedging; Finanzierung	Währungsswaps	Indikatorvariable, die den Wert eins annimmt, falls das Unternehmen Währungsswaps einsetzt, und sonst den Wert null.	Geschäftsberichte
Ökonomische/ Transaktionale Exponiertheit	% Auslandsumsatz	Umsätze, die das Unternehmen außerhalb Europas erzielt in Relation zu dessen gesamten Umsätzen.	Geschäftsberichte; eigene Berechnung
Translationale Exponiertheit	% Auslandsvermögen	Langfristige Vermögenswerte des Unternehmens außerhalb Europas in Relation zu dessen gesamten langfristigen Vermögenswerten.	Geschäftsberichte; eigene Berechnung
Ökonomische/ Strategische Exponiertheit	Konzentration	Anzahl der Tochterunternehmen in den zwei Ländern mit den meisten Tochterunternehmen außerhalb der Eurozone in Relation zur Anzahl aller Tochterunternehmen des Unternehmens.	Dafne Datenbank; eigene Berechnung
Leistungswirtschaftliches Hedging	Dispersion	Natürlicher Logarithmus der Anzahl der Länder außerhalb der Eurozone, in denen das Unternehmen Tochterunternehmen unterhält.	Dafne Datenbank; eigene Berechnung

Anhang B: Interviewleitfaden

Interviewleitfrage 1 (Ursprung von Wechselkursrisiken)

<u>Basisfrage</u> • Können Sie bitte schildern, wodurch Ihrem Unternehmen Wechselkursrisiken entstehen?

<u>Vertiefungsfragen</u> • Welche Rolle spielen Wechselkursrisiken, die sich aus bilanziellen Währungsumrechnungen ergeben? • Welche Rolle spielen Wechselkursrisiken, die sich aus Vertragsbeziehungen (z.B. Abnehmer-, Hersteller- und Zuliefererverträge) ergeben? • Welche Rolle spielen Wechselkursrisiken, die sich aus der Wettbewerbsposition der einzelnen Standorte Ihres Unternehmens zu anderen Volkswirtschaften ergeben? • In welchem Maß ist Ihr Unternehmen bereit, bewusst Wechselkursrisiken in Kauf zu nehmen? • (Welchen Einfluss haben Fremdwährungsverschuldungen auf Wechselkursrisiken?)

Interviewleitfrage 2 (Prozess der Absicherung von Wechselkursrisiken)

<u>Basisfrage</u> • Können Sie bitte die Instrumente nennen, die in Ihrem Unternehmen im Rahmen der Absicherung von Wechselkursrisiken eingesetzt werden und deren Rolle im Absicherungsprozess beschreiben?

<u>Vertiefungsfragen</u> • Welche Rolle spielen Währungsderivate? • Welche Rolle spielen Verlagerungen der Absatz-, Produktions- und Bezugsmärkte? • Welche Rolle spielen Produktentwicklung, Preispolitik und Marketing? • Welche Rolle spielen Fremdwährungsverschuldungen? • Welche weiteren Instrumente kommen bei der Absicherung von Wechselkursrisiken zum Einsatz?

Interviewleitfrage 3 (Management von Wechselkursrisiken)

<u>Basisfrage</u> • Wie sieht eine ideal-typische Absicherungsstrategie gegen unternehmerische Wechselkursrisiken aus?

<u>Vertiefungsfragen</u> • Über welchen Zeithorizont erstreckt sich die Absicherung? • Welche Instrumente kommen in dem Absicherungsprozess zum Einsatz? • Welchen Anteil messen Sie derivativen Absicherungsinstrumenten an der gesamten Absicherungsstrategie bei? • Welchen Anteil messen Sie natürlichen Absicherungsinstrumenten an der gesamten Absicherungsstrategie bei? • (In welchem Maße sind Wechselkursrisiken ideal-typisch in Kauf zu nehmen?)

Interviewleitfrage 4 (Rolle von Währungsforwards)

Basisfrage

- Welche Rolle spielen Währungsforwards bei der Absicherung von Wechselkursrisiken in Ihrem Unternehmen?

Vertiefungsfragen

- Über welchen Zeithorizont erstreckt sich die Absicherung mittels Währungsforwards?
- Welchen Anteil haben Währungsforwards an der gesamten Absicherungsstrategie?
- Welche Faktoren bestimmen die Entscheidung, Wechselkursrisiken über Währungsforwards abzusichern?

Interviewleitfrage 5 (Rolle von Währungsoptionen)

Basisfrage

- Welche Rolle spielen Währungsoptionen bei der Absicherung von Wechselkursrisiken in Ihrem Unternehmen?

Vertiefungsfragen

- Welchen Anteil messen Sie Währungsoptionen an Ihrer allgemeinen Absicherung von Wechselkursrisiken bei?
- Wie hoch waren, in etwa, die Gewinne (netto), die Sie über Währungsoptionsgeschäfte erzielt haben?
- Wie bestimmen Sie die Währungen, die als Underlying für Ihre Optionen dienen?
- (Wie bestimmen Sie das benötigte Volumen pro Währungsoption?)
- (Wie bestimmen Sie die benötigte Laufzeit pro Währungsoption?)

Interviewleitfrage 6 (Rolle von Devisenswaps)

Basisfrage

- Welche Rolle spielen Devisenswaps bei der Absicherung von Wechselkursrisiken in Ihrem Unternehmen?

Vertiefungsfragen

- Welche Rolle spielen Devisenswaps in Ihrem Risikomanagement?
- Welche Rolle spielen Devisenswaps von Heimatwährungsverschuldung in Fremdwährungsverschuldung?
- Welche Rolle spielen Devisenswaps von Fremdwährungsverschuldung in Heimatwährungsverschuldung?
- Welche Rolle spielen Devisenswaps von einer Fremdwährungsverschuldung in eine andere Fremdwährungsverschuldung?
- Auf welcher Grundlage entscheiden Sie sich, durch Fremdwährungsverschuldung entstehendes Wechselkursrisiko über Devisenswaps abzusichern?

Interviewleitfrage 7 (Rolle von Währungsswaps)

Basisfrage

- Welche Rolle spielen Währungsswaps bei der Absicherung von Wechselkursrisiken in Ihrem Unternehmen?

Vertiefungsfragen

- Welche Rolle spielen Währungsswaps in Ihrem Risikomanagement?
- Welche Rolle spielen Währungsswaps von Heimatwährungsverschuldung in Fremdwährungsverschuldung?
- Welche Rolle spielen Währungsswaps von Fremdwährungsverschuldung in Heimatwährungsverschuldung?
- Welche Rolle spielen Währungsswaps von einer Fremdwährungsverschuldung in eine andere Fremdwährungsverschuldung?
- Auf welcher Grundlage entscheiden Sie sich, durch Fremdwährungsverschuldung entstehendes Wechselkursrisiko über Währungsswaps abzusichern?

Anhang B: Interviewleitfaden

Interviewleitfrage 8 (Rolle von Fremdwährungsverschuldung)

<u>Basisfrage</u>

- Welche Rolle spielt Fremdwährungsverschuldung bei der Absicherung von Wechselkursrisiken in Ihrem Unternehmen?

<u>Vertiefungsfragen</u>

- Zur Absicherung welcher Wechselkursrisiken nutzen Sie Fremdwährungsverschuldung?
- Wie bestimmen Sie das Verschuldungsinstrument mit dem Fremdkapital in Fremdwährung aufgenommen werden soll?
- In welchen Fällen bildet Fremdwährungsverschuldung für Sie eine Alternative zu Währungsderivaten?
- In welchen Fällen bildet Fremdwährungsverschuldung für Sie eine Alternative zu Verlagerungen der Absatz-, Produktions- und Bezugsmärkte?
- In welchen Fällen bildet Fremdwährungsverschuldung für Sie eine Alternative zu Produktentwicklung, Preispolitik und Marketing?

Interviewleitfrage 9 (Rolle von Money Market Hedges)

<u>Basisfrage</u>

- Welche Rolle spielen Geldmarktinstrumente (Money Market Hedges) bei der Absicherung von Wechselkursrisiken in Ihrem Unternehmen?

<u>Vertiefungsfragen</u>

- Welchen Anteil haben Money Market Hedges an der gesamten Absicherungsstrategie?
- In welchen Denominationen nehmen Sie Fremdkapital über Geldmärkte auf?
- In welchen Jurisdiktionen nehmen Sie Fremdkapital über Geldmärkte auf?
- (Wie bestimmen Sie das Volumen je Money Market Hedge?)
- (Wie bestimmen Sie die Laufzeit je Money Market Hedge?)

Interviewleitfrage 10 (Rolle von Fremdwährungsanleihen und -krediten)

<u>Basisfrage</u>

- Welche Rolle spielen Fremdwährungsanleihen und -kredite bei der Absicherung von Wechselkursrisiken in Ihrem Unternehmen?

<u>Vertiefungsfragen</u>

- Welchen Anteil haben langfristige Fremdwährungsverschuldungen an der gesamten Absicherungsstrategie?
- In welchen Denominationen nehmen Sie Fremdkapital über Fremdwährungsanleihen bzw. -kredite auf?
- In welchen Jurisdiktionen nehmen Sie Fremdkapital über Fremdwährungsanleihen bzw. -kredite auf?
- (Wie bestimmen Sie das Volumen je Fremdwährungsanleihe bzw. -kredit?)
- (Wie bestimmen Sie die Laufzeit je Fremdwährungsanleihe bzw. -kredit?)

Interviewleitfrage 11 (Abschluss)

<u>Basisfrage</u>

- Gibt es noch irgendetwas, das Sie in Bezug auf das Management von Wechselkursrisiken und/oder Fremdwährungsverschuldung in Ihrem Unternehmen gerne ansprechen möchten?

Literaturverzeichnis

Aabo, Tom (2001): Exchange rate exposures and strategies of industrial companies: An empirical study. Thunderbird International Business Review, 43(3), S. 379–395.

Aabo, Tom (2006): The importance of corporate foreign debt in managing exchange rate exposures in non-financial companies. European Financial Management, 12(4), S. 633–649.

Aabo, Tom (2015): Corporate hedging of price risks: Minimizing variance or eliminating lower-tail outcomes? Journal of Applied Corporate Finance, 27(1), S. 57–62.

Aabo, Tom/ Hansen, Marianna A./ Muradoglu, Yaz G. (2015): Foreign debt usage in non-financial firms: A horse race between operating and accounting exposure hedging. European Financial Management, 21(3), S. 590–611.

Aabo, Tom/ Ploeen, Rasmus (2014): The German humpback: Internationalization and foreign exchange hedging. Journal of Multinational Financial Management, 27, S. 114–129.

Aabo, Tom/ Simkins, Betty J. (2005): Interaction between real options and financial hedging: Fact or fiction in managerial decision-making. Review of Financial Economics, 14(3/4), S. 353–369.

Aaker, David A./ Mascarenhas, Briance (1984): The need for strategic flexibility. Journal of Business Strategy, 5(2), S. 74–82.

Abuaf, Niso (1986): The nature and management of foreign exchange risk. Midland Corporate Finance Journal, 4(3), S. 30–44.

Abuaf, Niso (1987): Foreign exchange options: The leading hedge. Midland Corporate Finance Journal, 5(2), S. 51–58.

Adler, Michael (1974): The cost of capital and valuation of a two-country firm. Journal of Finance, 29(1), S. 119–132.

Adler, Michael/ Dumas, Bernard (1984): Exposure to currency risk: Definition and measurement. Financial Management, 13(2), S. 41–50.

Aggarwal, Raj (1991a): Justifying investments in flexible manufacturing technology: Adding strategic analysis to capital budgeting under uncertainty. Managerial Finance, 17(2/3), S. 77–88.

Aggarwal, Raj (1991b): Management of accounting exposure to currency changes: Role and evidence of agency costs. Managerial Finance, 17(4), S. 10–22.

Aggarwal, Raj/ Berril, Jenny/ Hutson, Elaine/ Kearny, Colm (2011): What is a multinational corporation? Classifying the degree of firm-level multinationality. International Business Review, 20(5), S. 557–577.

Aggarwal, Raj/ Harper, Joel T. (2010): Foreign exchange exposure of 'domestic' corporations. Journal of International Money and Finance, 29(8), S. 1619–1636.

Aggarwal, Raj/ Soenen, Luc A. (1989): Managing persistent real changes in currency values: The role of multinational operating strategies. Columbia Journal of World Business, 24(3), S. 60–67.

Agmon, Tamir/ Lessard, Donald R. (1977): Investor recognition of corporate international diversification. Journal of Finance, 32(4), S. 1049–1055.

Aliber, Robert Z. (1973): The interest rate parity theorem: A reinterpretation. Journal of Political Economy, 81(6), S. 1451–1459.

Aliber, Robert Z. (1975): Exchange risk, political risk, and investor demand for external currency deposits. Journal of Money, Credit and Banking, 7(2), S. 161–179.

Allayannis, George/ Brown, Gregory W./ Klapper, Leora F. (2003): Capital structure and financial risk: Evidence from foreign debt use in East Asia. Journal of Finance, 58(6), S. 2667–2710.

Allayannis, George/ Ihrig, Jane/ Weston, James P. (2001): Exchange-rate hedging: Financial versus operational strategies. American Economic Review, 91(2), S. 391–395.

Allayannis, George/ Ofek, Eli (2001): Exchange rate exposure, hedging, and the use of foreign currency derivatives. Journal of International Money and Finance, 20(2), S. 273–296.

Literaturverzeichnis

Allen, Linda/ Pantzalis, Christos (1996): Valuation of the operating flexibility of multinational corporations. Journal of International Business Studies, 27(4), S. 633–653.

Aretz, Kevin/ Bartram, Söhnke M./ Dufey, Günter (2007): Why hedge? Rationales for corporate hedging and value implications. Journal of Risk Finance, 8(5), S. 434–449.

Ball, Ray/ Foster, George (1982): Corporate financial reporting: A methodological review of empirical research. Journal of Accounting Research, 20, S. 161–234.

Bancel, Franck/ Mittoo, Usha R. (2004): Cross-country determinants of capital structure choice: A survey of European firms. Financial Management, 33(4), S. 103–132.

Bank for International Settlements (2013): Triennial central bank survey of foreign exchange and derivatives market activity in 2013.

Barnea, Amir/ Haugen, Robert A./ Senbet, Lemma W. (1981): Market imperfections, agency problems, and capital structure: A review. Financial Management, 10(3), S. 7–22.

Barnett, John S. (1976): Corporate foreign exposure strategy formulation. Columbia Journal of World Business, 11(4), S. 87–97.

Bartram, Söhnke M. (1999): Die Praxis unternehmerischen Risikomanagements von Industrie- und Handelsunternehmen. Finanz Betrieb, 1(6), S. 71–77.

Bartram, Söhnke M. (2000): Corporate risk management as a lever for shareholder value creation. Financial Markets, Institutions & Instruments, 9(5), S. 279–324.

Bartram, Söhnke M. (2004): Linear and nonlinear foreign exchange rate exposures of German nonfinancial corporations. Journal of International Money and Finance, 23(4), S. 673–699.

Bartram, Söhnke M./ Bodnar, Gordon M. (2007): The exchange rate exposure puzzle. Managerial Finance, 33(9), S. 642–666.

Bartram, Söhnke M./ Brown, Gregory W./ Minton, Bernadette A. (2010): Resolving the exposure puzzle: The many facets of exchange rate exposure. Journal of Financial Economics, 95(2), S. 148–173.

Bartram, Söhnke M./ Dufey, Günter/ Frenkel, Michael R. (2005): A primer on the exposure of non-financial corporations to foreign exchange rate risk. Journal of Multinational Financial Management, 15(4), S. 394–413.

Beatty, Anne (1999): Assessing the use of derivatives as part of a risk-management strategy. Journal of Accounting & Economics, 26(1), S. 353–357.

Beidleman, Carl R./ Hilley, John L./ Greenleaf, James A. (1983): Alternatives in hedging long-date contractual foreign exchange exposure. Sloan Management Review, 24(4), S. 45–54.

Belk, Penelope A. (2002): The organisation of foreign exchange risk management: A three-country study. Managerial Finance, 28(11), S. 43–52.

Belk, Penelope A./ Edelshain, David J. (1997): Foreign exchange risk management – The paradox. Managerial Finance, 23(7), S. 5–24.

Belk, Penelope A./ Glaum, Martin (1990): The management of foreign exchange risk in UK multinationals: An empirical investigation. Accounting and Business Research, 21(81), S. 3–13.

Berkman, Henk/ Bradbury, Michael E. (1996): Empirical evidence on the corporate use of derivatives. Financial Management, 25(2), S. 5–13.

Berkman, Henk/ Bradbury, Michael E./ Magan, Stephen (1997): An international comparison of derivatives use. Financial Management, 26(4), S. 69–73.

Bernstein, Peter L. (1996): The new religion of risk management. Harvard Business Review, 74(2), S. 47–51.

Bieker, Marcus (2007): Aufspaltung von Umrechnungsdifferenzen bei der Währungsumrechnung: Eine Fallstudie zur Anwendung der Zeitbezugs- bzw. der Äquivalenzmethode. Zeitschrift für internationale und kapitalmarktorientierte Rechnungslegung, (12), S. 703–709.

Bilson, John F. O. (1994): Managing economic exposure to foreign exchange risk: A case study of American Airlines. In: Exchange rates and corporate performance. Amihud, Yakov/ Levich, Richard M. (Hrsg.): Irwin Professional Publishing, Burr Ridge, Illinois, S. 221–246.

Black, Fischer/ Scholes, Myron (1973): The pricing of options and corporate liabilities. Journal of Political Economy, 81(3), S. 637–654.

Black, Susan/ Munro, Anella (2010): Why issue bonds offshore? In: The international financial crisis and policy challenges in Asia and the Pacific. BIS Papers, 52, S. 97–144.

Bloss, Michael/ Eil, Nadine/ Ernst, Dietmar/ Fritsche, Harald/ Häcker, Joachim (2009): Währungsderivate – Praxisleitfaden für ein effizientes Management von Währungsrisiken. Oldenbourg, München.

Bodnar, Gordon M./ Gebhardt, Günther (1999): Derivatives usage in risk management by US and German non-financial firms: A comparative survey. Journal of International Financial Management & Accounting, 10(3), S. 153–187.

Bodnar, Gordon M./ Gentry, William M. (1993): Exchange rate exposure and industry characteristics: Evidence from Canada, Japan, and the USA. Journal of International Money and Finance, 12(1), S. 29–45.

Bodnar, Gordon M./ Hayt, Gregory S./ Marston, Richard C. (1998): 1998 Wharton survey of financial risk management by US non-financial firms. Financial Management, 27(4), S. 70–91.

Bodnar, Gordon M./ Hayt, Gregory S./ Marston, Richard/ Smithson, Charles W. (1996): 1995 Wharton survey of derivatives usage by US non-financial firms. Financial Management, 24(2), S. 104–114.

Bogle, John C. (2008): Black Monday and black swans. Financial Analysts Journal, 64(2), S. 30–40.

Bogner, Alexander/ Littig, Beate/ Menz, Wolfgang (2014): Experteninterviews: Eine Einführung in Theorie und Praxis einer Forschungsmethode. VS Verlag für Sozialwissenschaften, Wiesbaden.

Bogner, Alexander/ Menz, Wolfgang (2002): Das theoriegeleitete Experteninterview: Erkenntnisinteresse, Wissensformen, Interaktion. In: Bogner, Alexander/ Littig, Beate/ Menz, Wolfgang (Hrsg.): Das Experteninterview: Theorie, Methode, Anwendung. Leske + Budrich, Opladen, S. 33–70.

Botteron, Pascal (2001): On the practical application of the real options theory. Thunderbird International Business Review, 43(3), S. 469–479.

Bowman, Edward H./ Hurry, Dileep (1993): Strategy through the option lens: An integrated view of resource investments and the incremental-choice process. Academy of Management Review, 18(4), S. 760–782.

Bowman, Edward H./ Moskowitz, Gary T. (2001): Real options analysis and strategic decision making. Organization Science, 12(6), S. 772–777.

Bradley, Katrina/ Moles, Peter (2002): Managing strategic exchange rate exposures: Evidence from UK firms. Managerial Finance, 28(11), S. 28–42.

Brannen, Julia (2005): Mixing methods: The entry of qualitative and quantitative approaches into the research process. International Journal of Social Research Methodology, 8(3), S. 173–184.

Breuer, Wolfgang (2015): Unternehmerisches Währungsmanagement: Eine anwendungsorientierte Einführung. 3. Auflage, Gabler, Wiesbaden.

Breuer, Wolfgang/ Schweitzer, Thilo/ Breuer, Claudia (2012): Gabler-Lexikon Corporate Finance. 3. Auflage, Gabler, Wiesbaden.

Brown, Gregory W. (2001): Managing foreign exchange risk with derivatives. Journal of Financial Economics, 60(2), S. 401–448.

Bryman, Alan (1984): The debate about quantitative and qualitative research: A question of method or epistemology? British Journal of Sociology, 35(1), S. 75–92.

Bryman, Alan (2006a): Integrating quantitative and qualitative research: How is it done? Qualitative Research, 6(1), S. 97–113.

Bryman, Alan (2006b): Paradigm peace and the implications for quality. International Journal of Social Research Methodology, 9(2), S. 111–126.

Burgman, Todd A. (1996): An empirical examination of multinational corporate capital structure. Journal of International Business Studies, 27(3), S. 553–570.

Butler, Kirt C. (2012): Multinational finance: Evaluating opportunities, costs, and risks of operations. 5. Auflage, John Wiley & Sons, Hoboken, New Jersey.

Callier, Philippe (1981): One way arbitrage, foreign exchange and securities markets: A note. Journal of Finance, 36(5), S. 1177–1186.

Capel, Jeannette (1997): A real options approach to economic exposure management. Journal of International Financial Management & Accounting, 8(2), S. 87–113.

Caves, Richard E. (1971): International corporations: The industrial economics of foreign investment. Economica, 38(149), S. 1–27.

Chiang, Yi-Chein/ Lin, Hui-Ju (2005): The use of foreign currency derivatives and foreign-denominated debts to reduce exposure to exchange rate fluctuations. International Journal of Management, 22(4), S. 598–604.

Chiang, Yi-Chein/ Lin, Hui-Ju (2007): Foreign exchange exposures, financial and operational hedge strategies of Taiwan firms. Investment Management and Financial Innovation, 4(3), S. 95–105.

Choi, Jongmoo Jay/ Jiang, Cao (2009): Does multinationality matter? Implications of operational hedging for the exchange risk exposure. Journal of Banking & Finance, 33(11), S. 1973–1982.

Clark, Ephraim/ Judge, Amrit (2008): The determinants of foreign currency hedging: Does foreign currency debt induce a bias? European Financial Management, 14(3), S. 445–469.

Clark, Ephraim/ Judge, Amrit (2009): Foreign currency derivatives versus foreign currency debt and the hedging premium. European Financial Management, 15(3), S. 606–642.

Clarke, Christopher J./ Varma, Suvir (1999): Strategic risk management: The new competitive edge. Long Range Planning, 32(4), S. 414–424.

Clinton, Kevin (1988): Transactions costs and covered interest arbitrage: Theory and evidence. Journal of Political Economy, 96(2), S. 358–370.

Coase, Ronald H. (1937): The nature of the firm. Economica, 4(16), S. 386–405.

Coase, Ronald H. (1960): The problem of social cost. Journal of Law and Economics, 3, S. 1–44.

Coenenberg, Adolf G./ Schultze, Wolfgang (2006): Funktionale Währungsumrechnung nach DRS, IFRS und US-GAAP. Wirtschaftswissenschaftliches Studium, 12(35), S. 646–651.

Collier, P./ Davies, E. W./ Coates, J. B./ Longden, S. G. (1990): The management of currency risk: Case studies of US and UK multinationals. Accounting and Business Research, 20(79), S. 206–210.

Copeland, Tom/ Tufano, Peter (2004): A real-world way to manage real options. Harvard Business Review, 82(3), S. 90–99.

Cornell, Bradford (1980): Inflation, relative price changes, and exchange risk. Financial Management, 9(3), S. 30–34.

Cornell, Bradford/ Shapiro, Alan C. (1983): Managing foreign exchange risks. Midland Corporate Finance Journal, 1(3), S. 16–31.

Courtney, Hugh/ Kirkland, Jane/ Viguerie, Patrick (1997): Strategy under uncertainty. Harvard Business Review, 75(6), S. 67–79.

Cox, John C./ Ross, Stephen A./ Rubinstein, Mark (1979): Option pricing: A simplified approach. Journal of Financial Economics, 7(3), S. 229–263.

Cronholm, Stefan/ Hjalmarsson, Anders (2011): Experiences from sequential use of mixed methods. Electronic Journal of Business Research Methods, 9(2), S. 87–95.

Culp, Christopher L. (2002): The revolution in corporate risk management: A decade of innovations in process and products. Journal of Applied Corporate Finance, 14(4), S. 8–26.

Damodaran, Aswath (2000): The promise of real options. Journal of Applied Corporate Finance, 13(2), S. 29–44.

Damodaran, Aswath (2003): Country risk and company exposure: Theory and practice. Journal of Applied Finance, 13(2), S. 63–76.

Damodaran, Aswath (2005): Value and risk: Beyond betas. Financial Analyst Journal, 61(2), S. 38–43.

Damodaran, Aswath (2008): Strategic risk taking: A framework for risk management. Pearson Prentice Hall, Upper Saddle River, New Jersey.

Das, Satyajit (1984): Foreign exchange options. Securities Institute Journal, (3), S. 25–32.

Deardorff, Alan V. (1979): One-way arbitrage and its implications for the foreign exchange markets. Journal of Political Economy, 87(2), S. 351–364.

Demsetz, Harold (1967): Toward a theory of property rights. American Economic Review, 57(2), S. 347–359.

Denis, David J./ Denis, Diane K./ Sarin, Atulya (1997): Managerial incentives and corporate diversification strategies. Journal of Applied Corporate Finance, 10(2), S. 72–80.

Dhanani, Alpa (2004): The management of exchange-rate risk: A case from the manufacturing industry. Thunderbird International Business Review, 46(3), S. 317–338.

Dhanani, Alpa/ Groves, Roger (2001): The management of strategic exchange risk: Evidence from corporate practices. Accounting and Business Research, 31(4), S. 275–290.

Dobson, John/ Soenen, Luc A. (1993): Three agency-cost reasons for hedging foreign exchange risk. Managerial Finance, 19(6), S. 35–44.

Doherty, Neil A./ Smith, Clifford W. (1993): Corporate insurance strategy: The case of British Petroleum. Journal of Applied Corporate Finance, 6(3), S. 4–15.

Döhring, Björn (2008): Hedging and invoicing strategies to reduce exchange rate exposure: A euro-area perspective. European Economy: Economic Papers, 299, S. 1–19.

Dolde, Walter (1993): The trajectory of corporate financial risk management. Journal of Applied Corporate Finance, 6(3), S. 33–41.

Dominguez, Kathryn M. E./ Tesar, Linda L. (2001): Trade and exposure. American Economic Review, 91(2), S. 367–370.

Donaldson, J. A. (1979): Foreign exchange risk management. Long Range Planning, 12(3), S. 22–27.

Dooley, Michael P./ Isard, Peter (1980): Capital controls, political risk, and deviations from interest-rate parity. Journal of Political Economy, 88(2), S. 370–384.

Dufey, Günter (1972): Corporate finance and exchange rate variations. Financial Management, 1(2), S. 51–57.

Dufey, Günter/ Giddy, Ian H. (1978): International financial planning: The use of market-based forecasts. California Management Review, 21(1), S. 69–81.

Dufey, Günter/ Giddy, Ian H. (1981): Innovation in the international financial markets. Journal of International Business Studies, 12(2), S. 33–51.

Dufey, Günter/ Srinivasulu, S. L. (1983): The case for corporate management of foreign exchange risk. Financial Management, 12(4), S. 54–62.

Dunning, John H. (1973): The determinants of international production. Oxford Economic Papers, 25(3), S. 289–336.

Dunning, John H./ Rugman, Alan M. (1985): The influence of Hymer's dissertation on the theory of foreign direct investment. American Economic Review, 75(2), S. 228–232.

Eckert, Stefan/ Engelhard, Johann (1999): Towards a capital structure theory for the multinational company. Management International Review, 39(2), S. 105–136.

Eckl, Stefan/ Robinson, J. Nick (1990): Some issues in corporate hedging policy. Accounting and Business Research, 20(80), S. 287–298.

Edens, Corey (2010): A holistic view of corporate foreign exchange exposure management. Journal of Corporate Treasury Management, 3(4), S. 341–347.

Edwards, Franklin R. (1995): Derivatives can be hazardous to your health: The case of Metallgesellschaft. Derivatives Quarterly, Spring, S. 8–17.

Literaturverzeichnis

Edwards, Franklin R./ Canter, Michael S. (1995): The collapse of Metallgesellschaft: Unhedgeable risks, poor hedging strategy, or just bad luck? Journal of Futures Markets, 15(3), S. 211–264.

Eisenhardt, Kathleen M. (1989a): Agency theory: An assessment and review. Academy of Management Review, 14(1), S. 57–74.

Eisenhardt, Kathleen M. (1989b): Building theories from case study research. Academy of Management Review, 14(4), S. 532–550.

Eiteman, David K./ Stonehill, Arthur I./ Moffett, Michael H. (2013): Multinational business finance. 13. Auflage, Pearson, Essex.

Elliott, William B./ Huffman, Stephen P./ Makar, Stephen D. (2003): Foreign-denominated debt and foreign currency derivatives: Complements or substitutes in hedging foreign currency risk? Journal of Multinational Financial Management, 13(2), S. 123–139.

El-Masry, Ahmed/ Abdel-Salam, Omneya (2007): Exchange rate exposure: Do size and foreign operations matter? Managerial Finance, 33(9), S. 741–765.

Esho, Neil/ Sharpe, Ian G./ Webster, Kristian H. (2007): Hedging and choice of currency denomination in international syndicated loan markets. Pacific-Basin Finance Journal, 15(2), S. 195–212.

Eun, Cheol S./Resnick, Bruce G./ Sabherwal, Sanjiv (2014): International finance. 6. Auflage, McGraw-Hill, New York, New York.

Fama, Eugene F. (1984): Forward and spot exchange rates. Journal of Monetary Economics, 14(3), S. 319–338.

Fatemi, Ali (1988): The effect of international diversification on corporate financing policy. Journal of Business Research, 16(1), S. 17–30.

Fatemi, Ali/ Glaum, Martin (2000): Risk management practices of German firms. Managerial Finance, 26(3), S. 1–17.

Fatemi, Ali/ Luft, Carl (2002): Corporate risk management: Costs and benefits. Global Finance Journal, 13(1), S. 29–38.

Fletcher, Donna J./ Taylor, Larry W. (1996): Swap covered interest parity in long-date capital markets. Review of Economics and Statistics, 78(3), S. 530–538.

Flick, Uwe (2014): Gütekriterien qualitativer Sozialforschung. In: Baur, Nina/ Blasius, Jörg (Hrsg.): Handbuch Methoden der empirischen Sozialforschung. VS Verlag für Sozialwissenschaften, Wiesbaden, S. 411–424.

Flick, Uwe (2016): Qualitative Sozialforschung: Eine Einführung. 7. Auflage, Rowohlt, Reinbek.

Flood, Eugene/ Lessard, Donald R. (1986): On the measurement of operating exposure to exchange rates: A conceptual approach. Financial Management, 15(1), S. 25–36.

Fok, Robert C. W./ Carroll, Carolyn/ Chiou, Ming C. (1997): Determinants of corporate hedging and derivatives: A revisit. Journal of Economics and Business, 49(6), S. 569–585.

Forsgren, Mats (2013): Theories of the multinational firm: A multidimensional creature in the global economy. Edward Elgar, Cheltenham.

Froot, Kenneth A. (1994): Comments on exchange rates and corporate strategic management. In: Amihud, Yakov/ Levich, Richard M. (Hrsg.): Exchange rates and corporate performance. Irwin Professional Publishing, Burr Ridge, Illinois, S. 253–255.

Froot, Kenneth A./ Frankel, Jeffrey A. (1989): Forward discount bias: Is it an exchange risk premium? Quarterly Journal of Economics, 104(1), S. 139–161.

Froot, Kenneth A./ Scharfstein, David S./ Stein, Jeremy C. (1993): Risk management: Coordinating corporate investment and financing policies. Journal of Finance, 48(5), S. 1629–1658.

Froot, Kenneth A./ Scharfstein, David S./ Stein, Jeremy C. (1994): A framework for risk management. Harvard Business Review, 72(6), S. 91–102.

Froot, Kenneth A./ Thaler, Richard H. (1990): Anomalies: Foreign exchange. Journal of Economic Perspectives, 4(3), S. 179–192.

Gassen, Joachim/ Davarcioglu, Tolga/ Fischkin, Michael/ Küting, Ulrich (2007): Währungsumrechnung nach IFRS im Rahmen des Konzernabschlusses: Eine Fallstudie zur Umrechnung von Fremdwährungsabschlüssen nach IAS 21. Zeitschrift für internationale und kapitalmarktorientierte Rechnungslegung, (3), S. 171–180.

Gay, Gerald D./ Nam, Jouahn (1998): The underinvestment problem and corporate derivatives use. Financial Management, 27(4), S. 53–69.

Gay, Gerald D./ Nam, Jouahn/ Turac, Marian (2002): How firms manage risk: The optimal mix of linear and non-linear derivatives. Journal of Applied Corporate Finance, 14(4), S. 82–93.

Géczy, Christopher/ Minton, Bernadette A./ Schrand, Catherine (1997): Why firms use currency derivatives. Journal of Finance, 52(4), S. 1323–1354.

Géczy, Christopher/ Minton, Bernadette A./ Schrand, Catherine (2007): Taking a view: Corporate speculation, governance, and compensation. Journal of Finance, 62(5), S. 2405–2443.

Gehmlich, Frank/ Hartlieb, Jan (2015): Risiken von Fremdwährungskrediten – Eine ex post Betrachtung. Der Betrieb, 68(42), S. 2401–2407.

Gelos, R. Gaston (2003): Foreign currency debt in emerging markets: Firm-level evidence from Mexico. Economics Letters, 78(3), S. 323–327.

George, Abraham M./ Schroth, C. William (1991): Managing foreign exchange for competitive advantage. Sloan Management Review, 32(2), S. 105–116.

Giddy, Ian H. (1977a): A note on the macroeconomic assumptions of international financial management. Journal of Financial and Quantitative Analysis, 12(4), S. 601–605.

Giddy, Ian H. (1977b): Exchange risk: Whose view? Financial Management, 6(2), S. 23–33.

Giddy, Ian H. (1978): Forward hedging. In: Ensor, Richard/ Antl, Boris (Hrsg.): The management of foreign exchange risk. Euromoney Publ., London, S. 47–50.

Giddy, Ian H. (1994): Exchange rate volatility, hedging, and the cost of capital. In: Amihud, Yakov/ Levich, Richard M. (Hrsg.): Exchange rates and corporate performance. Irwin Professional Publishing, Burr Ridge, Illinois, S. 155–162.

Giddy, Ian H./ Dufey, Günter (1995): Uses and abuses of currency options. Journal of Applied Corporate Finance, 8(3), S. 49–57.

Gläser, Jochen/ Laudel, Grit (2010): Experteninterviews und qualitative Inhaltsanalyse. 4. Auflage, VS Verlag für Sozialwissenschaften, Wiesbaden.

Glaum, Martin (1990): Strategic management of exchange rate risks. Long Range Planning, 23(4), S. 65–72.

Glaum, Martin (2000): Foreign-exchange-risk management in German non-financial corporations: An empirical analysis. In: Frenkel, Michael/ Hommel, Ulrich/ Rudolf, Markus (Hrsg.): Risk management: Challenge and opportunity. Springer, Berlin/ Heidelberg, S. 373–393.

Glaum, Martin (2002): The determinants of selective exchange risk management – Evidence from German non-financial corporations. Journal of Applied Corporate Finance, 14(4), S. 108–121.

Glaum, Martin/ Brunner, Marko/ Himmel, Holger (2000): The DAX and the dollar: The economic exchange rate exposure of German corporations. Journal of International Business Studies, 31(4), S. 715–724.

Glaum, Martin/ Roth, Andreas (1993): Wechselkursrisiko-Management in deutschen internationalen Unternehmungen. Zeitschrift für Betriebswirtschaft, 63(11), S. 1181–1206.

Göbel, Elisabeth (2002): Neue Institutionenökonomik: Konzeption und betriebswirtschaftliche Anwendungen. Lucius & Lucius, Stuttgart.

Goldberg, Stephen R./ Drogt, Emily L. (2008): Managing foreign exchange risk. Journal of Corporate Accounting & Finance, 19(2), S. 49–57.

González, Luis O./ Búa, Milagros V./ López, Sara F./ Santomil, Pablo D. (2010): Foreign debt as a hedging instrument of exchange rate risk: A new perspective. European Journal of Finance, 16(7), S. 677–710.

Goone, David/ Kawaller, Ira G. (2000): Futures versus forwards: Implications of FAS 133. Derivatives Quarterly, Spring, S. 9–13.

Graham, John R./ Harvey, Campbell R. (2001): The theory and practice of corporate finance: Evidence from the field. Journal of Financial Economics, 60(2/3), S. 187–243.

Graham, John R./ Harvey, Campbell R./ Rajgopal, Shiva (2005): The economic implications of corporate financial reporting. Journal of Accounting & Economics, 40(1), S. 3–73.

Graham, John R./ Rogers, Daniel A. (2002): Do firms hedge in response to tax incentives? Journal of Finance, 57(2), S. 815–839.

Graham, John R./ Smith, Clifford W. (1999): Tax incentives to hedge. Journal of Finance, 54(6), S. 2241–2262.

Graham, John R./ Smith, Clifford W. (2000): Tax progressivity and corporate incentives to hedge. Journal of Applied Corporate Finance, 12(4), S. 102–111.

Grant, Robert M. (1985): Adjusting to a strong $: Lessons from the European experience. California Management Review, 28(1), S. 82–97.

Grant, Robert M./ Soenen, Luc A. (1991): Conventional hedging: An inadequate response to long-term foreign exchange exposure. Managerial Finance, 17(4), S. 1–4.

Grant, Robert M./ Soenen, Luc A. (2004): Strategic management of operating exposure. European Management Journal, 22(1), S. 53–62.

Greene, Jennifer C./ Caracelli, Valerie J./ Graham, Wendy F. (1989): Toward a conceptual framework for mixed-method evaluation designs. Educational Evaluation and Policy Analysis, 11(3), S. 255–274.

Guay, Wayne/ Kothari, Sri Prakash (2003): How much do firms hedge with derivatives? Journal of Financial Economics, 70(3), S. 423–461.

Habib, Maurizio M./ Joy, Mark (2010): Foreign-currency bonds: Currency choice and the role of uncovered and covered interest parity. Applied Financial Economics, 20(8), S. 601–626.

Hagelin, Niclas/ Pramborg, Bengt (2006): Empirical evidence concerning incentives to hedge transaction and translation exposures. Journal of Multinational Financial Management, 16(2), S. 142–159.

Hagemann, Helmut (1977): Anticipate your long-term foreign exchange risks. Harvard Business Review, 55(2), S. 81–88.

Hakkarainen, Antti/ Joseph, Nathan/ Kasanen, Eero/ Puttonen, Vesa (1998): The foreign exchange exposure management practices of Finnish industrial firms. Journal of International Financial Management & Accounting, 9(1), S. 34–57.

Harris, Trevor S./ Melumad, Nahum D./ Shibano, Toshi (1996): An argument against hedging by matching the currencies of costs and revenues. Journal of Applied Corporate Finance, 9(3), S. 90–98.

Heinze, Wolfgang/ Radinger, Gerhard (2011): Der Beta-Faktor in der Unternehmensbewertung. Controller Magazin, 36(6), S. 48–52.

Hekman, Christine R. (1992): Foreign exchange management: New opportunities and a new perspective. Managerial Finance, 17(4), S. 5–9.

Helfferich, Cornelia (2014): Leitfaden- und Experteninterviews. In: Baur, Nina/ Blasius, Jörg (Hrsg.): Handbuch Methoden der empirischen Sozialforschung. VS Verlag für Sozialwissenschaften, Wiesbaden, S. 559–574.

Henderson, Brian J./ Jegadeesh, Narasimhan/ Weisbach, Michael S. (2006): World markets for raising new capital. Journal of Financial Economics, 82(1), S. 63–101.

Hirschman, Albert O. (1964): The paternity of an index. American Economic Review, 54(4), S. 761–762.

Höhn, Balthasar (2011): Theorie und Praxis der Zwischenberichterstattung im Prime Standard. Zeitschrift für internationale und kapitalmarktorientierte Rechnungslegung, (11), S. 530–537.

Holland, J. B. (1992): Foreign exchange risk management – A balanced portfolio. Managerial Finance, 18(3), S. 2–20.

Holton, Glyn A. (2004): Defining risk. Financial Analysts Journal, 60(6), S. 19–25.

Homaifar, Ghassem (2004): Managing global financial and foreign exchange rate risk. John Wiley & Sons, Hoboken, New Jersey.

Huberman, Gur (1997): Corporate risk management to reduce borrowing costs. Economics Letters, 54(3), S. 265–269.

Huffman, Stephen P./ Makar, Stephen D. (2004): The effectiveness of currency-hedging techniques over multiple return horizons for foreign-denominated debt issuers. Journal of Multinational Financial Management, 14(2), S. 105–115.

Hughes, John S./ Logue, Dennis E./ Sweeney, Richard J. (1975): Corporate international diversification and market assigned measures of risk and diversification. Journal of Financial and Quantitative Analysis, 10(4), S. 627–637.

Hull, John C. (2012): Options, futures, and other derivatives. 8. Auflage, Pearson Prentice Hall, Upper Saddle River, New Jersey.

Hurmerinta-Peltomäki, Leila/ Niina Nummela (2004). First the sugar, then the eggs... or the other way round? Mixing methods in international business research. In: Handbook of qualitative research methods for international business. Marschan-Piekkari, Rebecca/ Welch, Catherine (Hrsg.): Edward Elgar, Cheltenham, S. 162–180.

Hutson, Elaine/ Laing, Elaine (2014): Foreign exchange exposure and multinationality. Journal of Banking & Finance, 43, S. 97–113.

Jacque, Laurent (1981): Management of foreign exchange risk: A review article. Journal of International Business Studies, 12(1), S. 81–101.

Jacque, Laurent/ Hawawini, Gabriel (1993): Myths and realities of the global capital market: Lessons for financial managers. Journal of Applied Corporate Finance, 6(3), S. 81–90.

Jensen, Michael C. (1986): Agency cost of free cash flow, corporate finance, and takeovers. American Economic Review, 76(2), S. 323–329.

Jensen, Michael C./ Meckling, William H. (1976): Theory of the firm: Managerial behavior, agency costs and ownership structure. Journal of Financial Economics, 3(4), S. 305–360.

Jesswein, Kurt R./ Kwok, Chuck C. Y./ Folks, William R. (1995): Corporate use of innovative foreign exchange risk management products. Columbia Journal of World Business, 30(3), S. 70–82.

Jick, Todd D. (1979): Mixing qualitative and quantitative methods: Triangulation in action. Administrative Science Quarterly, 24(4), S. 602–611.

Johnson, R. Burke/ Onwuegbuzie, Anthony J. (2004): Mixed methods research: A research paradigm whose time has come. Educational Researcher, 33(7), S. 14–26.

Johnson, R. Burke/ Onwuegbuzie, Anthony J./ Turner, Lisa A. (2007): Toward a definition of mixed methods research. Journal of Mixed Methods Research, 1(2), S. 112–133.

Johnson, Robert/ Soenen, Luc A. (1994): Evaluating the impact of investment projects on the firm's currency exposure. Managerial Finance, 20(7), S. 51–58.

Jorion, Philippe (1990): The exchange-rate exposure of U.S. multinationals. Journal of Business, 63(3), S. 331–345.

Joseph, Nathan L. (2000): The choice of hedging techniques and the characteristics of UK industrial firms. Journal of Multinational Financial Management, 10(2), S. 161–184.

Kaiser, Robert (2014): Qualitative Experteninterviews: Konzeptionelle Grundlagen und praktische Durchführung. VS Verlag für Sozialwissenschaften, Wiesbaden.

Kedia, Simi/ Mozumdar, Abon (2003): Foreign currency-denominated debt: An empirical examination. Journal of Business, 76(4), S. 521–546.

Literaturverzeichnis 213

Kelle, Udo (2008): Die Integration qualitativer und quantitativer Methoden in der empirischen Sozialforschung: Theoretische Grundlagen und methodologische Konzepte. 2. Auflage, VS Verlag für Sozialwissenschaften, Wiesbaden.

Kelle, Udo (2010): „Kontingente Strukturen" – Theoretische Grundlagen der Integration qualitativer und quantitativer Methoden. Zeitschrift für Betriebswirtschaft, Special Issue 4, S. 17–41.

Keloharju, Matti/ Niskanen, Mervi (2001): Why do firms raise foreign currency denominated debt? Evidence from Finland. European Financial Management, 7(4), S. 481–496.

Kester, W. Carl (1984): Today's options for tomorrow's growth. Harvard Business Review, 62(2), S. 153–160.

Kester, W. Carl/ Luehrman, Timothy A. (1989): Are we feeling more competitive yet? The exchange rate gambit. International Executive, 31(3), S. 40–43.

Kim, Yong Cheol/ Stulz, René M. (1988): The Eurobond market and corporate financial policy: A test of the clientele hypothesis. Journal of Financial Economics, 22(2), S. 189–205.

Kim, Young Sang/ Mathur, Ike/ Nam, Jouahn (2006): Is operational hedging a substitute for or a complement to financial hedging? Journal of Corporate Finance, 12(4), S. 834–853.

Kogut, Bruce/ Kulatilaka, Nalin (1994): Operating flexibility, global manufacturing, and the option value of a multinational network. Management Science, 40(1), S. 123–139.

Kramer, Andrea S./ Heston, J. Clark (1993): An overview of current tax impediments to risk management. Journal of Applied Corporate Finance, 6(3), S. 73–80.

Krugman, Paul R./ Obstfeld, Maurice/ Melitz, Marc J. (2015): International economics: Theory and policy. 10. Auflage, Pearson, Essex.

Kruse, Susanne (2014): Aktien-, Zins- und Währungsderivate: Märkte, Einsatzmöglichkeiten, Bewertung und Risikoanalyse. Gabler, Wiesbaden.

Kulatilaka, Nalin/ Marcus, Alan J. (1992): Project valuation under uncertainty: When does DCF fail? Journal of Applied Corporate Finance, 5(3), S. 92–100.

Künkele, Kai Peter/ Zwirner, Christian (2009): Währungsumrechnung nach IAS 21. Zeitschrift für Internationale Rechnungslegung, 4(9), S. 352–355.

Küting, Karlheinz/ Eidel, Ulrike (1999): Marktwertansatz contra Ertragswert- und Discounted Cash Flow-Verfahren. Finanz Betrieb, 1(9), S. 225–231.

Küting, Karlheinz/ Wirth, Johannes (2003): Umrechnung von Fremdwährungsabschlüssen vollzukonsolidierender Unternehmen nach IAS/IFRS. Zeitschrift für internationale und kapitalmarktorientierte Rechnungslegung, (9), S. 376–387.

Kwok, Chuck C. Y./ Reeb, David M. (2000): Internationalization and firm risk: An upstream-downstream hypothesis. Journal of International Business Studies, 31(4), S. 611–629.

Lee, Kwang Chul/ Kwok, Chuck C. Y. (1988): Multinational corporations vs. domestic corporations: International environmental factors and determinants of capital structure. Journal of International Business Studies, 19(2), S. 195–217.

Lessard, Donald R. (1991): Global competition and corporate finance in the 1990s. Journal of Applied Corporate Finance, 3(4), S. 59–72.

Lessard, Donald R./ Lightstone, John B. (1986): Volatile exchange-rates can put operations at risk. Harvard Business Review, 64(4), S. 107–114.

Levi, Maurice D./ Serçu, Piet (1991): Erroneous and valid reasons for hedging foreign exchange rate exposure. Journal of Multinational Finance Management, 1(2), S. 25–37.

Lewent, Judy C./ Kearney, A. John (1998): Identifying, measuring, and hedging currency risk at Merck. In: Chew, Donald H. (Hrsg.): The new corporate finance: Where theory meets practice. 2. Auflage, McGraw-Hill, New York, New York, S. 478–487.

Lhabitant, François-Serge/ Tinguely, Olivier (2001): Financial risk management: An introduction. Thunderbird International Business Review, 43(3), S. 343–363.

Lintner, John (1965): Security prices, risk, and maximal gains from diversification. Journal of Finance, 20(4), S. 587–615.

Logue, Dennis E. (1995): When theory fails: Globalization as a response to the (hostile) market for foreign exchange. Journal of Applied Corporate Finance, 8(3), S. 39–48.

Logue, Dennis E./ Oldfield, George S. (1977): Managing foreign assets when foreign exchange markets are efficient. Financial Management, 6(2), S. 16–22.

Luehrman, Timothy A. (1997): What's it worth? A general manager's guide to valuation. Harvard Business Review, 75(3), S. 132–142.

Luehrman, Timothy A. (1998a): Investment opportunities as real options: Getting started on the numbers. Harvard Business Review, 76(4), S. 51–67.

Luehrman, Timothy A. (1998b): Strategy as a portfolio of real options. Harvard Business Review, 76(5), S. 89–101.

Makar, Stephen D./ Huffman, Stephen P. (2008): UK multinationals' effective use of financial currency-hedge techniques: Estimating and explaining foreign exchange exposure using bilateral exchange rates. Journal of International Financial Management & Accounting, 19(3), S. 219–235.

Mankiw, Gregory N./ Taylor, Mark P. (2014): Economics. 3. Auflage, Cengage Learning EMEA, New Hampshire.

Markowitz, Harry (1952): Portfolio selection. Journal of Finance, 7(1), S. 77–91.

Marshall, Andrew P. (2000): Foreign exchange risk management in UK, USA and Asia Pacific multinational companies. Journal of Multinational Financial Management, 10(2), S. 185–211.

Martin, Anna D./ Madura, Jeff/ Akhigbe, Aigbe (1998): A note on accounting exposure and the value of multinational corporations. Global Finance Journal, 9(2), S. 269–277.

Martin, Anna D./ Madura, Jeff/ Akhigbe, Aigbe (1999): Economic exchange rate exposure of US-based MNCs operating in Europe. Financial Review, 34(2), S. 21–36.

Martin, Anna D./ Mauer, Laurence J. (2004): Scale economies in hedging foreign exchange cash flow exposures. Global Finance Journal, 15(1), S. 17–27.

Martin, Anna D./ Mauer, Laurence J. (2005): A note on common methods used to estimate foreign exchange exposure. Journal of International Financial Markets, Institutions & Money, 15(2), S. 125–140.

Mathison, Sandra (1988): Why triangulate? Educational Researcher, 17(2), S. 13–17.

Mathur, Ike (1982): Managing foreign-exchange risk profitably. Columbia Journal of World Business, 17(4), S. 23–30.

Mathur, Ike (1985a): Managing foreign exchange risks: Organisational aspects. Managerial Finance, 11(2), S. 1–6.

Mathur, Ike (1985b): Managing foreign exchange risks: Strategy considerations. Managerial Finance, 11(2), S. 7–11.

Mayer, Horst O. (2013): Interview und schriftliche Befragung: Grundlagen und Methoden empirischer Sozialforschung. 6. Auflage, Oldenbourg, München.

Mayers, David/ Smith, Clifford W. (1982): On the corporate demand for insurance. Journal of Business, 55(2), S. 281–296.

Mayers, David/ Smith, Clifford W. (1987): Corporate insurance and the underinvestment problem. Journal of Risk and Insurance, 54(1), S. 45–54.

Mayers, David/ Smith, Clifford W. (1990): On the corporate demand for insurance: Evidence from the reinsurance market. Journal of Business, 63(1), S. 19–40.

McBrady, Matthew R./ Mortal, Sandra/ Schill, Michael J. (2010): Do firms believe in interest rate parity? Review of Finance, 14(4), S. 695–726.

McBrady, Matthew R./ Schill, Michael J. (2007): Foreign currency-denominated borrowing in the absence of operating incentives. Journal of Financial Economics, 86(1), S. 145–177.

McCauley, Robert N./ Zimmer, Steven A. (1994): Exchange rates and international differences in the cost of capital. In: Amihud, Yakov/ Levich, Richard M. (Hrsg.): Exchange rates and corporate performance. Irwin Professional Publishing, Burr Ridge, Illinois, S. 119–148.

Meisner, James F./ Labuszewski, John W. (1984): Modifying the black-scholes option pricing model for alternative underlying instruments. Financial Analysts Journal, 40(6), S. 23–30.

Mello, Antonio S./ Parsons, John E. (1999): Strategic hedging. Journal of Applied Corporate Finance, 12(3), S. 43–54.

Mello, Antonio S./ Parsons, John E./ Triantis, Alexander J. (1996): Flexibility or hedging? Risk, 9(10), S. 18–19.

Melnik, Arie/ Nissim, Doron (2006): Issue costs in the Eurobond market: The effects of market integration. Journal of Banking & Finance, 30(1), S. 157–177.

Meulbroek, Lisa K. (2002a): A senior manager's guide to integrated risk management. Journal of Applied Corporate Finance, 14(4), S. 56–70.

Meulbroek, Lisa K. (2002b): The promise and challenge of integrated risk management. Risk Management and Insurance Review, 5(1), S. 55–66.

Meuser, Michael/ Nagel, Ulrike (2002): ExpertInneninterviews – vielfach erprobt, wenig bedacht. Ein Beitrag zur qualitativen Methodendiskussion. In: Bogner, Alexander/ Littig, Beate/ Menz, Wolfgang (Hrsg.): Das Experteninterview: Theorie, Methode, Anwendung. Leske + Budrich, Opladen, S. 71–94.

Meuser, Michael/ Nagel, Ulrike (2009): Das Experteninterview – konzeptionelle Grundlagen und methodische Anlagen. In: Pickel, Susanne/ Jahn, Detlef/ Lauth, Hans-Joachim/ Pickel, Gerth (Hrsg.): Methoden der vergleichenden Politik- und Sozialwissenschaften. VS Verlag für Sozialwissenschaften, Wiesbaden, S. 465–479.

Miller, Darius P./ Puthenpurackal, John J. (2002): The costs, wealth effects, and determinants of international capital raising: Evidence from public Yankee bonds. Journal of Financial Intermediation, 11(4), S. 455–485.

Miller, Kent D./ Reuer, Jeffrey J. (1998): Firm strategy and economic exposure to foreign exchange rate movements. Journal of International Business Studies, 29(3), S. 493–513.

Miller, Kent D./ Waller, H. Gregory (2003): Scenarios, real options and integrated risk management. Long Range Planning, 36(1), S. 93–107.

Miller, Merton H. (1988): The Modigliani-Miller propositions after thirty years. Journal of Economic Perspectives, 2(4), S. 99–120.

Miller, Merton H. (1995): Do we really need more regulation of financial derivatives? Pacific Basin Finance Journal, 3(2), S. 147–158.

Modigliani, Franco/ Miller, Merton H. (1958): The cost of capital, corporation finance and the theory of investment. American Economic Review, 48(3), S. 261–297.

Modigliani, Franco/ Miller, Merton H. (1959): The cost of capital, corporation finance, and the theory of investment: Reply. American Economic Review, 49(4), S. 655–669.

Moffett, Michael H./ Karlsen, Jan K. (1994): Managing foreign exchange rate economic exposure. Journal of International Financial Management & Accounting, 5(2), S. 157–175.

Moore, James/ Culver, Jay/ Masterman, Bonnie (2000): Risk management for middle market companies. Journal of Applied Corporate Finance, 12(4), S. 112–119.

Moran-Ellis, Jo/ Alexander, Victoria D./ Cronin, Ann/ Dickinson, Mary/ Fielding, Jane/ Sleney, Judith/ Thomas, Hilary (2006): Triangulation and integration: Processes, claims and implications. Qualitative Research, 6(1), S. 45–59.

Mossin, Jan (1966): Equilibrium in a capital asset market. Econometrica, 34(4), S. 768–783.

Munro, Anella/ Wooldridge, Philip (2010): Motivations for swap-covered foreign currency borrowing. In: The international financial crisis and policy challenges in Asia and the Pacific. BIS Papers, 52, S. 145–185.

Myers, Stewart C. (1977): Determinants of corporate borrowing. Journal of Financial Economics, 5(2), S. 147–175.

Myers, Stewart C. (1984): The capital structure puzzle. Journal of Finance, 39(3), S. 574–592.

Myers, Stewart C. (2001): Capital structure. Journal of Economic Perspectives, 15(2), S. 81–102.

Myers, Stewart C./ Majluf, Nicholas S. (1984): Corporate financing and investment decisions when firms have information that investors do not have. Journal of Financial Economics, 13(2), S. 187–221.

Nance, Deana R./ Smith, Clifford W./ Smithson, Charles W. (1993): On the determinants of corporate hedging. Journal of Finance, 48(1), S. 267–284.

Nandy, Debarshi K. (2010): Why do firms denominate bank loans in foreign currencies? Empirical evidence from Canada and UK. Journal of Economics and Business, 62(6), S. 577–603.

Nastasi, Bonnie K./ Hitchcock, John H./ Brown, Lisa M. (2010): An inclusive framework for conceptualizing mixed methods design typologies: Moving towards fully integrated synergistic research models. In: Tashakkori, Abbas/ Teddlie, Charles (Hrsg.): Mixed methods in social & behavioral research. 2. Auflage, Sage, Los Angeles, California, S. 305–338.

Nauman-Etienne, Rüdiger (1974): A framework for financial decisions in multinational corporations – Summary of recent research. Journal of Financial and Quantitative Analysis, 9(5), S. 859–874.

Nguyen, Hoa/ Faff, Robert (2006): Foreign debt and financial hedging: Evidence from Australia. International Review of Economics and Finance, 15(2), S. 184–201.

Oehler, Andreas/ Unser, Matthias (2013): Finanzwirtschaftliches Risikomanagement. 2. Auflage, Springer, Berlin/ Heidelberg.

Onwuegbuzie, Anthony J./ Leech, Nancy L. (2005): On becoming a pragmatic researcher: The importance of combining quantitative and qualitative research methodologies. International Journal of Social Research Methodology, 8(5), S. 375–387.

Oxelheim, Lars/ Wihlborg, Clas G. (1991): Corporate strategies in a turbulent world economy. Management International Review, 31(4), S. 293–315.

Pantzalis, Christos/ Simkins, Betty J./ Laux, Paul A. (2001): Operational hedges and the foreign exchange exposure of US multinational corporations. Journal of International Business Studies, 32(4), S. 793–812.

Pape, Ulrich (2010): Wertorientierte Unternehmensführung. 4. Auflage, Wissenschaft & Praxis, Sternenfels.

Pape, Ulrich (2015): Grundlagen der Finanzierung und Investition: Mit Fallbeispielen und Übungen. 3. Auflage, De Gruyter Oldenbourg, Berlin et al.

Patton, Michael Q. (2015): Qualitative research & evaluation methods: Integrating theory and practice. 4. Auflage, Sage, Los Angeles, California.

Perridon, Louis/ Steiner, Manfred/ Rathgeber, Andreas W. (2012): Finanzwirtschaft der Unternehmung. 16. Auflage, Franz Vahlen, München.

Phillips, Aaron L. (1995): 1995 Derivatives practices and instruments survey. Financial Management, 24(2), S. 115–125.

Plano Clark, Vicki L./ Badiee, Manijeh (2010): Research questions in mixed methods research. In: Tashakkori, Abbas/ Teddlie, Charles (Hrsg.): Mixed methods in social & behavioral research. 2. Auflage, Sage, Los Angeles, California, S. 275–304.

Popper, Helen (1993): Long-term covered interest parity: Evidence from currency swaps. Journal of International Money and Finance, 12(4), S. 439–448.

Pramborg, Bengt (2005): Foreign exchange risk management by Swedish and Korean nonfinancial firms: A comparative survey. Pacific-Basin Finance Journal, 13(3), S. 343–366.

Pringle, John J. (1991): Managing foreign exchange exposure. Journal of Applied Corporate Finance, 3(4), S. 73–82.

Pringle, John J. (1995): A look at indirect foreign currency exposure. Journal of Applied Corporate Finance, 8(3), S. 75–81.

Pringle, John J./ Conolly, Robert A. (1993): The nature and causes of foreign currency exposure. Journal of Applied Corporate Finance, 6(3), S. 61–72.

Rangan, Subramanian (1998): Do multinationals operate flexibly? Theory and evidence. Journal of International Business Studies, 29(2), S. 217–237.

Raposo, Clara C. (1999): Corporate Hedging: What have we learned so far? Derivatives Quarterly, Spring, S. 41–51.

Rawls, S. Waite/ Smithson, Charles W. (1990): Strategic risk management. Journal of Applied Corporate Finance, 2(4), S. 6–18.

Reeb, David M./ Kwok, Chuck C./ Baek, H. Young (1998): Systematic risk of the multinational corporation. Journal of International Business Studies, 29(2), S. 263–279.

Rhee, S. Ghon/ Chang, Rosita P./ Koveos, Peter E. (1985): The currency-of-denomination decision for debt financing. Journal of International Business Studies, 16(3), S. 143–150.

Richter, Rudolf/ Furubotn, Eirik G. (2010): Neue Institutionenökonomik: Eine Einführung und kritische Würdigung. 4. Auflage, Mohr Siebeck, Tübingen.

Rogoff, Kenneth (1996): The purchasing power parity puzzle. Journal of Economic Literature, 34(2), S. 647–668.

Ronner, Arjen/ Blok, Mark (2001): Hedging foreign currency exposure: Consequences of FAS 133. Journal of Applied Finance, 11(1), S. 23–34.

Roos, Benjamin (2014): Umrechnung von Fremdwährungsabschlüssen nach IAS 21: Vorbereitende Maßnahmen zur Aufstellung eines IFRS-Konzernabschlusses. Zeitschrift für internationale und kapitalmarktorientierte Rechnungslegung, (5), S. 271–279.

Rugman, Alan M. (1976): Risk reduction by international diversification. Journal of International Business Studies, 7(2), S. 75–80.

Ruhnke, Klaus/ Simons, Dirk (2012): Rechnungslegung nach IFRS und HGB: Lehrbuch zur Theorie und Praxis der Unternehmenspublizität mit Beispielen und Übungen. 3. Auflage, Schäffer-Poeschel, Stuttgart.

Sale, Johanna E. M./ Lohfeld, Lynne H./ Brazil, Kevin (2002): Revisiting the quantitative-qualitative debate: Implications for mixed-methods research. Quality & Quantity, 36(1), S. 43–53.

Santomero, Anthony M. (1995): Financial risk management: The whys and hows. Financial Markets, Institutions & Instruments, 4(5), S. 1–14.

Schmidt, Reinhard H./ Terberger, Eva (2006): Grundzüge der Investitions- und Finanzierungstheorie. 4. Auflage, Gabler, Wiesbaden.

Serfling, Klaus/ Marx, Marita (1990): Capital Asset Pricing-Modell, Kapitalkosten und Investitionsentscheidungen (II). Das Wirtschaftsstudium, 19(7), S. 425–429.

Servaes, Henri/ Tamayo, Ane/ Tufano, Peter (2009): The theory and practice of corporate risk management. Journal of Applied Corporate Finance, 21(4), S. 60–78.

Shah, Sonali K./ Corley, Kevin G. (2006): Building better theory by bridging the quantitative-qualitative divide. Journal of Management Studies, 43(8), S. 1821–1835.

Shapiro, Alan C. (1977): Defining exchange risk. Journal of Business, 50(1), S. 37–39.

Shapiro, Alan C. (1978a): Financial structure and cost of capital in the multinational corporation. Journal of Financial and Quantitative Analysis, 13(2), S. 211–226.

Shapiro, Alan C. (1978b): Payments netting in international cash management. Journal of International Business Studies, 9(2), S. 51–58.

Shapiro, Alan C. (1984): The impact of taxation on the currency-of-denomination decision for long-term foreign borrowing and lending. Journal of International Business Studies, 15(1), S. 15–25.

Shapiro, Alan C. (2010): Multinational financial management. 9. Auflage, John Wiley & Sons, Hoboken, New Jersey.

Shapiro, Alan C./ Rutenberg, David P. (1976): Managing exchange risks in a floating world. Financial Management, 5(2), S. 48–58.

Shapiro, Alan C./ Titman, Sheridan (1985): An integrated approach to corporate risk management. Midland Corporate Finance Journal, 3(2), S. 41–56.

Sharpe, William F. (1964): Capital asset prices: A theory of market equilibrium under conditions of risk. Journal of Finance, 19(3), S. 425–442.

Smith, Clifford W. (1995): Corporate risk management: Theory and practice. Journal of Derivatives, 2(4), S. 21–30.

Smith, Clifford W./ Smithson, Charles W./ Wilford, D. Sykes (1989): Managing financial risk. Journal of Applied Corporate Finance, 1(4), S. 27–48.

Smith, Clifford W./ Stulz, René M. (1985): The determinants of firms' hedging policies. Journal of Financial and Quantitative Analysis, 20(4), S. 391–405.

Smith, Clifford W./ Warner, Jerold B. (1979a): Bankruptcy, secured debt, and optimal capital structure: Comment. Journal of Finance, 34(1), S. 247–251.

Smith, Clifford W./ Warner, Jerold B. (1979b): On financial contracting: An analysis of bond covenants. Journal of Financial Economics, 7(2), S. 117–161.

Smithson, Charles W./ Simkins, Betty J. (2005): Does risk management add value? A survey of the evidence. Journal of Applied Corporate Finance, 17(3), S. 8–17.

Smithson, Charles W./ Smith, Clifford W. (1998): Strategic risk management. In: Chew, Donald H. (Hrsg.): The new corporate finance: Where theory meets practice. 2. Auflage, McGraw-Hill, New York, New York, S. 460–477.

Soenen, Luc A. (1988): Exploiting relationships between currencies to mitigate foreign exchange risk. Management International Review, 28(4), S. 34–41.

Soenen, Luc A. (1991): When foreign exchange hedging doesn't help. Journal of Cash Management, 11(6), S. 58–62.

Soenen, Luc A. (1992): The relevance of foreign exchange hedging to corporate management. Journal of Managerial Issues, 4(3), S. 375–394.

Soenen, Luc A./ Madura, Jeff (1991): Foreign exchange management – A strategic approach. Long Range Planning, 24(5), S. 119–124.

Spremann, Klaus (2010): Finance. 4. Auflage, Oldenbourg, München.

Spremann, Klaus/ Pfeil, Oliver P./ Weckbach, Stefan (2001): Lexikon Value-Management. Oldenbourg, München.

Srinivasulu, S. L. (1981): Strategic response to foreign exchange risks. Columbia Journal of World Business, 16(1), S. 13–23.

Srinivasulu, S. L. (1983): Classifying foreign exchange exposure. Financial Executive, 51(2), S. 36–44.

Stocker, Klaus (2013): Management internationaler Finanz- und Währungsrisiken: Mit Übungen und Lösungen. 3. Auflage, Gabler, Wiesbaden.

Stulz, René M. (1984): Optimal hedging policies. Journal of Financial and Quantitative Analysis, 19(2), S. 127–140.

Stulz, René M. (1996): Rethinking risk management. Journal of Applied Corporate Finance, 9(3), S. 8–25.

Stulz, René M. (1999): Globalization, corporate finance, and the cost of capital. Journal of Applied Corporate Finance, 12(3), S. 8–25.

Stulz, René M. (2004): Should we fear derivatives? Journal of Economic Perspectives, 18(3), S. 173–192.

Sullivan, Daniel (1994): Measuring the degree of internationalization of a firm. Journal of International Business Studies, 25(2), S. 325–342.

Takezawa, Nobuya (1995): Currency swaps and long-term covered interest parity. Economics Letters, 49(2), S. 181–185.

Tashakkori, Abbas/ Creswell, John W. (2007): The new era of mixed methods. Journal of Mixed Methods Research, 1(1), S. 3–7.

Taylor, Alan M./ Taylor, Mark P. (2004): The purchasing power parity debate. Journal of Economic Perspectives, 18(4), S. 135–158.

Teddlie, Charles/ Tashakkori, Abbas (2010): Overview of contemporary issues in mixed methods research. In: Tashakkori, Abbas/ Teddlie, Charles (Hrsg.): Mixed methods in social & behavioral research. 2. Auflage, Sage, Los Angeles, California, S. 1–41.

Teddlie, Charles/ Yu, Fen (2007): Mixed methods sampling: A typology with examples. Journal of Mixed Methods Research, 1(1), S. 77–100.

Thimann, Christian (2008): Global roles of currencies. International Finance, 11(3), S. 211–245.

Tong, Tony W./ Reuer, Jeffrey J. (2007): Real options in multinational corporations: Organizational challenges and risk implications. Journal of International Business Studies, 38(2), S. 215–230.

Trautwein, Friedrich (1990): Merger motives and merger prescriptions. Strategic Management Journal, 11(4), S. 283–295.

Triantis, Alexander J. (2000): Real options and corporate risk management. Journal of Applied Corporate Finance, 13(2), S. 64–73.

Triantis, Alexander J./ Borison, Adam (2001): Real options: State of the practice. Journal of Applied Corporate Finance, 14(2), S. 8–24.

Trigeorgis, Lenos (1993): Real options and interactions with financial flexibility. Financial Management, 22(3), S. 202–224.

Trinczek, Rainer (2002): Wie befrage ich Manager? In: Bogner, Alexander/ Littig, Beate/ Menz, Wolfgang (Hrsg.): Das Experteninterview: Theorie, Methode, Anwendung. Leske + Budrich, Opladen, S. 209–222.

Tufano, Peter (1996): Who manages risk? An empirical examination of risk management practices in the gold mining industry. Journal of Finance, 51(4), S. 1097–1137.

Tufano, Peter (1998): Agency costs of corporate risk management. Financial Management, 27(1), S. 67–77.

Wang, Heli/ Barney, Jay B./ Reuer, Jeffrey J. (2003): Stimulating firm-specific investment through risk management. Long Range Planning, 36(1), S. 49–59.

Wang, Peijie (2010): The economics of foreign exchange and global finance. 2. Auflage, Springer, Berlin/ Heidelberg.

Warner, Jerold B. (1977): Bankruptcy costs: Some evidence. Journal of Finance, 32(2), S. 337–347.

Webb, James L. (2012): Pragmatism(s) plural, Part II: From classical pragmatism to neo-pragmatism. Journal of Economic Issues, 46(1), S. 45–74.

Williamson, Oliver E. (1973): Markets and hierarchies: Some elementary considerations. American Economic Review, 63(2), S. 316–325.

Wolke, Thomas (2015): Risikomanagement. 3. Auflage, De Gruyter Oldenbourg, Berlin/ Boston, Massachusetts.

Wrona, Thomas (2005): Die Fallstudienanalyse als wissenschaftliche Forschungsmethode. ESCP-EAP Working Paper, (10), S. 1–55.

Wrona, Thomas/ Fandel, Günter (2010): Möglichkeiten und Grenzen einer Methodenintegration. Zeitschrift für Betriebswirtschaft, Special Issue 4, S. 1–15.

Zwirner, Christian/ Busch, Julia/ Froschhammer, Matthias (2012): Fremdwährungsumrechnung im IFRS-Abschluss: Fallbeispiele zur Anwendung des IAS 21. Zeitschrift für internationale und kapitalmarktorientierte Rechnungslegung, (12), S. 590–595.